—2012年辑—
河南社会科学文库

河南社会科学文库编委会

主　任　李恩东　杨　杰
委　员　(以姓氏笔画为序)
　　　　王喜成　王朝纪
　　　　关玉梅　张钢杰
　　　　李自强　李恩东
　　　　杨　杰　孟繁华
　　　　唐玉宏

中原城市群空间联系研究

—※—

余沛 著

河南人民出版社

图书在版编目(CIP)数据

中原城市群空间联系研究/余沛著. — 郑州：河南人民出版社，2013.7
（河南社会科学文库. 2012年辑）
ISBN 978 - 7 - 215 - 08389 - 9

Ⅰ.①中… Ⅱ.①余… Ⅲ.①城市群 - 城市空间 - 研究 - 河南省 Ⅳ.①F299.276.1

中国版本图书馆CIP数据核字(2013)第055439号

河南人民出版社出版发行
(地址：郑州市经五路66号　邮政编码：450002　电话：65788050)
新华书店经销　　河南省瑞光印务股份有限公司印刷
开本　710毫米×1000毫米　1/16　印张　19.75
字数　300千字
2013年7月第1版　　2013年7月第1次印刷

定价：68.00元

总　序

　　哲学社会科学研究具有社会公益性，是繁荣发展哲学社会科学、推动社会进步的重要根基。为支持和鼓励河南哲学社会科学研究成果走上交流平台，进入公众视野，发挥应有的影响力和辐射力，河南省社会科学界联合会在总结原有资助出版经验的基础上，于2010年设立了《河南社会科学文库》资助出版项目，对入选的研究成果，按照"统一标识、统一版式、统一封面设计"的方式，提供全额资助，由河南人民出版社统一编辑出版。迄今，已出版《城市发展战略》《中国城镇化研究》《强县扩权与城乡一体化发展研究》等著作，在社会上产生了良好的影响，深受广大社会科学工作者的欢迎。

　　2012年是中华民族发展史上具有重要意义的一年，也是中原经济区建设的关键历史时期。为学习、研究、宣传和贯彻党的十八大精神，进一步繁荣发展河南哲学社会科学事业，大力促进中原经济区建设，保持河南经济社会持续健康发展，我们在总结以往经验的基础上，策划出版了2012年度《河南社会科学文库》。它主要包括《中国农村金融排斥与包容——金融地理学视觉的分析》《中国创业型经济政策研究》《中原城市群空间联系研究》《食品安全：跟踪、预警与追溯》《论道德自我的价值实现》《中国共产党新时期的社会整合机制》《当代中国人幸福婚姻结构探微》《中华民族分裂时期统一策略研究》《汉代女性研究》和《文学的若干理论与当代问题》等10部著作，从不同层面反映了河南哲学社会科学的研究水平，充分展示河南哲学社会科学的学术创造力。

　　《河南社会科学文库》是一个开放的工程。今后，我们将随着形势和任务的需要,在省委和省政府的正确领导下,坚持以党的十八大精神为指导,紧密联系河南经济社会发展实际和人民群众的理论需求,科学地遴选有较高理论价值和实践意义的选题,不断推出新的有长期思想积淀的著作,并使之尽快转化为社会生产力,为加快推进河南振兴、中原崛起、富民强省提供有效的学理支撑。

河南省社会科学界联合会
2012 年 12 月

目 录

第一章 绪论 ······ 1
- 第一节 研究背景与意义 ······ 1
- 第二节 关于城市群概念的研究 ······ 8

第二章 城市群相关研究 ······ 16
- 第一节 国外城市群研究综述 ······ 16
- 第二节 国内城市群相关研究综述 ······ 41
- 第三节 空间联系相关研究综述 ······ 50
- 第四节 城市群及其相关概念辨析 ······ 62

第三章 中原城市群形成与现状分析 ······ 66
- 第一节 中原城市群构想的提出与形成 ······ 66
- 第二节 中原城市群形成发展的条件 ······ 70
- 第三节 中原城市群的历史演变过程 ······ 83
- 第四节 中原城市群发展现状分析 ······ 87

第四章 中原城市群职能结构分析 ······ 94
- 第一节 城市体系结构 ······ 94
- 第二节 中原城市群城市经济活动分析 ······ 97
- 第三节 中原城市群城市职能分析 ······ 107

第五章　中原城市群规模结构分析 ………………………… 114

第一节　规模分布相关理论…………………………………… 114
第二节　中原城市群规模结构分析…………………………… 118
第三节　中原城市群规模结构特征…………………………… 125

第六章　中原城市群空间结构分析 ………………………… 128

第一节　基于分形理论空间结构分析………………………… 128
第二节　基于城镇化不平衡指数空间结构分析……………… 140
第三节　中原城市群空间结构特征…………………………… 144

第七章　中原城市群空间经济联系 ………………………… 147

第一节　空间经济联系研究框架……………………………… 147
第二节　中原城市群中心城市等级划分……………………… 148
第三节　中原城市群各城市可达性分析……………………… 153
第四节　中原城市群空间经济联系分析……………………… 162
第五节　中原城市群经济联系特征…………………………… 171

第八章　中原城市群空间运输联系 ………………………… 175

第一节　中原城市群公路网状况……………………………… 175
第二节　中原城市群公路运输联系生成分析………………… 178
第三节　中原城市群公路运输联系增长分析………………… 198
第四节　中原城市群公路运输联系的分布分析……………… 215
第五节　中原城市群公路运输联系特征……………………… 236

第九章　中原城市群空间集聚扩散联系 …………………… 239

第一节　基于城市流强度的空间集聚扩散分析……………… 239
第二节　基于均匀度指数的空间集聚扩散联系分析………… 254
第三节　中原城市群空间集聚与扩散特征…………………… 266

第十章　中原城市群区域空间联系调控 ………………………… 269

　第一节　中原城市群城市体系调控 ………………………………… 269

　第二节　中原城市群经济联系调控 ………………………………… 276

　第三节　中原城市群运输联系调控 ………………………………… 279

　第四节　中原城市群集聚与扩散联系调控 ………………………… 281

　第五节　中原城市群其他方面存在的问题及调控 ………………… 285

参考资料 ………………………………………………………………… 289

后　记 …………………………………………………………………… 308

第一章 绪 论

第一节 研究背景与意义

一、研究背景

作为区域城市化的高级阶段,城市群(urban agglomerations)是指"在特定的地域范围内具有相当数量的不同性质、类型和等级规模的城市,依托一定的自然环境条件,以一个或两个超大或特大城市作为地区经济的核心,借助于现代化的交通工具和综合运输网的通达性以及高度发达的信息网络,发生与发展着城市个体之间的内在联系,共同构成一个相对完整的城市'集合体'"①。在现代区域经济中,城市群已经成为生产力分布体系与劳动地域分工中一种崭新的地域空间组织形式,不同区域间经济发展的竞争已经由单一城市间的竞争演变为区域不同城市群之间的竞争,不同城市个体之间的单项竞争早已经被不同城市群体之间的综合竞争所代替。

随着我国城市化与工业化的持续快速发展,在东部沿海等经济发达区域城市(城镇)群体化与产业(企业)集群化的现象非常突出,由于经济的快速发展,人口的不断膨胀,从而不断涌现出大量新的城市与城镇;与此同时城市与城镇的空间也在不断地进行扩展,城市与城镇由少到多、由

---

① 姚士谋、陈振光、朱英明:《中国城市群》,中国科学技术大学出版社2006年版,第5页。

分散孤立的点状分布到网络状密集分布,直至最后形成城市群甚至是城市连绵区。这种城市群体化现象与产业集聚化的现象在经济比较发达的长江三角洲、珠江三角洲、环渤海等沿海发达地区非常突出,在这些区域已经形成和正在形成多个超大型城市群,并且在城市群内部通过高密度、大运量的网络联系,已经逐渐发展凝聚成一个相对比较完整的整体。这些城市群不但在国内经济舞台上占有比较重要的地位,而且通过积极地参与国际经济贸易与世界经济大循环,已经成为在世界范围内具有一定影响的经济实体。

根据相关统计资料,截至2007年年底,长三角、珠三角和京津冀等三大城市群以其占全国25.5%的人口,实现了全国GDP的46.5%,工业增加值的49.9%,服务业增加值的51.3%,出口总值的77.9%,利用外资总额的93.7%和科技研发投入的57.5%,这三大城市群在我国国民经济与社会发展中具有举足轻重的地位。① 城市群正是以其比较强大的产业集群、庞大的人口集中与众多的城镇集聚发展,从而跻身于区域经济竞争的大舞台。

在《中华人民共和国国民经济和社会发展第十一个五年规划纲要》中指出:"要把城市群作为推进城镇化的主体形态……已形成城市群格局的京津冀、长江三角洲和珠江三角洲等区域,要继续发挥带动和辐射作用,加强城市群内各城市的分工协作和优势互补,增强城市群的整体竞争力。具备城市群发展条件的区域,要统筹规划,以特大城市和大城市为龙头,发挥中心城市作用,形成若干用地少、就业多、要素聚集能力强、人口分布合理的新城市群。"

中部地区位于我国内陆腹地,包括山西、安徽、江西、河南、湖北和湖南等六个省份,合计国土面积达102.8万 km^2,总人口3.65亿人,分别占到全国总量的10.7%与28.1%(2008年数据)。长期以来,中部地区以其独特的区位、资源、基础产业等优势在我国政治、经济格局中占有重要地位,作为全国最大的商品粮基地、重要的能源和原材料基地,为全国经

---

① 张东伟:《长三角珠三角环渤海三大城市群领跑中国经济》,载2009年1月5日《中国高新技术产业导报》。

济社会发展做出了重大贡献。①

促进中部崛起,事关国家国民经济与社会发展的全局,这是贯彻与落实邓小平同志关于"两个大局"的战略构想,实现由沿海向内地呈阶梯状逐次推进,进而形成东中西部互动、优势互补、相互促进、共同发展的区域经济发展新格局的重要体现。实现中部崛起,不仅能够有利于巩固我国农业的基础地位,打破城乡二元结构,为逐步解决"三农"问题探索出一条崭新的解决途径,而且还有利于促进全国统一大市场的形成与完善,优化各地区资源的配置,还有利于加强能源与原材料等相关产业的发展,从而缓解我国的资源约束矛盾,培育新的经济增长点。②

长期以来,由于我国实施的非均衡区域经济发展政策,加上改革开放以后生产要素向东南沿海地区的集中,造成了区域发展不平衡的后果,这是我国的一个基本国情。促进区域协调发展,使全国人民共享改革开放的成果,一直是我国国民经济和社会发展整体战略的重要组成部分。

党中央、国务院历来高度重视区域协调发展,为此做出了一系列重大战略决策。通过东中西部经济协调发展,实现区域经济增长均衡,是进入新的历史时期实现我国国民经济又好又快发展的重要内容和基本保障。同时,实施地区经济协调发展战略,对地区经济结构进行战略性调整,也是我国经济进入新的发展阶段和实现第三步战略目标的要求。

随着西部大开发政策的出台,2000年至2002年,西部地区国内生产总值增长速度与全国各地平均增长速度的差距由1999年的1.5个百分点,缩小为2002年的0.6个百分点。一时之间,中部地区成为国家宏观调控的盲点,学术界与部分政界人士在研讨会等不同场合,开始流露出"中部塌陷"的焦虑③;在这个背景下,国家对于中部地区的发展开始给予高度关注。

在2004年3月5日召开的第十届全国人民代表大会第二次会议上,温家宝总理在《政府工作报告》中正式提出"促进中部地区崛起"重要战

---

① 马凯:《2007年中国国民经济和社会发展报告》,中国计划出版社2007年3月版。
② 马凯:《2007年中国国民经济和社会发展报告》,中国计划出版社2007年3月版。
③ 周绍森、王志国、胡德龙:《中部塌陷与中部崛起》,载《南昌大学学报》(人社版)2003年第6期。

略构想,指出"要坚持推进西部大开发,振兴东北地区等老工业基地,促进中部地区崛起,鼓励东部地区加快发展,形成东中西互动、优势互补、相互促进、共同发展的新格局"。

在2004年12月3日至5日召开的中央经济工作会议上强调,"促进区域经济协调发展是结构调整的重大任务。实施西部大开发,振兴东北等老工业基地,促进中部地区崛起,鼓励东部地区率先发展,实现相互促进、共同发展"。

2005年3月6日,全国政协召开国家十部委(局)参加的"促进中部地区崛起提案协商现场办理座谈会",中部崛起由此"破题"。

2006年2月中旬,国务院一次常务会议上,专门讨论了一份促进中部崛起的纲领性文件——《促进中部崛起的若干意见》[①]。

2006年3月5日,在全国人大十届四次会议上,温家宝总理所做的《2006年国务院政府工作报告》中,着重强调"积极促进中部地区崛起"。

2006年3月27日,中共中央政治局召开会议,研究促进中部地区崛起工作。

以2006年4月印发的《中共中央 国务院关于促进中部地区崛起的若干意见》(中发〔2006〕10号)为标志,明确提出了促进中部地区崛起的总体要求、基本原则、工作重点和政策措施,标志着我国以四大区域为主要内容的区域经济协调发展战略格局初步形成。

中部六省地处华夏腹地,幅员广阔,人口众多,历史悠久,文化底蕴深厚,是一个钟灵毓秀,物产丰富,承东启西,连南贯北的宝地,在农业、能源、矿产资源、旅游、区位等方面有着独特的优势,在国家经济社会发展中占有重要地位。长期以来,中部地区为国家的工业化、现代化建设大业,做出了不可磨灭的突出贡献。实施促进中部地区崛起战略,是党中央、国务院从我国现代化建设全局出发做出的又一重大决策,对于形成中东西互动,优势互补,相互促进,共同发展的新格局具有重大的现实意义和深远的历史意义。

第一,促进中部地区崛起是保障国家粮食安全和资源安全的需要。

[①] 何苗:《中部崛起大事记》,载2010年10月11日《中国经营报》。

中部地区是我国粮棉油主产区和重要的能源、原材料基地,具有明显的综合资源优势。我国的中长期发展面临着资源"瓶颈"等多方面的约束。加快促进中部地区崛起,更加有效地发挥中部地区粮食生产、能源开发和资源接续等方面的优势,是保障实现国家总体战略的需要。

第二,促进中部地区崛起是落实科学发展观,实现国民经济又好又快发展的需要。国家的整体发展和科学发展,有赖于各个区域比较优势的充分发挥。中部地区具有众多得天独厚的比较优势。但是,这些优势还没有完全发挥出来,在很多方面还表现为潜在的优势。促进中部地区崛起,目的就是要将中部地区的各种优势有效地发挥出来,将潜在的比较优势转化为现实的经济优势,加快中部地区的发展步伐,通过比较优势的交换和内需的扩大,为我国整体经济的发展注入新的活力。

第三,促进中部地区崛起是促进区域协调发展的需要。推进西部大开发、振兴东北地区等老工业基地、促进中部地区崛起、鼓励东部地区率先发展,是我国区域协调发展的完整的战略框架,缺一不可。在我国区域协调发展的总体布局中,中部地区位于几何图形的中心,促进中部地区崛起,不仅对于区域均衡发展,而且对于承东启西、连南贯北,形成各大区域之间的良性互动机制,将发挥不可替代的重要作用。

第四,促进中部地区崛起是构建社会主义和谐社会的需要。让不同地区的人民共同分享改革开放和社会主义现代化建设的成果,是构建社会主义和谐社会的基本要求。由于种种原因,目前中部地区人民的生活水平和享受公共服务的水平还相对落后。促进中部地区崛起,必将有利于缩小区域发展差距,有利于实现基本公共服务的均等化,有利于让中部地区的广大人民群众得到实实在在的实惠。①

中部经济的崛起,在很大程度上就需要依靠中部地区各城市群的崛起作为支撑。由于城市群区域的整体发展,能够使得单个城市的发展更加完善,因此城市群能够克服单个城市在资源、幅员等方面的诸多不足,进而在更大的区域范围内调整资源配置,实现区域经济的共同增长与协

---

① 杜鹰:《贯彻落实中央战略决策,加快中部地区崛起步伐》,载《中国经贸导刊》2007年第10期。

调发展。

2009年9月23日,国务院总理温家宝主持召开国务院常务会议,讨论并原则通过《促进中部地区崛起规划》。在规划中提出"要加快形成沿长江、陇海、京广和京九'两横两纵'经济带,积极培育充满活力的城市群"①。

中部六省份积极响应国家中部崛起战略,并且先后制定了各自的城市群发展战略和政策,例如湖北的武汉城市圈(1+8)、湖南的长株潭(长沙、株洲、湘潭)一体化、安徽的合肥－芜湖带状都市圈、江西的昌九景(南昌、九江、景德镇)工业走廊等。

在这个大战略背景下,河南省提出了以建设"中原城市群"为核心,培育"中原经济隆起带",形成若干个带动力强的省内区域性中心城市与新的经济增长极的战略规划。构建中原城市群,不仅能够发挥多个城市的综合优势,开展多方面的经济合作,优势互补,谋求中原城市群区域的共同繁荣,而且通过提升核心城市的综合实力,确立重点发展轴线,构筑具有强大竞争力的组团式城市群,能够进一步优化中原城市群区域的产业结构,提升产业素质与市场竞争力,从而使得城市群的规模效益、集聚效益、辐射效应达到最大化,进而增强中原城市群在河南全省经济发展中的带动作用。

二、研究意义

河南古时曾名为豫州,作为中国历史上九州之一,其地理与交通区位十分重要,素有"中州"、"中原"之称,在我国历史上一个相当长的时期曾经作为中国的政治、经济与文化中心。然而自从北宋以后,由于连续不断的战争与灾荒等因素,再加上整体上国家经济重心向南迁移,政治中心向北迁移的大趋势影响,河南的经济与政治地位逐渐下降,到了改革开放以后,与东部沿海等发达地区的差距日益扩大。但是河南地理位置适中,自然条件优越,独特的地理位置与多种运输方式的结合,从而使得这一区域

---

① 《温家宝主持召开国务院常务会议》,载2009年9月24日《人民日报》。

具有其他区域难以比拟的内外通达度,物流、人流最为集中,而中原城市群正处在这一区域的核心位置。

中原城市群是指以郑州为中心,以洛阳为副中心,包括开封、平顶山、新乡、焦作、许昌、漯河、济源等共9个城市在内的城市密集区。中原城市群综合经济实力在中国15个城市群中名列第7位,超过武汉、长株潭、合肥城市群,成为中部城市群的"龙头"。[①]

中原城市群9城市共有土地面积5.87万km^2,人口4173万,分别占全省土地总面积和总人口的35.64%与39.8%,2011年中原城市群9城市共实现地区生产总值15885.5亿元,占2011年河南全省生产总值26931.03亿元的59%。[②]

中原城市群作为河南经济与社会发展的龙头,是河南省区域经济发展的核心区,如图1-1所示。这一区域科研与技术实力雄厚,经济基础强大,生产要素相对集中,区位优势显著,具有构筑巨型城市集群得天独厚的多种条件与优势,中原城市群区域对于河南全省经济社会发展的影响拉动与辐射效应不可限量。

与国内相对比较发达的城市群相比,中原城市群在内部结构与经济联系等方面虽然尚未达到比较完善的城市体系的程度与水平,但是在工业化与城市化加速发展的过程中,中原城市群区域内各城市之间以及区域内各产业间的联系也在逐步加强与不断完善。发展中原城市群区域各城市之间的经济联系与协作,打破区域经济发展的行政界限,从而使得区域内各城市之间优化组合,优势互补,这是振兴河南省区域经济发展的内在要求,也是实现中原崛起的必然选择。

通过研究中原城市群空间联系,分析中原城市群在发展过程中的经济联系、运输联系、空间上的集聚与扩散特征,从而发现中原城市群空间联系方面存在的问题,在此基础上提出相应的调控措施,能够促进中原城市群区域经济协调、健康、可持续发展。

---

① 倪鹏飞:《中国城市竞争力报告》,社会科学文献出版社2006年版。
② 河南省统计局、国家统计局河南调查总队:《河南统计年鉴2012》,中国统计出版社2012年版。

图1-1 中原城市群9城市在河南省的位置

第二节 关于城市群概念的研究

一、城市在当代经济社会中占据重要地位

城市是人类现代文明的结晶,随着科技革命的迅猛发展与经济全球化的快速推进,由此导致工业化、城市化进程不断加速,目前世界已经进入了"城市世纪",中国 2010 年上海世界博览会的主题就是"城市,让生活更美好"(Better City,Better Life)。

目前在世界上比较著名的有 5 大城市群,它们分别是从波士顿到华盛顿的美国东北部大西洋沿岸城市群,从美国芝加哥延伸到加拿大多伦多和蒙特利尔的北美五大湖城市群,从东京到神户的日本太平洋沿岸城市群,从伦敦到利物浦的英国城市群,由大巴黎地区城市群、莱茵-鲁尔城市群、荷兰-比利时等共同构成的欧洲西部城市群,这5大城市群对于全球都具有重要的影响。

随着我国工业化与城市化进程的不断加快,大量城镇密集区域也开始逐渐出现。截至2011年年底,中国拥有地级城市284个(不含4个直辖市),县级市369个;以人口计算的城市化率已经达到51.3%,比1978年增加了33.4个百分点。① 目前长江三角洲城市群、珠江三角洲城市群和环渤海地区城市群等发达城市群已经初具规模,在其他地区还有一些城市群也正在逐渐发育,例如辽中南城市群、关中城市群、成渝城市群以及中原城市群等。

二、国外有关城市群概念的研究

目前学术界认为城市群的思想最早起源于由英国城市学家霍华德(Ebenezer Howard,1850~1928)在19世纪末所提出的"田园城市"模式,其核心思想是通过围绕大城市来建立分散、独立、自主的田园城市,从而解决大城市中所出现的各种弊端和问题,从而形成"无贫民窟无烟尘的城市群",这是一种兼顾了城市与农村二者优点的理想模式。②

虽然霍华德作为城市群研究的先驱,对城市群相关研究做出了比较突出的贡献,但是目前英国及许多西欧国家学术界普遍认为城市群的概念是由英国学者帕特里克·格迪斯(Patrick Geddes,1854~1932)首先于1915年提出的。

格迪斯通过对英国城市的研究,在其《进化中的城市》(Cities in Evolution)一书中指出:"城市的扩展是其诸多功能跨越了城市的边界,众多的城市影响范围相互重叠产生了'城市区域'(City Region),这一新的城市空间形式需要一个相对应的新名词来描述,于是格迪斯便创造出'conurbation'一词;同时他认为当时英国已有七大城镇密集区和大伦敦城市

---

① 中华人民共和国统计局:《中国统计年鉴2012》,中国统计出版社2012年版。
② [英]埃比尼泽·霍华德著,金经元译:《明日的田园城市》,商务印书馆2000年版。

群等,而法国的大巴黎、德国的柏林-鲁尔区、美国匹兹堡(Pittsburgh)、芝加哥、纽约等地亦已形成城市群"①;格迪斯运用区域综合规划的方法,提出城市演化的形态:城市地区(city region)、集合城市(conurbation)和世界城市(world city),其中集合城市被看作拥有卫星城的大城市②。

法国地理学家戈特曼(Jean Gottmann,1915~1994)对城市群的研究做出了非常具有开拓性的成果,他在考察了北美地区的城市化之后于1957年发表了著名的论文《大都市带:东北海岸的城市化》,他认为大都市带(megalopolis)是一个由许多都市区相互连成一体,是一个在经济、社会、文化等多个方面都存在着密切交互作用的巨大城市地域。③

加拿大的麦吉(McGee)对东南亚发展中国家城市密集区进行研究之后提出了"灰色区域"(desakota)的概念,用以描述亚洲某些发展中国家和地区出现的与西方大都市带类似而发展背景完全不同的新型空间结构。④ 后来麦吉在相关理论基础进一步发展后提出了"超级都市区"(megaurban region,MR)的概念。⑤

与此同时,一些西方国家政府则从统计的角度开始对城市群进行界定。例如美国预算总署(后更名为美国管理与预算总署)早在1910年的人口统计中就首次使用了大都市区(metropolitan district)概念。所谓大都市区,是指人口在10万及10万以上的中心城市及其周围10英里范围内的郊区人口,或与中心城连绵不断、人口密度达150人/平方英里的地区。具体统计以县为单位,标准的大都市区,起码拥有1个县,少量规模较大的大都市区,可以跨越几个县。

此后,为了准确反映大都市区的发展状况,并保持概念的连续性,美

---

① 刘荣增:《城镇密集区及其相关概念研究的回顾与再思考》,载《人文地理》2003年第3期。
② 林先扬、陈忠暖、蔡国田:《国内外城市群研究的回顾与展望》,载《热带地理》2003年第1期。
③ Jean Gottmann:*Megalopolis or the Urbanization of the Northeastern Seaboard*,*Economic Geography*,1957,Vol. 33,No. 3:189-200.
④ 唐路、薛德升、许学强:《1990年代以来国内大都市带研究回顾与展望》,载《城市规划汇刊》2003年第5期。
⑤ McGee T G:*The Emergence of Desakota Regions in Asia:Expanding a Hypothesis*,University of Hawaii Press,1991.

国预算总署先后对大都市区的定义进行了一系列修订：

1950年，大都市区正式名称改为"标准大都市区"（standard metropolitan area，SMA）概念。

1959年，"标准大都市区"改为"标准大都市统计区"（standard metropolitan statistical area，缩写为 SMSA），它包括一个拥有5万或5万以上人口的中心城市及拥有75%以上非农业劳动力的郊县。

1980年又进一步补充为："若某区域总人口达到或超过10万，并且有5万以上人口居住在人口统计署划定的城市化区域中，即使没有中心城市，也可划定为大都市区。"1980年的定义还规定，人口在百万以上的大都市区内，其单独的组成部分若达到上述标准，则可划分为主要大都市统计区（primary metropolitan statistical area，简称 PMSA），而任何包含2个以上 PMSA 的大都市复合体都可称为联合大都市统计区（consolidated metropolitan statistical area，简称为 CMSA），这两个标准，能有区别地反映规模较大的大都市区的发展情况。

1983年 SMSA 改名为大都市统计区（metropolitan statistical area，简称为 MSA），其具体标准没有变化。

2000年，美国管理与预算总署又提出"核心基础统计区"（core based statistical area，简称 CBSA）概念，并在2003年人口统计中正式实施。CBSA 是指至少拥有1万以上人口的核心区和与其社会经济整合程度较高（主要是通勤关系）的周边地域。CBSA 包括"大都市统计区"和"小都市统计区"两大类。①

20世纪一二十年代苏联学者对此也展开了研究，并提出类似城镇密集区的概念："如'城市经济区'、'经济城'、'规划区'等；曾有多位学者如博戈拉德等人分别对乌克兰等前苏联的城市作过研究，并从中心城市最低人口数、外围地带最低城镇居民点数、中心城市到集聚区边缘的距离等指标，提出城市密集区的界定方法。"②

---

① 王旭：《20世纪后半期美国大都市区空间结构趋同现象及其理论意义》，载《世界历史》2006年第5期。
② 刘荣增：《城镇密集区及其相关概念研究的回顾与再思考》，载《人文地理》2003年第3期。

然而综合看来,国外对于城市群概念的界定上虽然存在着各种差异,其使用的术语也大相径庭,但是其所要表达的思想却殊途同归,基本上大致相同,主要是从城市与区域相互作用这一角度对城市群这一概念进行界定,着重突出城市群联系这一特征。

三、国内有关城市群概念的研究

我国对于城市群所展开的研究主要开始于20世纪80年代,于洪俊、宁越敏等人在1983年首次使用"巨大都市带"这一译名把戈特曼的研究思想向国内做了介绍与阐述。[①]

周一星在1988年则提出了都市连绵区(metropolitan inter-locking region,MIR)的概念,从而为我国城市群地域范围的划分奠定了坚实的理论基础。[②] 这之后我国学者在相关领域的研究中使用了许多相似的名词,诸如长三角和珠三角地区,有的学者将其称为都市连绵区,有的则称其为都市连绵带,还有准都市连绵区、都会经济区、大都会区、城市群、城市(镇)密集地区等提法。[③]

姚士谋对我国城市群进行的研究比较系统,在1992年所著《中国城市群》一书中对城市群做了这样的定义:"在特定的地域范围内具有相当数量的不同性质、类型和等级规模的城市,依托一定的自然环境条件,以一个或两个特大或大城市作为地区经济的核心,借助于现代化的交通工具和综合运输网的通达性,以及高度发达的信息网络,发生与发展着城市个体之间的内在联系,共同构成一个相对完整的城市'集合体'。"[④]

侯启章(1993)则认为城市群与城市带之间的不同之处主要在于城市带是城市群发展的更高层次,当城市群开始逐渐发展到一定阶段之后

---

① 于洪俊、宁越敏:《城市地理概论》,安徽人民出版社1983年版。
② Zhou Yixing: Definitions of Urban Places and Statistical Standards of Urban Population in China: Problems and Solutions, Asian Geographer, Hong Kong, 1988, Vol. 7, No. 1.
③ 唐路、薛德升、许学强:《1990年代以来国内大都市带研究回顾与展望》,载《城市规划汇刊》2003年第5期。
④ 姚士谋:《中国城市群》,中国科学技术大学出版社1992年版,第5页。

将会进一步逐渐演变成为城市带。①

孙一飞(1995)将与城市群类似的城镇密集区定义为在一定地域范围之内,以多个大中城市作为核心,城市之间、城市与区域之间发生着比较密切的联系,城市化水平较高,城镇呈现出连续性分布的密集城镇地域,并且他认为城镇密集区应该包括节点、网络和基质等方面所构成,应该包括高密度城镇、高城市化水平、整体性区域和多层次结构等基本特征。②

代合治(1998)则认为作为一个城市群应具备三个条件:"第一,必须是一个连续的区域;第二,组成城市群的地域应具有较高的城市化水平;第三,城市群应达到一定的面积、人口、城市规模。"③

顾朝林(1995,1999)认为城市群是由若干个中心城市在其各自的基础设施和具有个性的经济结构方面能够发挥其特有的经济社会功能,从而形成一个在社会、经济、技术等方面一体化,并且具有亲和力的有机网络。④⑤

原建设部于1999年颁布的《城市规划基本术语标准》(GB/T50280—98):"城市群 agglomeration:一定地域内城市分布较为密集的地区。"⑥

周玲强(2000)认为城市群是指"在一定的地缘经济区域范围内,由若干个功能性质互补、经济上相互依存、社会发展趋同,并以中心城市为核心和依托所组成的城市网络群体"⑦。

徐清梅(2002)认为城市群是指"在具有发达的交通条件的特定区域内,由一个或几个大型或特大型中心城市率领的若干个不同等级、不同规模的城市构成的城市群体。群体内的城市之间在自然条件、历史发展、经

---

① 侯启章:《珠江三角洲城市群体研究》,中山大学1993年硕士论文。
② 孙一飞:《城镇密集区的界定——以江苏省为例》,载《经济地理》1995年第3期。
③ 代合治:《中国城市群的界定及其分布研究》,载《地域研究与开发》1998年第2期。
④ 顾朝林:《中国城镇体系研究》,商务印书馆1995年版。
⑤ 顾朝林、张勤、蔡建明:《经济全球化与中国城市发展——跨世纪城市发展战略研究》,商务印书馆1999年版。
⑥ 中华人民共和国建设部:《中华人民共和国国家标准城市规划基本术语标准——城市规划基本术语标准》,1999年2月1日颁布实施。
⑦ 周玲强:《长江三角洲国际性城市群发展战略研究》,载《浙江大学学报》(理学版)2000年第2期。

济结构、社会文化等某一或几个方面有密切联系";"中心城市对群体内其他城市有较强的经济、文化辐射和向心作用";"至于城市群内的众多城市是否属于同一行政辖区,并不是构成城市群的必要条件"①。

刘荣增(2003)则认为城镇密集区是"在一定地域范围内,以多个大中城市为核心,城市之间和城市与区域之间发生着密切联系,城市化水平较高,城镇连续性分布的密集城镇地域";并且认为"城镇密集区应包括节点、网络和基质三方面组成"②。

夏安桃(2004)则认为城市群有狭义和广义定义之分,"广义的包括各种不同阶段的城市群,只要达到了一定的指标,就可以称之为城市群;而狭义的只能是那些类似于沪宁杭、珠三角这样的高度发达的城市群才能称之为城市群";并且认为"城市群是不同层次各种城镇的集合;是一个区域空间、自然和社会经济等要素组成的有机体;是一个无论在区域层次上还是相互联系的空间上均具有网络性的基本特征,由包含若干个具有较强活力的子系统构成的大系统;是一个区域经济发展的实体"③。

戴宾(2004)对都市圈(城市圈)、城市带、多中心城市群、都市连绵区与都市连绵带、megalopolis 与城市集群等相关概念做了辨析。④

综合来看,国内学者们目前对于城市群的认识上相对比较一致的主要有以下几个方面⑤:

第一,城市群主要是指一个地域概念,是指"在特定地域范围"(薛东前等,2000);或者是"在一定的地缘经济范围内"(周玲强,2000);或者是"若干基本单元构成的连续区域"(代合治,1998)。

第二,城市群应该具有群体特征,如"具有相当数量的不同性质、类型、等级规模的城市"(薛东前等,2000);或者是指"由若干个功能性质互

---

① 徐清梅、张思锋、牛玲:《中国城市群几个基本问题的观点述评》,载《城市问题》2002 年第 1 期。
② 刘荣增:《城镇密集区及其相关概念研究的回顾与再思考》,载《人文地理》2003 年第 3 期。
③ 夏安桃:《长株潭城市群整合发展研究》,中山大学 2004 年博士论文,第 4 页。
④ 戴宾:《城市群及其相关概念辨析》,载《财经科学》2004 年第 6 期。
⑤ 徐清梅、张思锋、牛玲:《中国城市群几个基本问题的观点述评》,载《城市问题》2002 年第 1 期。

补、经济上相互依存、社会发展水平趋同,以中心城市为核心和依托所组成的城市网络群体"(周玲强,2000)。

第三,城市群应该有中心城市,如"以一个特大或大城市作为地区经济的核心"(薛东前等,2000);或是"以中心城市为核心和依托"(周玲强,2000)。

第四,城市群应有比较高的城市化水平,如"城市群区域应有较高的城市化发展水平"(代合治,1998);或者城市群的"发展水平代表着一国现代化和城市化的发展水平"(周玲强,2000)。

四、本文对城市群概念的界定

通过对国内外有关城市群概念研究的梳理,本书对城市群做如下界定:在一定地域空间内,集聚了相当数量不同性质、类型与等级规模的城市,以一个或数个特大或超大城市为核心,通过相对完善的空间联系网络,城市之间以及区域之间存在比较强的相互作用,具有比较高的城市化水平,向着区域一体化方向发展,在地理区域上相对完整的城市群体集合。

根据本文定义,中原城市群、关中城市群等虽未达到珠三角、长三角等发达城市群的水平,但是也应被视为城市群。

第二章 城市群相关研究

第一节 国外城市群研究综述

一、国外城市群研究的三个阶段

18世纪60年代发端于英国的工业革命轰轰烈烈地席卷西方资本主义国家,这场工业革命对人类社会演进产生了空前深刻与巨大的影响,大机器生产使得城市成为经济活动的中心,现代交通工具为城市发展提供了强大的动力,城市开始以空前的速度向外扩张。

到20世纪初,西方主要资本主义国家相继完成了工业革命,城市人口在总人口中所占比重激增,形成了许多世界瞩目的特大城市;英、美等国先后实现工业化,由农业国变成工业国,由农业社会率先进入工业社会,经济活动重心从乡村转向城市,城市的物质条件与生活方式对人们产生了极大的吸引力,世界开始进入城市时代,关于城市的研究开始活跃,各种理论和学说也相继问世。

(一)城市群研究的初始探索阶段

早在1898年,英国学者霍华德(E. Howard)就已经在其著作《明日的田园城市》(*Garden Cities of Tomorrow*)之中,设计了由若干个田园城市围绕中心城市而构成的城市群组,并将其称为"无贫民窟、无烟尘的城市群",霍华德的主要设计思想是想通过围绕大城市而建立分散、独立、自主的田园城市,从而解决大城市中出现的种种负面问题,初步树立了将城市与区域作为整体来进行研究的思路,因此获得了学术与实践上广泛的支持和赞誉,霍华德则成为最早从城市群体角度来对城市进行探索性研究与实践的先驱者之一。① 这种将城市区域作为一个整体进行研究的思想对现代城市规划起到了重要的启蒙作用,随后恩文(R. Unwin)1922年将其理论进一步发展为"卫星城"理论,并且将之应用于如伦敦等大城市的建设与调整实践中。②

1. 从单一城市的研究向城市区域空间转变

20世纪初,工业革命已经开始了100多年,随着生产规模的不断扩大以及工业集聚的出现,一些先进工业国的城市规模不断扩大,以英国为例,"除伦敦外,全国逐渐形成了英格兰西北部、约克郡西南部、米德兰中心地区和英格兰低地中部等四块优势城市的集中分布区域"③,以及德国鲁尔矿区等城市密集地区。英国的生态学家格迪斯(P. Geddes)在其著作《进化中的城市》(*Cities in Evolution*,1915)中通过运用区域综合规划的方法,提出了几种城市演化形态:城市地区(city region)、集合城市(conurbation)和世界城市(world city),在这几种城市演化形态中集合城市可被看成是拥有若干卫星城的大城市④;1918年,芬兰沙里宁(E. Saarinen)在其著作《城市:它的发展、衰败和未来》中提出应当将城市看作是有机的生命体,并且城市群体发展应当从无序的集中转变为相对有序的疏散,并且基于这种"有机疏散"理论他制定了大赫尔辛基规划方案;与此同时基于城市群体的规划研究思想在一些大城市,如伦敦、巴黎、莫斯科等城市规划中都有所体现,这表明了城市群体的研究开始渐渐受到人们的重视。⑤

---

① [英]埃比尼泽·霍华德著,金经元译:《明日的田园城市》,商务印书馆2000年版。
② 林先扬、陈忠暖、蔡国田等:《国内外城市群研究的回顾与展望》,载《热带地理》2003年第1期。
③ 赵煦:《英国早期城市化研究——从18世纪后期到19世纪中叶》,华东师范大学2008年博士学位论文,第81页。
④ 沈玉麟:《外国城市发展史》,中国建筑工业出版社1991年版。
⑤ 林先扬、陈忠暖、蔡国田等:《国内外城市群研究的回顾与展望》,载《热带地理》2003年第1期。

2. 关于城市空间结构的研究

20世纪20年代,对城市空间结构模式理论的探讨开始出现。来自美国芝加哥大学的社会学家帕克(R. E. Park,1864~1944)、沃思(L. Wirth,1897~1952)和伯吉斯(Ernest Watson Burgess,1886~1966)等人在研究中使用了生态学的方法,被称为"芝加哥城市生态学派";伯吉斯对芝加哥城市中的住宅区、工业区及中心商业区的形成和变迁做了大量的调查研究工作,在此基础上提出了城市地域结构的同心环模式(concentric ring model),即以中央商务区(CBD)为核心、向外依次为居住区和通勤区的城市土地利用结构三模式[1];美国土地经济学家赫德(R. M. Hurd)于1924年研究了美国200个城市内部资料后最先提出扇形理论,1936年美国土地经济学家霍伊特(Homer Hoyt)在研究美国64个中小城市房租资料和若干大城市资料后又加以发展;霍伊特认为,均质性平面的假设太不现实,通过对北美142个城市房租和地价分布进行研究后,他提出了扇形模式或楔形模式;在他的模式中,保留了同心环模式的经济地租机制,考虑了放射状运输线路的影响,即线性易达性(linear accessibility)和定向惯性(directional inertia)的影响,使城市向外扩展的方向呈不规则式;他将中心的易达性称为基本易达性,将沿着辐射运输路线所增加的易达性称为附加易达性,认为轻工业与批发商业对运输路线的附加易达性最为敏感,所以呈左右隆起的楔形;贫民住宅区在环绕工商业土地利用的地段,而中产阶级和富人则沿着交通大道或河道、湖滨、高地等向外发展,当人口增多时住宅区也会循着不会受阻的方向作放射式发展,因此城市各土地利用功能区的布局呈扇形或楔形,他的理论也被称为扇形模式(sector model)。[2]

伯吉斯、霍伊特等人提出的城市内部结构模式均为单中心,忽略了重工业对城市内部结构影响以及城郊住宅区出现等因素。多核心理论最早在1933年由麦肯齐(R. D. Mckenzie)提出,1945年芝加哥大学地理学家哈里斯(C. D. Harris)和乌尔曼(E. L. Ullman)进行完善;哈里斯和乌尔

---

[1] 许学强、周一星、宁越敏编著:《城市地理学》,高等教育出版社2009年版,第9~10页。
[2] Hoyt H: *The Structure and Growth of Residential Neighborhoods in American Cities*,1939.

曼通过对现代大城市空间分异因素的分析,认为行业区位、地价房租、集聚效益和扩散效益等因素是主要的制约因素,在这些制约因素的综合作用下,除了主要经济胞体(economic cells)——中心商业区(CBD)外,还存在一些次要经济胞体散布在整个体系内,并各自支配一定地域,因而提出了比较精细的城市空间多核心模式(multiple-nuclei model)。[1] 多核心模式理论是在西方发达国家城市化得到进一步发展,城市地域结构进一步复杂化的背景下产生的,这一理论比较符合美国20世纪40年代、西欧20世纪50年代的实际情况。

上述三个城市内部结构模式在城市地理学中占有重要地位,虽然有地租理论基础作为支撑,但由于这些理论都是由美国学者创造,其所列举的土地利用功能区的空间布局与美国城市状况比较接近,较好地解释了美国工业化初期城市空间形成演化规律,但是这些理论都具有静态性和地域局限性,从而引发了对现代城市空间结构三分法(城市核心区—边缘区—影响区)的理论探讨。

1947年,英国地理学家迪肯森(R. E. Dickinson)在对众多欧洲城市进行考察后,从许多研究城市的论著中,将历史发展与地带结构加以综合,他对伯吉斯(E. W. Burgess)的同心圆理论倍加推崇,据此进一步提出三地带理论(three zone theory),即城市地域结构从市中心向外发展按中央地带(central zone)、中间地带(middle zone)和外缘地带(outer zone)或郊区地带(suburban zone)顺序扩展,揭示了城市成长引起的城市影响力扩大的趋势,开创了城市边缘区研究的先河。[2]

1963年,塔弗(E. J. Taaffe)、加纳(B. J. Garner)和蒂托斯(M. H. Teatos)从城市社会学角度提出城市地域的理想结构模式,由中央商务区、中心边缘区、中间带、外缘带、近郊带五大部分组成,扩展城市空间的研究范围,进一步发展了三地带理论;1975年,C. H. 洛斯乌姆(Russwurm)从城市地区和农村腹地之间联系的角度,提出城市地域应由城市

---

[1] Harris C D, Ullman E L: *The Nature of Cities*, Annals of the American Academy of Political and Social Science, 1945, Vol. 242: 7-17.
[2] 顾朝林:《大城市边缘区研究》,科学出版社1995年版,第2页。

核心区(core built-up area)、城市边缘区(urban fringe)、城市影响区(urban shadow)和乡村腹地(rural hinterland)四部分组成;1981年,穆勒(Muller)在研究了日益郊区化的大城市后,利用范斯(Vance,1977)的城市地域(urban region)概念,对哈里斯和乌尔曼的多核心理论作进一步扩展后建立了大都市空间结构模式,又称为多中心城市模型,该模型由衰落的中心城市、内郊区、外郊区和城市边缘区四部分构成,在外郊区有正在形成的若干个小城市。①

上述关于城市地域结构模型的理论虽然重点都放在大都市内部,但专家与学者们已经开始意识到,在集聚与扩散作用下城市形态由单核向多核城市地域结构的转变,因此这也标志着相关研究开始由传统城镇个体空间结构向城镇群体空间结构转变。

3. 关于城镇体系结构的研究

1933年,德国经济地理学家沃尔特·克里斯塔勒(Walter Christaller,1893~1969)发表了《南部德国的中心地》一书,提出了著名的"中心地理论"(Central Place Theory),首次针对区域内的城镇群体进行系统化研究;克里斯塔勒从城市对外服务功能着手,通过严谨的理论阐述与精密的数理模型,创造性地提出了区域城镇分布的六边形组织结构模式,揭示了城市规模等级、空间分布、职能层次规律,对城市构成的中心地等级体系作了深入的研究;这种理论被公认为是城镇体系研究的重要基础理论之一。②

1940年,德国经济学家奥古斯特·勒施(August Losch,1906~1945)出版了《经济空间秩序——经济财货与地理间的关系》一书,在与克里斯塔勒的工作毫无联系的情况下,以厂商利润最大化为出发点,利用数学推导与经济学理论,得出一个与克里斯塔勒学说完全相同的区位模型——六边形;勒施更多的是从企业区位理论出发,将静态的、单方面的农业区位论与工业区位论,扩展为动态的、综合的空间经济理论。勒施不仅从理

---

① 叶玉瑶:《改革开放以来珠江三角洲建设用地扩展与经济增长的关系》,中山大学2009年博士学位论文,第8页。
② [德]沃尔特·克里斯塔勒著,常正文、王兴中译:《德国南部中心地理论原理》,商务印书馆1998年版。

论上将研究对象扩展到区位体系,从克里斯塔勒的聚落市场区发展为工业市场区,而且将地域框架扩大应用于产业的市场区位,进而探讨了市场区体系和经济景观,通过逻辑推理方法提出了自己的生产区位经济景观,即通常所说的勒施景观。①

1939 年杰弗逊(M. Jefferson)②、1942 年齐夫(G. K. Zipf)等人分别对城镇的等级规模分布等问题展开了理论研究与探讨;齐夫在其《人类行为和费力最小的原则》一书中,曾运用对立统一的分析方法,从人类行为的角度探讨了城市等级规模分布的一般特征,并通过统计分析,推论出等级规模分布的理论模型,又称齐夫准则,按照这一准则,城市的人口规模是其所处级别的函数③;贝里(B. J. L. Berry)1960 年曾经选择 38 个国家的城市资料做过分析,贝里在分析中发现,38 个国家中有 13 个国家属于对数正态(位序 – 规模)分布;有 15 个国家属于首位分布;其余 10 个国家属于过渡类型,其中有的偏于接近对数正态分布。④

二战以后,随着工业化与城市化进程在全球范围内的深化,关于城市的一些矛盾与问题日益突出,人们对于从城镇体系的角度研究城市和区域的重要性有了深刻认识。

维宁(R. Vining)于 1942 年从经济学的研究角度探讨了城镇体系对城市发展的意义,并且从理论上阐明了城市体系在理论上的存在合理性;1950 年邓肯(O. Duncan)在其著作《大都市与区域》中首次明确提出"城市体系"(urban system)的概念并阐明了城市体系研究的实际意义⑤;1954 年数量地理学家布赖恩·贝里(B. J. L. Berry)用"数理统计方法对中心地学说进行了许多实证性研究,发表了大量的文章和专著,他的《城市作为城市系统内的系统》(Cities as Systems Within Systems of Cities)一文,把城市人口分布与服务中心的等级联系起来,是城市系统研究的一个重要转折点";"如果说克里斯塔勒是城市系统研究的理论家、奠基人,那

---

① [德]奥古斯特·勒施著,王守礼译:《经济空间秩序》,商务印书馆 2010 年版。
② Mark Jefferson: *The Law of the Primate City*, *Geographical Review*, 1939, Vol. 29:226 – 232.
③ 王兮:《西北地区城市化发展进程研究》,长安大学 2007 年硕士论文,第 15 页。
④ 许学强、周一星、宁越敏编著:《城市地理学》,高等教育出版社 2009 年版,第 169 页。
⑤ 张京祥:《西方城镇群体空间研究之评述》,载《国际城市规划》1999 年第 1 期。

么,贝里就是城市系统研究的实践者和推动者"①。因此贝里的"数量革命"使城市地理研究从形态学的城市景观转移到了空间分析上。

1977年,哈盖特(P. Haggett)②和克里夫(A. D. Cliff)主要从相互作用(interaction)、网络(networks)、节点(nodes)、等级(hierarchies)、面(surfaces)、扩散(diffusion)等6个角度对区域城市群空间演化模式问题进行了研究。③

20世纪70年代以后,西方发达国家的城市发展基本进入稳定期,城镇体系研究进入高潮时期,涌现出一大批丰硕成果,其中最为著名的是美国地理学家贝里(B. Berry)和豪顿(F. Horton)的《城镇体系的地理学透视》(1970)、加拿大学者鲍恩(L. Bourne)和西蒙斯(J. Simmons)的《城镇体系:结构的发展与政策》(1978)两部著作。④

从概念上说城镇体系是指在地域上相邻、彼此间存在稳定联系且具有一定层次的一组城市群体,城镇体系与城市群在概念上存在一定差异,但其研究思路与研究方法奠定了城市群的研究理论基础。

(二)城市群研究的繁荣成熟阶段

20世纪40～50年代,随着西方发达国家和地区工业化与城市化进程的不断深化,城市地域空间范围不断扩展,从而产生了一种新型城市空间形态——大都市带,并且引起了相关领域众多学者的关注。

1. 欧美国家对大都市带的研究

从整个世界范围来看,工业化不仅成为城市化发展的"助推器",而且也促使城市成为区域经济发展的"动力源"。随着欧美经济发达国家与亚洲部分发展中国家进入城市化中后期阶段,区域空间结构的演化出现了新的发展趋势。一种以大城市为中心,连同周边受其辐射的邻接地区所组成的巨型城市区域集合体(city-region agglomeration)开始出现,这种城市区域集合体现象无法用传统城市空间结构理论进行合理解释,因

---

① 许学强、周一星、宁越敏编著:《城市地理学》,高等教育出版社2009年版,第10页。
② Haggett P, Cliff A D: *Locational Models*, Edward Arnold Ltd., 1977.
③ 张京祥:《西方城镇群体空间研究之评述》,载《国际城市规划》1999年第1期。
④ 赵哲:《吉林省城镇体系等级规模结构的重新构筑》,东北师范大学2005年硕士学位论文,第3页。

而引发了西方城市空间结构理论的一场巨变。产生了以法国经济地理学家戈特曼(J. Gottmann,1957,1961,1966,1987,1990)的大都市带(megalo-polis)理论、加拿大地理学家麦吉(T. G. McGee,1985,1987,1989,1991)的城乡一体化区域(desa kota region)理论、美国新闻记者佩尔斯(N. R. Peirce,1993)的城市主导区域(citistate)理论等三种具有里程碑意义的城市区域集合体理论。[①]

作为现代意义上城市群研究的开拓者当属法国地理学家戈特曼(J. Gottmann)。在考察了北美地区的城市化之后,他在1957年首先提出大都市带的概念;"戈特曼选择了古希腊时代建立的一个理想中非常大但从未发展到这么大的城市的名字Megalopolis(意即非常大的城市)来称呼这个当时世界上最大的、人口超过3000万的超级大都市区"[②];在他发表的 *Megalopolis or the Urbanization of the Northeastern Seaboard*(《大都市带:东北海岸的城市化》)(1957)一文中,他非常具有开拓意义地提出了"大都市带"(megalopolis)的概念,并且对其空间生长的模式进行了理论探讨,指出"大都市带"并非是简单的一个城市或大都市,而是一个面积广大、有若干个大都市相互连接所构成的城市化区域,是一个有着相当人口密度分布的都市地带[③];戈特曼的大都市带理论被学界视为是全新的城市群体概念,得到了广泛推崇。

在这之后的数十年间,戈特曼一直致力于丰富、完善大都市带的相关研究。在对世界上几个主要大都市带进一步考察与研究后,戈特曼于1961年出版了《大都市带:城市化的美国东北海岸》一书[④],从理论上界定了大都市带的内涵,认为大都市带是一个特殊的区域,其大部分为建城区,空间上由各个社区和产业区交织成星云状空间结构,并深入探讨了大都市带的特征、功能、形成的影响因素和发展阶段,该书被认为是戈特曼

[①] 吴传清、李浩:《西方城市区域集合体理论及其启示》,载《经济评论》2005年第1期。
[②] 许学强、周一星、宁越敏编著:《城市地理学》,高等教育出版社2009年版,第25页。
[③] Jean Gottmann: *Megalopolis or the Urbanization of the Northeastern Seaboard*, *Economic Geography*,1957, No. 7: 189-200.
[④] Jean Gottmann: *Megalopolis: The Urbanized Northeastern Seaboard of the United States*, The Twentieth Century Fund, 1961.

关于大都市带理论演进的重要里程碑①;1966 年戈特曼与哈珀(Robert Alexander Harper)合作出版了 Metropolis on the Move: Geographers Look at Urban Sprawl 一书,对大都市带作了进一步阐述。②

1987 年出版的《大都市带的再考察二十五年后》(Megalopolis Revisited: Twenty-five Years Later)一书③,标志着戈特曼大都市带理论已经趋于成熟;戈特曼在该书中从产业结构变动、人口分布、劳动力构成、土地利用形式等多个视角探讨了美国东北海岸大都市带的特征,分析了它的自然、社会以及经济基础,形成了完整的大都市带理论体系。④

正是由于戈特曼对于大都市带所做的开创性研究,引起了众多地理学家对这一领域的关注。金斯伯格(Ginsburg,1961,1988)通过对日本大都市带的重点研究⑤,总结出其特点:人口稠密、市郊化(suburbanization)和城市远郊化(exurbanization)过程与主导产业部门的分散相关联等,并以此为基础提出符合日本实际情况的"分散大都市带(dispersed metropolis)"概念,以这一概念定义一个由众多专业化职能城市中心构成的多核系统。⑥

西方发达国家的城市化是在工业化推动下完成的,具有明显的自上而下特征,呈现出一种内生的、自我发展的路径模式;而发展中国家尤其是东南亚国家的工业化是在全球产业转移的背景下启动的,城市化是一种外力推动的结果,呈现出显著的自下而上的特征。19 世纪 60 年代以来,东南亚国家的城市化进程呈现出一些新的特点,巨型城市区域集合体越来越成为主宰这些国家经济发展的主导力量。加拿大地理学家麦吉(T. G. McGee,1980,1994)对东南亚发展中国家城市密集地区进行了多

---

① 吴传清、李浩:《西方城市区域集合体理论及其启示》,载《经济评论》2005 年第 1 期。
② Jean Gottmann,Robert Alexander Harper: Metropolis on the Move: Geographers Look at Urban Sprawl,John Wiley & Sons,1966.
③ Jean Gottmann: Megalopolis Revisited: 25 Years later,University of Maryland Institute for Urban Studies,1987.
④ 吴传清、李浩:《西方城市区域集合体理论及其启示》,载《经济评论》2005 年第 1 期。
⑤ Ginsburg N S,Koppel B M,and McGee T G,eds: The Extended Metropolis: Settlement Transition in Asia,University of Hawaii Press,1991.
⑥ 吴小云:《城镇密集区发展阶段中的城乡统筹度研究》,郑州大学 2007 年硕士学位论文,第 3 页。

年的考察与研究,认为在亚洲某些发展中国家和地区的经济核心区域,例如泰国的曼谷、印尼的爪哇、中国的上海等城市,出现了与西方大都市带类似而发展背景又完全不同的新型空间结构①;1987 年,麦吉在《城镇化还是乡村城镇化? 亚洲经济交互作用新型区域的出现》②一文中,用 kotadesasi 一词描述了这种与传统城镇化机制完全不同的城乡联系空间结构,探讨了 kotadesasi 的空间范围和基本特征;1989 年,麦吉在《亚洲巨型城市区域的出现》③(The Emergence of Megaurban Regions in Asia)和《亚洲新型城乡一体化区域的出现:对国家和区域政策的启示》④两篇论文中,采用 megaurban region、rural-urban mix 两词进一步完善该理论⑤;1991 年,麦吉在《亚洲城乡一体化区域的出现:扩展一个假设》⑥一文中提出了"城乡融合区"(desakota)的概念,用 desakota region 一词取代 kotadesasi 等词,并阐述了 desakota region 的形成条件和动力机制;他认为随着这些地区经济的飞速发展已经开始出现类似于西方大都市带的空间结构;这些亚洲大城市之间的区域是在地区之间交通走廊地带的农村地区所发生的,并以劳动密集型工业、服务业和其他非农行业的迅速增长为特征,商品和人流相互作用十分强烈;在此基础上,麦吉将这类由数个通过交通走廊联系的大都市及其周围或其间的 desakota 组成的巨大地域组织命名为"megaurban",即"超级城市区"⑦;1995 年,麦吉与罗宾逊合作出版了《东

---

① McGee T G:*Urbanisai or Kotadesasi? Evolving Patterns of Urbanization in Asia*,the International Conference on Asia Urbanization,University of Akron,1985.
② McGee T G:*Urbanisasi or Kotadesasi? The Emergence of New Regions of Economic Interaction in Asia*,East-West Environment and Policy Institute,1987.
③ McGee T G:*The Emergence of Megaurban Regions in Asia:A Research Proposal Institute of Asian Research*,University of British Colombia(Unpublished Manuscript),1989.
④ McGee T G:*New Regions of Emerging Rural-Urban Mix in Asia:Implications for National and Regional Policy*,Seminar on "*Emerging Urban-Regional Linkages:Challenge for Industrialization,Employment and Regional Development*",Bangkok,August,1989.
⑤ 吴传清、李浩:《西方城市区域集合体理论及其启示》,载《经济评论》2005 年第 1 期。
⑥ McGee T G:*The Emergence of Desakota Regions in Asia:Expanding a Hypothesis*,University of Hawaii Press,1991.
⑦ 吴小云:《城镇密集区发展阶段中的城乡统筹度研究》,郑州大学 2007 年硕士学位论文,第 3 页。

南亚的超级城市区:亚洲的城市化》①一书,进一步阐述了 megaurban 的概念。

随着地理学家、经济学家等专家学者对大都市带理论开展研究,区域与城市规划学者也普遍接受了这一理论,并且得到重视,在区域与城市规划中加以广泛应用。著名的希腊规划学家杜克西亚迪斯(C. A. Doxiadis)就是其中之一。

希腊学者杜克西亚迪斯、帕佩约阿鲁(J. G. Papaioannou),加拿大地理学家纳什(P. H. Nash)以及美国学者墨菲(E. F. Murphy)等都是戈特曼观点的热情支持者。

希腊学者杜克西亚迪斯认为,从人类社会居住形式的演变过程来看,城市群以一种全新的结构体现了人类社会对自然资源最大限度地集约利用,代表着未来世界的发展方向②;他认为已经在世界上许多地方出现的多个都市区沿着发展轴线扩展相连的事实表明,无论从形式还是功能上看,它们都与单个都市区有显著不同的特征;存在于这种系统内部各个都市区之间以各种流的形式表现的强烈交互作用,促成了这一现存最大尺度的人类居住的地域空间形式的形成③;希腊学者帕佩约阿鲁根据自然、人类、社会、物质外形和网络五个因素特征,对人类社会居住的空间形式作了理论上的逻辑分类,共划分出从最小的个人(anthropos)到世界大都市带(ecumenopolis)共 15 种类型,认为世界大都市带将是人类社会居住形式发展的最高阶段。

城市群的形成作为一种空间现象,与城市产生一样都是经济发展、技术创新、制度变革等多种因素综合作用的结果;因此越来越多的学者开始将注意力转向大都市外围地区以及大都市间的区域发展问题,而经济学家则从各自不同的角度与范围对城市群的发展机制进行了探讨。

瑞典学者哈格斯特朗(T. Hagerstrand)于 1953 年在其论文《作为空

---

① MacGee T G, Robinson I M, eds: *The Mega-Urban Regions of Southeast Asia*, UBC Press, 1995.
② 史育龙、周一星:《关于大都市带(都市连绵区)研究的论争及近今进展述评》,载《国际城市规划》1997 年第 2 期。
③ 李梅影:《城市群学者名录》,载《国际金融报》2003 年 7 月 7 日。

间过程的创新扩散》中首次提出空间扩散的问题①,他在熊彼得创新扩散的基础上提出了现代空间扩散理论,揭示了城市群空间扩散的多种形式,但其重要性当时并未引起重视;直到哈格斯特朗于 1959~1960 年执教于美国华盛顿大学后,空间扩散的研究才逐步盛行,并被人们誉为 20 世纪人文地理学研究中两项最重大的贡献之一(另一项为克里斯塔勒首先提出的中心地理论)。②

弗里德曼(J. Friedmann)发展了劳尔·普雷维什(Raul Prebisch)③于 20 世纪 40 年代提出的中心-外围模型,将中心-外围理论的概念引入区域经济学,解释了经济发展与空间演化的相互关系;1964 年,弗里德曼(Friedmann)和阿隆索(Alonso)结合罗斯托(W. W. Rostow)的经济发展阶段理论,两人共同提出了"核心-边缘"的经济发展与空间演化模式,从而反映了城市群的不同发展阶段与过程④;他们认为任何国家的区域系统,都是由核心和边缘的两个子空间系统组成的。资源、市场、技术和环境等的区域分布差异是客观存在的,要利用独有的地理优势或者历史传统把中心区域首先发展起来,使要素不断向这个区域聚集,形成区域经济体系中的中心,并且随着市场扩大、交通条件改善和城市化加快,核心与边缘的界限会逐步消失,最终推动空间经济逐渐向一体化方向发展。⑤

法国经济学家弗朗索瓦·佩鲁(Francois Perroux)于 1955 年创立了"增长极理论"⑥,认为经济增长不是遵循均衡路径,而是源于一个所谓的"推动型单位",推动型单位的优势来自于规模经济和创新能力⑦。法国经济学家布代维尔(J. R. Boudeville)和拉塞(J. R. Lasuen)两人将区位

---

① Hagerstrand T: *Innovation Diffusion as a Spatial Process*, University of Chicago Press, 1967: 124-168.
② 许学强、周一星、宁越敏编著:《城市地理学》,高等教育出版社 2009 年版,第 199 页。
③ 1949 年 5 月,普雷维什向联合国拉丁美洲和加勒比经济委员会递交了一份题为《拉丁美洲的经济发展及其主要问题》的报告,系统完整地阐述了他的"中心-外围"理论。
④ Friedmann J, Alonso W: *Regional Development and Planning: a Reader*, MIT Press, 1964.
⑤ 叶晓霞:《企业总部迁移与城市化关系的机理研究》,浙江工商大学 2008 年硕士学位论文,第 4~5 页。
⑥ Francois Perroux: *Note sur la notion de pôle decroissance*, *Economie appliquée*, 1955, Vol. 8, No. 1-2.
⑦ [法]弗朗索瓦·佩鲁:《略论增长极概念》,载《经济学译丛》1988 年第 9 期。

论观点引入增长极理论中,从而将增长极的发展功能与城市的集聚体系有机地联系起来,他们认为一个增长极或增长中心的形成离不开一个城市的集聚优势和多种功能,其扩散遵循中心地的等级扩散。

1957年美国地理学家乌尔曼(E. L. Ullman)提出了空间相互作用理论,从而对城市群区域内外空间相互作用机制的研究领域产生了比较深远的影响[①];乌尔曼认为相互作用产生的条件有三个:互补性、中介机会和可运输性。[②]

1969年,惠贝尔(Whebell)提出了"走廊理论(theory of corridors)"[③],用"走廊"这一概念表示由高度发达的现代化运输线连接起来的若干主要城镇构成的线状模式,分析阐述了这一走廊经济景观五个阶段的演变过程:初始占据、商品交换、铁路运输、公路运输网与大都市区的形成。[④]

布赖恩特(Bryant,1982)等人提出了"城市乡村"(city's countryside)理论,研究了与区域性城市结构相关的城市周围乡村地区的类型,对"城市乡村"发展动力机制进行了探讨[⑤];布鲁恩和威廉斯(Brunn & Willjams,1983)的"城市系统(systems of cities)"和怀特汉德(Whitehand,1988)的"城市边缘带(urban fringe belt)"等人的理论从不同的侧面对城镇密集区的概念进行了阐释。

以上相关经济理论从不同方面对城市群空间发展过程和形成机制研究提供了有力的理论基础支持。此后欧美学者对城市群的研究主要以大都市带理论为依据,以全球一体化和美国新经济为背景,从理论探索开始逐步向微观实证和机制研究转变;在研究中发现与验证了都市圈经济一体化过程中存在的一些重要因素,例如人口、知识和产业结构等。

---

① Ullman E L: *American Commodity Flow and Rail Traffic*, University of Washington Press, 1957.
② 许学强、周一星、宁越敏编著:《城市地理学》,高等教育出版社2009年版,第192~193页。
③ Whebell C F J: *Corridors: A theory of Urban Systems*, Annals of the Association of American Geographers, 1969, Vol. 59, No. 1.
④ 谢馥荟:《山东半岛城市群空间结构演变研究》,南京航空航天大学2006年硕士学位论文,第2页。
⑤ 吴小云:《城镇密集区发展阶段中的城乡统筹度研究》,郑州大学2007年硕士学位论文,第3页。

瓦恩斯(A. M. Warnes,1991)通过对20世纪60年代以来大伦敦地区人口发展过程的研究,发现伦敦都市圈的发展与城市人口的聚集和扩散有关;随着城市人口的集聚与分散,郊区化过程开始出现,从而使得大伦敦地区的城市发展逐渐超出都市区范围,成为英格兰东南大都市带的核心部分;埃伯纳(M. H. Ebner)通过对新泽西普林斯顿地区发展过程的研究,探讨了教育、科研以及信息等产业在都市圈形成中的显著作用。①

2. 日本学者对都市圈(带)的研究

(1)关于都市圈的研究。

早在1954年,日本行政管理厅统计标准部就开始仿效美国标准大都市区(standard metropolitan area,SMA)的概念定义了"标准城市地区",用来表示城市的功能地域;后来这一概念又被进一步具体化为各科"城市圈",例如被广泛使用的生活圈、通勤圈、商业圈等概念。这些概念是指以一日为周期可以接受城市某一方面功能服务的地域范围;1960年又提出了"大都市圈"的概念和划分标准。②

日本学者对大都市圈的研究源于20世纪50年代,随着日本经济的起飞,出现了大都市急剧扩张的现象,这一时期主要围绕着大城市的空间扩散开始展开研究,主要研究方向是郊区城市化和卫星城的建设;到了20世纪60年代中期,由于日本经济的高速增长,公务性行业在大城市高度集中,研究方向开始转向大都市圈的商业行政职能;20世纪70年代以后,对大都市圈的研究进一步扩展到对大城市圈层结构和空间增长过程的探索方面。③

20世纪60年代至80年代,这一阶段日本对于都市圈的研究多集中在对都市圈内单一要素,例如产业和人口等要素的分布、演变及其成因分析上,如1965年石水照雄对东京大都市圈人口集聚与扩散过程进行的研

---

① 任声策、宣国良、刘浩然:《都市圈经济一体化中的和谐发展问题研究:一个整体框架》,载《当代经济管理》2005年第6期。
② 史育龙、周一星:《关于大都市带(都市连绵区)研究的论争及近今进展述评》,载《国际城市规划》1997年第2期。
③ [日]高桥伸夫、菅野峰明著,王力译:《日本大城市圈研究》,载《地理科学进展》1990年第2期。

究和桧垣松夫对北九州工业区进行的研究等,这其中板仓胜高等人(1968)的研究比较有代表性。板仓胜高通过对阪神都市圈内工业企业分布的实证研究,推翻了日本都市圈是由大型重化企业控制的传统观点;研究结果显示:日本都市圈产业的基本特点是由一系列规模不等、产业性质各异的企业组成的工业聚集体。①

20世纪80年代以后,日本学者对于都市圈的研究开始逐步转向对空间结构变化的总结上,其中比较有代表性的研究主要有:津川康雄(1982)通过研究京阪神都市圈内部三大城市的人口和零售商业分布以及由此决定的城市中心性的空间变化,发现在城市核心地区中心性降低的同时,都市圈逐渐走向均衡发展②;山鹿诚次(1984)对日本大都市圈的内部结构进行了系统研究;富田和晓(1988)从批发、服务业的区位变动入手,对东京、阪神、名古屋三大都市圈结构做了对比研究,认为集中分布相对减少、多中心成为日本都市圈发展的普遍现象③;藤井正(1990)通过分析根据通勤定义的都市圈在解释郊区化现象时的局限性后,提出了从更大地域范围内解释大都市圈空间结构新特点的崭新思路;山鹿诚次(1984)对日本大都市圈的内部结构进行了系统研究。④

日本富田和晓教授(1995)的《大都市圈的结构演变》⑤一书以都市空间为经,结构演变为纬,从人口、产业、居住、消费、通勤、中心地等级和职能等广泛的角度对日本三大都市空间结构的演变过程进行了全面的分析研究。⑥

(2)关于都市带的研究。

1967年,日本地理学家石水照雄和木内信藏率先翻译介绍了戈特曼

---

① 史育龙、周一星:《关于大都市带(都市连绵区)研究的论争及近今进展述评》,载《国际城市规划》1997年第2期。
② 叶玉瑶、张虹鸥、罗晓云、李斌:《中外城镇群体空间研究进展与评述》,载《城市规划》2005年第4期。
③ 史育龙:《辽中南部都市区与都市连绵区研究》,北京大学1996年博士论文。
④ 史育龙、周一星:《关于大都市带(都市连绵区)研究的论争及近今进展述评》,载《国际城市规划》1997年第2期。
⑤ [日]富田和晓:《大都市圈的结构演化》,古今书院1995年版。
⑥ 王德:《评价富田和晓的〈大都市圈的结构演变〉一书》,载《城市规划汇刊》2002年第2期。

的著作;1969年日本城市社会学家矶村英一为北海道千岁市进行城市规划时,尝试应用了megalopolis概念,虽然并未获得成功,但却引发了日本学术界对都市区和大都市带的研究兴趣。

日本关于大都市带的研究与日本都市圈的建设实践是紧密联系在一起的,20世纪50年代以后日本经济高速增长,城市化进程加快,导致了人口与产业向太平洋沿岸地域不断集聚,形成了太平洋沿岸的京滨、中京、阪神等大工业地带;而且随产业结构变化、技术进步、交通运输方式改变出现的临海、临空型产业布局模式,大大促进了东海道大都市带的形成。① 日本东海道都市带,是从千叶向西,经过东京、横滨、静冈、名古屋,到京都、大阪、神户的整个范围,该城市群包括东京都市圈、名古屋都市圈和大阪神户都市圈三个组成部分;在这个面积只占日本全国国土面积6%的区域内,却拥有日本人口的60%和工业总产值的75%。②

日本学者丹下健三(Tange Kenso)曾主持1960年东京规划,他在1965年出版了《日本群岛的未来》一书,总结了战后日本城市发展的过程,对日本全国特别是东京湾的城市发展前景作了预测;他的观点深受杜克西亚迪斯的影响,认为大都市带化(megalopolitanization)正成为世界发展的历史潮流,大都市带则是人类社会未来的蓝图③;同一时期,日本著名学者山鹿诚次出版的《东京大城市圈之研究》(1967)和服部圭二郎的《大城市地域论》(1969)也涉及了对东海道大都市带的研究。④

1972年6月,作为竞选纲领,田中角荣正式提出了"日本列岛改造"的构想。其内容涉及政治、经济、交通通信、科学教育等各个方面,重点解决三个部分问题:工业重新布局,改造旧城市和建设"新25万人口城市",建设交通通信网络。田中上任组阁后,以"列岛改造"思想为指导方

---

① 柴彦威、史育龙:《日本东海道大都市带的形成、特征及其研究动态》,载《国外城市规划》1997年第2期。
② 钱亦杨、谢守祥:《长三角大都市圈协同发展的战略思考》,载《华东经济管理》2004年第4期。
③ 李梅影:《城市群学者名录》,载《国际金融报》2003年7月7日。
④ 史育龙、周一星:《关于大都市带(都市连绵区)研究的论争及近今进展述评》,载《国际城市规划》1997年第2期。

针，重新对"全国综合开发计划"①加以调整和修订，建立起更大规模的"新全综"，即"日本列岛改造计划"。以筑波科学城建设为代表，日本城市分散化倾向日渐明显，东海道大都市带的发展进入成熟阶段，日本的城市发展逐渐开始进入郊区化阶段。

20世纪70年代，日本学者小林博氏对东京大都市圈进行研究后，在归纳与总结前人的观点基础上强化了城市群发展过程的3个概念：大都市地区（metropolitan region）、大城市区（metropolitan area）与城市化地带（urbanized area）。②

田口芳明（1981）经过对京阪神大都市圈1970～1975年中心市和外围地域的不同产业的就业人口变化特征研究后指出，日本城市化模式正在发生着质的变化，扩散型城市化将成为城市化的主要形式；并认为居住的郊区化为郊区化第一阶段，相应的大都市圈的地域结构为球心型的地域结构；产业郊区化为郊区化的第二阶段，该阶段球心型的地域结构将向多核心地域结构转换；因此，必须从通勤、购物行为等角度对大都市圈地域结构重新研讨。其后，以三大都市圈为对象，从就业、通勤、零售商业区位变化、居民的购物行为等侧面的实证研究日益增多。③

20世纪90年代以后，日本学者对于大都市带的研究进入了一个新的阶段，无论是深度还是在广度上都取得了很大进展。政治地理学家宫川康男（Yasuo Miyakawa，1990）从日本明治维新后国际关系演变入手，分析了东海道大都市带的形成演化过程。森川洋（Hiroshi Morikawa）改变了以往日本都市圈连绵区域之间没有联系指标的状况，利用干线公路车流量普查资料，结合人口迁移指标，对全日本的大都市圈作了新的划分，提出地域轴的概念，并对各种等级、类型的大都市圈的空间特征作了分析。秋元耕一郎（1993）则从区域城市发展的轴线系统入手，对各行政单

---

① 1962年日本根据1950年制定的《国土综合开发法》制定了《全国综合开发规划》，也叫"一全综"；1969年日本公布了国土的第二个十年规划，即"二全综"。
② 林先扬、陈忠暖、蔡国田等：《国内外城市群研究的回顾与展望》，载《热带地理》2003年第1期。
③ 郭文炯、白明英：《日本城市地理学的发展与近期趋势》，载《世界地理研究》第8卷第2期。

元(县)的城市体系的空间结构进行分类并提出了促进合理发展的政策措施。这些从不同方面进行研究的成果,为日本大都市带的研究引入了新的视角和方法。日本学者对于都市带研究所做的贡献之处还在于将城市地域系统划分为日常城市系统、区域城市系统和国家城市系统三个层次,以分别对应于都市圈、大都市圈和大都市带,从而使得都市带的研究层次更加清晰。日本学者关于都市带丰富的研究成果与实践影响很大,日本也被戈特曼称为是除美国之外接受大都市带概念最早、影响最广泛的国家(Catharine Nagashima,1981)。①

(三)城市群研究的深化阶段

伴随全球化浪潮与信息科技革命,新的时代背景下城市群的研究也进入了新的阶段,城市群的研究领域得到进一步拓展,一些崭新的理论,诸如"世界城市"②、"网络城市"③等开始涌现,城市群的研究趋于更加多元与深入。

1. 全球化与城市群研究

20世纪80年代以后,随着经济全球化的不断深化和以信息技术为核心的新科技革命爆发,西方发达国家的产业结构发生巨变,全球经济结构面临重组,伴随着跨国公司全球化生产与全球供应链整合等战略的实施,一方面管理的高层次聚集、生产的低层次扩散、控制和服务的等级体系扩散构成了信息经济社会的总体特征④;另一方面跨国公司在全球经济中占据越来越重要的地位,根据联合国贸易和发展会议出版的《2012年世界投资报告》,"2011年跨国公司的外国子公司聘用了6900万名员工,创造了28万亿美元的销售额,7万亿美元的增值"。这些因素对城市群的研究起到了极大的促进作用,城市群的相关研究进一步向区域一体化、信息网络化等研究领域扩展与深化。

---

① 史育龙、周一星:《关于大都市带(都市连绵区)研究的论争及近今进展述评》,载《国际城市规划》1997年第2期。
② 1986年,弗里德曼在《环境和变化》杂志上发表《世界城市假说》一文,奠定了世界城市理论基础。
③ Batten于1995年在 Urban Studies 上发表文章提出,网络城市是由廊道组成的复杂网络构成的城市聚合体,具有多中心的结构特征。
④ 沈洁、张京祥:《都市圈规划:地域空间规划的新范式》,载《城市问题》2004年第1期。

跨国公司与城市关系最早可见诸于霍尔(P. Hall,1966)的研究,霍尔在《世界大城市》①一书中提出了基于新型全球经济重组大背景下产生世界城市的概念,并描述了关于世界城市的五大特征:(1)重要的国际政治中心,国家政府、国际政治组织各类专业组织、企业总部所在地;(2)重要的国际商业中心,物流集散地、拥有大型国际港和空港,最主要的金融商业中心;(3)文化、教育、科学、技术、人才中心,集中了大型医院、著名高校与科研机构、规模宏大的图书馆和博物馆等基础设施,拥有发达的信息传播网络;(4)巨大的人口集聚地,拥有数百万乃至上千万城市人口;(5)国际娱乐休闲中心,拥有古典或现代化的剧院、戏院、音乐厅以及豪华的宾馆、饭店和各类餐饮场所②;霍尔认为城市因其对政治、贸易、通信、金融、教育、文化和科技等具有极强的影响和控制能力,因而在城市等级体系中得以占据高位。③

斯蒂芬·海默(Stephen Hymer,1972)对跨国资本空间结构理论进行了大量非常有意义的探索与研究,海默认为跨国公司总部管理和决策职能需要大量的面对面接触,这一属性要求其选址必须靠近资本市场、媒体和政府,因而可以发现跨国公司最高总部往往集中在世界主要城市④;跨国公司内部的垂直分工在全球范围内产生了深刻的影响,在空间上相应地反映为由三个等级构成的城市体系:全球性管理中心位于最顶层,公司总部及相应的服务基础设施不断向发达国家的少数特大城市集中;大量的地方性金融、管理和服务中心位于承上启下的地位,主要承担协调上层与下层的关系、传递信息与管理职能等作用;位于最低一级的城市和地区,则承担具体的生产、装配、销售等职能。

海默对跨国资本的空间结构理论作出了有意义的尝试,认为多国公

---

① [英]Peter Hall 著,中国科学院地理研究所译:《世界大城市》,中国建筑工业出版社 1982 年版。
② 曹红阳:《中国的世界城市发展道路研究——以北京市为例》,东北师范大学 2007 年博士学位论文,第 1 页。
③ 陆军、王栋:《世界城市的综合判别方法及指标体系研究》,载《经济社会体制比较》2011 年第 6 期。
④ 陆军、王栋:《世界城市的综合判别方法及指标体系研究》,载《经济社会体制比较》2011 年第 6 期。

司会被吸引到一个国家的核心区或次一级的大城市,并且运用"新国际劳动分工"这一术语对世界范围的经济转移现象进行描述。①

随着跨国公司在全球生产力配置中所起作用的加强,这种作用开始从全球与区域层面上向城市群内部渗透,并且深刻地影响了城市群空间组合与城市群空间结构的演化,已经成为影响城市群发展的重要动力机制之一,因此大都市带、全球城市的产生并不仅仅是人类居住与生活环境的变迁,更是一种崭新的生产力布局形式的代表。

以20世纪70年代末兴起的新国际劳动分工理论为基础,结合跨国公司的公司决策行为和影响力,研究世界城市兴起与发展过程中的主要问题,在这一领域科恩(1981)、弗里德曼和沃尔夫(1982)、弗里德曼(1986)、格里克曼(1987)、费根和史密斯(1987),以及诺克斯(1995)和斯莱富特(1989)等学者的论著就是这一阶段研究成果的典型代表。这其中科恩(1981)率先提出新国际劳动分工是沟通跨国公司活动和世界经济体系的重要桥梁,世界城市是新国际劳动分工的协调和控制中心。弗里德曼(1982,1986)提出的"世界城市假说"则成为这一阶段研究的系统总结和主要成就。②

1986年,弗里德曼(J. Friedmann)开始对城市体系的等级网络进行研究,并且对城市等级进行了划分,他指出城市体系的等级关系将会成为跨国公司纵向生产地域分工的体现③;他认为各种跨国经济实体正在逐步取代国家的作用,使国家权力空心化;全球出现了新的城市等级结构,即世界级城市、跨国级城市、国家级城市、区域级城市、地方级城市所组成的世界城市体系。

1991年,范吉提斯(Y. N. Pyrgiotis)④、昆曼(K. R. Kunzmann)与魏格

---

① 师媛:《聚集效应视角下的关中城市群发展研究》,陕西师范大学2007年硕士学位论文,第4页。
② 徐聪、马莉莉:《世界城市理论研究的发展脉络与新进展》,载《西安财经学院学报》2012年第4期。
③ Friedmann J: *The World City Hypothesis*, *Development and Change*, 1986, Vol.17, No.1.
④ Pyrgiotis Y N: *Urban Networking in Europe*, *Ekistics*, 1991, Vol.50, No.2.

纳(M. Wegener)[①]等学者研究了经济全球化与区域经济一体化背景下跨国网络化城市体系的形成过程,他们认为大都市带形成的实质主要是产业空间重组的结果,其作为一种新的城市——区域空间组织形式,将会逐渐占据全球经济的核心位置;通过对欧洲城市的研究表明,经济全球化和集团化正在形成跨国网络城市体系,该体系的物质基础是跨国高速公路和发达的电子通信设施。

在经济全球化与新的国际劳动分工产生背景下,亚洲新兴工业化国家与地区城市发展势头迅猛,引起了众多学者关注,道格拉斯(M. Douglass,1992)对此进行了研究,将其纳为5点:(1)在某一国家范围内空间极化趋势更加明显,重要的地区及周边跨国公司的活动集中,而腹地发展滞后;(2)巨大城市地区出现,以区域为基础的城市化升格为以城市为基础的城市化;(3)世界城市的联合与国际城市体系的形成;(4)跨境发展,新加坡、马来西亚与印尼之间的增长三角,香港与华南地区等著名的跨境发展地区;(5)国际发展走廊形成,国际性的海陆空交通通道及网络的集聚,加上有效的通信网络,将世界经济连接成一个生产、消费和交易的实体。[②]

这之后道格拉斯(M. Douglass,2000)又以亚太地区为例,探讨了在全球化和经济危机背景下,巨型城市区域和世界城市的形成与发展。[③]

一方面从劳动地域分工角度看,大都市带代表一种崭新的生产力布局形式,是产业空间重组的结果,同时也是一种新的城市——区域空间组织形式;而另一方面从城市化的角度看,大都市带则是城市化发展的高级阶段,占据着全球发展的核心位置,是以扩散为主要特征的地域城市化。

2. 技术进步与城市群研究

以卡斯特尔(M. Castelles,1989)、布罗奇(J. Brotchie,1988)、巴拉斯

[①] Kunzmann K R, Wegener M: *The pattern of urbanization in Western Europe*, *Ekistics: reviews on the problems and science of human settlements*, 1991, Vol. 58: 282.

[②] Douglass M: *Global Interdependence and Urbanization: Planning for Bangkok Mega-Urban Region*, *International Conference on Managing Mega-Urban Regions in ASEAN Countries: Policy Challenges and Responses*, Asia Institute of Technology, Bangkok, Nov. 30 - Dec. 3, 1992.

[③] 景哲:《关中城市群发展模式研究》,西安理工大学2005年硕士学位论文,第16页。

(R. Barras,1987)为代表的技术决定论者认为:首先技术变化影响并决定了经济发展,而经济发展影响并决定了城市发展,因而他们认为技术是构成城市形态的主导力量,同时也是城市蔓延的动力源泉。随着经济的发展、技术的进步,尤其是现代信息技术与通信技术的突飞猛进,为现代大城市的蔓延扩展及大都市区的连绵创造了条件,但是随着人类进入后工业社会,城市功能、产业结构对城市空间结构的制约作用相对开始变小,而经济技术的发展又为人们提供更加丰富多样的选择。随着现代科技、信息技术的发展,既有可能带来导致城市空间演化分散的动力,同时也有可能会增加集聚的要求,现代技术尤其是信息通信技术的飞速发展,其中关键在于将其影响定位在哪个层次上(Peterself,1982)。1985年布罗奇(J. Brotchie)和霍尔(P. Hall)的著作《未来的城市形态——新技术的影响》(*The Future of Urban Form—the Impact of New Technology*)探讨了新技术革命对未来城市形态产生的影响。戈斯比(A. Gllespie,1988)、卡斯特尔(M. Castelle,1989)等人也从不同角度对新技术给城市空间带来的影响进行了分析。①

3. 人本主义与城市群研究

随着现代科技对于人类生活的渗透越来越深,人类应该重新思考科技与人文的关系,究竟是由飞速发展的科技主导人类发展,还是由人类来主导科技发展方向。

19世纪末的狄尔泰曾经对他所生活的时代科学思维方式的泛滥以及技术时代的到来感到悲哀:"我们对于事物的本原,对我们生存的价值,我们行为的终极价值茫然无知,如坠五里云雾之中,在这方面甚至不如一个希腊人……今天,我们被科学的突飞猛进所淹没,甚至已无力回答这些问题,这比以往任何时代都更严重……"(《狄尔泰选集》英文版)

进入20世纪以后,人文主义思潮得到迅速的发展。1969年哈格斯特朗(T. Hagerstrand)在出任欧洲区域科学协会会长时曾经说过:"区域科学的自身定位是一门社会科学,因为它对人的假设是关于科学宏旨的。"这表明了哈格斯特朗的区域研究具有十分明显的人文主义倾向。

---

① 张京祥:《西方城镇群体空间研究之评述》,载《国际城市规划》1999年第1期。

1968年,埃里希·弗罗姆(Erich Fromm,1900~1980)在其著作《希望的革命——通向人性化的技术》①(The Revolution of Hope,Toward a Humanized Technology)中指出:"这就是说,是人,而不是技术,必须成为价值的最终根源;是人的最优发展,而不是生产的最大化,成为所有计划的标准。"②

美国著名城市学者刘易斯·芒福德(Lewis Mumford,1895~1990)在其1934年出版的著作《技术与文明》(Technics and Civilization)中对于技术与文明的关系进行了反思,并且指出:"调整技术体系的下一步就在于把它和我们已经开始发展的新文化以及地域新模式、社会新模式协调统一起来。"③

1961年芒福德又出版了著作《城市发展史——起源、演变和前景》,对城市发展历史进行了回顾与反思,指出:"我们必须设想一个城市,不是主要作为经营商业或设置政府机构的地方,而是作为表现和实现新的人的个性的重要机构。"④

1990年戈德曼在其出版的论文集《自从大都市带以来:戈特曼关于城市的论文》(Since Megalopolis:The Urban Writings of Jean Gottmann)对戈特曼关于都市带的理论进行了系统总结,修正了早期忽视社会、文化和生态的观点。⑤

有学者认为:美国大都市在20世纪后半叶的最大失误,是将城市结构扩展成大都会形式,即一种四处蔓延的城市。P. Hall曾经批判:"美国的规划是不成其为规划的,在这个国家里,看来是由猖獗的个人主义左右着经济发展和土地利用——经济规划总是趋向于范围很大的区域,而物

---

① Fromm E:The Revolution of Hope:Toward a Humanized Technology,Harper & Row,1968.
② 任大伟、冯宁:《科学技术的伦理异化及其价值导向》,载《无锡商业职业技术学院学报》2009年第1期。
③ [美]Lewis Mumford著,陈允明、王克仁、李华山译:《技术与文明》,中国建筑工业出版社2009年版,第383页。
④ [美]Lewis Mumford著,宋俊岭、倪文彦译:《城市发展史——起源、演变和前景》,中国建筑工业出版社2005年版,第584页。
⑤ Jean Gottmann,Robert Alexander Harper:Since Megalopolis:the Urban Writings of Jean Gottmann,Johns Hopkins University Press,1990.

质环境规划却过于地方性和小规模。"①

城市群体空间结构的演变绝不能仅仅看作是由单纯的经济发展与技术进步等因素驱动的自发行为,必须对其实施人为的调控措施。

进入20世纪90年代以后,随着城市化与郊区化浪潮的扩展,原来位于城市边缘的乡村被逐步吞噬直至消失,城市的无序扩张与蔓延,严重破坏了城市边缘地带的生态景观,并且威胁到区域的生态安全。在这个背景下,广大学者与规划师对于强调城乡融合的区域城市的研究热情进一步高涨。美国规划师莱特(H. Wright)与利斯泰因(C. Stein)等提出了与自然生态空间相融合的"区域城市"模式(Regional City);1980年,林奇(K. Lynch)在其研究中提出了另外一种模式,构建扩展大都市(dispersed metropolis)②;1985年隆弟莱里(D. A. Rondinelli)总结了区域城市群体间进行相互联系的7种类型③;麦克尔劳林(J. B. Mcloughlin,1985)则强调城市群应当通过理性规划的约束从而达到空间持续平衡发展。④

一些学者则从人类居住形式的演变过程入手,提出21世纪城市空间结构的演化必然体现人类对自然资源最大化集约使用的要求;并针对日益显著的大都市带现象,提出了世界连绵城市(ecumunopolis)结构理论。希腊学者杜克西亚斯(C. A. Doxiadis,1996)则在当时做出了超越时代的预测:随着世界城市的发展,将会形成连片巨型大都市区(ecumunopolis)。⑤ 其他的代表人物主要有费希曼(Fishman,1990)、阿部和俊(1996)、高桥伸夫(1997)等。⑥

莱斯(W. Ress,1992)提出了"生态足迹"(Ecological Footprint)理论来反证人类必须有节制地使用"空间"这种资源;而一贯信奉城镇自由拓

---

① 张京祥:《西方城镇群体空间研究之评述》,载《国际城市规划》1999年第1期。
② Lynch K:*Good City Form*,University of Harvard Press,1981.
③ Rondinelli D A:*Applied Methods of Regional Analysis:the Spatial Dimensions of Development Policy*,Westview Press,1985.
④ [英]J. B. 麦克劳林(Mcloughlin J. B.)著,王凤武译:《系统方法在城市和区域规划中的应用》,中国建筑工业出版社1988年版。
⑤ Doxiadis C A:*Man's Movement and his Settlements*,International Journal of Environmental Studies,1970,Vol.1,No.1-4.
⑥ 叶玉瑶、张虹鸥、周春山、许学强:《"生态导向"的城市空间结构研究综述》,载《城市规划》2008年第5期。

展的美国和加拿大则在用途管制理论的基础上,提出"增长控制"(growth management)来指导控制城市用地的无限制蔓延(Chinitz,Bewamn,1990, A. Faludi,1994)。①

欧盟是当今世界一体化程度最高的区域政治经济集团组织,由于各成员国之间及成员国内部发展水平差别较大,协调、均衡空间发展的需求极为迫切,为了促进持续发展、增强全球竞争力、共同实现城市空间的集约发展,欧盟于1993年开始了"欧洲空间开发展望"(European Spatial Development Perspective)这项跨国空间规划工作,并于1999年通过了欧洲空间开发展望,作为各成员国空间发展政策和部门政策的引导,成为各成员国对于未来空间发展目标与方向的共识。②

联合国人居中心③(United Nations Centre for Human Settlements, UNCHS)将城市聚集区(urban agglomeration)用作衡量城市规模的标准,是指一群密集、连续的城镇所形成的人口居住区。现在城市群的英文名称便来源于此。④

二、国外城市群研究的总结

国外对于城市群的研究已经有超过百年的历史,对于城市群的研究则是一个认知空间不断扩展的过程,并且伴随着工业化、城市化过程中出现的城市问题而不断深入的,无论是城市群理论还是实践方面的相关研究均经历了从静态到动态,从小尺度的城市街区到大尺度的都市连绵带,从传统的区域内空间机制研究转向新技术革命等因素影响下的全球范围空间机制的研究,从本国研究到国际化视野的一系列发展过程。相关研究无论对现实的经济发展,还是对城市群的形成与发展都产生了重要的

---

① 王瑛:《土地利用总体规划中净增建设用地指标分配研究——以柳州市为例》,华中农业大学2008年硕士学位论文,第4页。
② 李艳、陈雯:《欧洲空间展望的简介与借鉴》,载《国外城市规划》2004年第3期。
③ 联合国人居署(United Nations Human Settlements Programme, UN-HABITAT)的前身,原联合国人居委员会(UN Commission On Human Settlements)的执行机构。2002年1月1日起联合国人居署成立,取代了之前联合国人居委员会与联合国人居中心的职能。
④ 裴丽岚:《国内外城市群研究的理论与实践》,载《城市观察》2011年第5期。

指导意义。

然而随着城市群体空间研究尺度的日趋增大,西方学者对于城市群发展的认识也越来越呈现出相对多元化与更为深刻化的特征;抽象的理论研究与形象规划设计、技术路线与人文生态观之间开始相互结合、相互渗透与影响。由于国外有关城市群的相关研究起步较早,他们的研究成果无疑对我国相关研究的开展将会有着极大的借鉴作用,但是由于我国国情、经济发展阶段与城市化进程等诸多方面均存在着各种差异,相应地,城市群发展阶段与发展规律也会在各方面有所不同,因此国外的这些理论并不完全符合我国城市群发展的实际,还需要结合我国国情与现状进行归纳总结,展开理论与实践上的研究与探讨,从而构建适合于中国实际情况的相关理论。①

第二节 国内城市群相关研究综述

一、国内城市群研究方兴未艾

相对而言国内对城市群的研究开展比较晚,起步于20世纪80年代初,于洪俊、宁越敏等研究人员开始以"巨大都市带"的观点将戈德曼的大都市带理论引入国内②,在此之后国内的城市群理论与实证等领域的相关研究渐渐开展起来,在众多专家、学者的不懈努力下,已经取得了比较丰富的理论与实践研究成果。国内关于城市群的研究无论是在理论研究层面还是在实证研究层面,都取得了一系列成果。

二、城市群的理论研究方面

1988年,周一星提出都市连绵区(metropolitan interlocking region,

---

① 林先扬、陈忠暖、蔡国田等:《国内外城市群研究的回顾与展望》,载《热带地理》2003年第1期。

② 于洪俊、宁越敏:《城市地理概论》,安徽人民出版社1983年版。

MIR)的概念,在他看来 MIR 是以若干城市为核心,大城市和周围地区保持强烈的交互作用与密切的社会经济联系,并且沿着一条或若干条交通走廊而分布的巨型城乡一体化区域,他认为大都市带不仅仅是经济高效的空间组织形式,而且也是动态发展的阶段性发展产物。[1]

崔功豪(1992)结合长三角城市群进行研究,根据城市群发展的不同阶段与水平,具有前瞻性地将城市群的结构划分为 3 种类型:城市区域(city region)、城市群组(metropolitan complex)和巨大都市带(metropolis)。[2]

1992 年,姚士谋出版了专门以城市群作为研究对象的著作《中国城市群》[3],以后又相继推出了第二版[4]和第三版[5],在其著作中对城市群的概念、城市群发展的地域结构特征、中国城市发展与城市群的演变、中国城市群发展联系的实证等多方面进行了深入研究。

代合治(1998)从城市化的角度,运用定量方法在全国 209 个地级以上城市型政区中筛选了 125 个构造城市群的基本地域单元,界定了 17 个不同规模的城市群,分析了我国城市群的分布现状和发展趋势。[6]

顾朝林(1999)以经济全球化为背景来对我国的城市化进行研究,对世界城市化的新趋势、国际性大都市、大都市带等多方面都进行了比较深入的研究。[7]

张京祥(2000)在《城镇群体空间组合》中以城市群体空间演化基本机理为基础,构建了由城镇组织体系、城乡关联体系、网络联通体系以及空间配置体系等共同构成的城市群体空间运行系统,从多维空间展示其运行过程,进而提出了有序竞争群体优势律、社会发展人文关怀律、城乡

---

[1] Zhou Yixing: *Definitions of Urban Places and Statistical Standards of Urban Population in China: Problems and Solutions, Asian Geographer*, Hong Kong, 1988, Vol. 7, No. 1.
[2] 崔功豪、王本炎:《城市地理学》,江苏教育出版社 1992 年版。
[3] 姚士谋:《中国城市群》,中国科学技术大学出版社 1992 年版。
[4] 姚士谋、朱英明、陈振光:《中国城市群》,中国科学技术大学出版社 2001 年版。
[5] 姚士谋、陈振光、朱英明:《中国城市群》,中国科学技术大学出版社 2006 年版。
[6] 代合治:《中国城市群的界定及其分布研究》,载《地域研究与开发》1998 年第 2 期。
[7] 顾朝林、张勤、蔡建明:《经济全球化与中国城市发展——跨世纪城市发展战略研究》,商务印书馆 1999 年版。

协调适宜承载律和疏密有致空间优化律等空间组合规律,以及城市群体空间发展组织调控模式。①

朱英明(2000)通过利用城市流强度模型进行分析,在城市群空间相互作用理论与实践方面都做出了很有成效的研究成果。②

姚士谋(2001)分析了计算机、网络及通信技术发展对当今社会的影响,信息技术对城市空间发展的影响;提出信息技术的发展为城市在区域及全球范围的竞争创造了条件。③

朱英明等(2001)分析了我国城市群的等级、功能、再分配以及增长等特征,同时结合我国城市群区城市化进程的实际,提出了我国城市群规划与发展的若干设想。④

薛东前等(2002)从城市群体结构、城市群空间、城市土地利用三方面,分析了城市群演化的空间过程,研究了其演化的动力机制,描述了其基本特征和规律,揭示了城市群演化与土地利用优化配置趋势。⑤

三、城市群的实证研究方面

自从20世纪90年代中后期以来,围绕我国城市群所展开的实证研究开始逐渐丰富起来,相关研究成果主要集中在长三角、珠三角和环渤海(包括京津唐、辽中南、山东半岛)等沿海地区的大型城市群,中国科学院地理研究所和北京大学分别对京津唐和辽中南城市群进行了深入考察与研究。

《珠江三角洲经济区城市群规划》则首次将"大都市区"的概念引入

---

① 张京祥:《城镇群体空间组合》,东南大学出版社2000年版。
② 朱英明:《我国城市群区域联系的理论与实证研究》,中科院南京地理与湖泊研究所2000年博士论文,第11~48页。
③ 姚士谋、朱英明、陈振光:《信息环境下城市群区的发展》,载《城市规划》2001年第8期。
④ 朱英明、孙钦秋、李玉见:《我国城市群发展特征与规划发展设想》,载《规划师》2001年第6期。
⑤ 薛东前、王传胜:《城市群演化的空间过程及土地利用优化配置》,载《地理科学进展》2002年第2期。

到城市群规划发展之中,提出了都市区、市镇密集区、开敞区和生态敏感区等概念,开创了城市群跨境空间协调规划的崭新发展理念。①

由胡序威主持的国家自然科学基金重点课题"沿海城镇密集地区经济、人口集聚与扩散的机制和调控研究"(1997)对我国沿海经济发达地区四大城市群的形成演化机制等方面进行了比较深入与全面的实证研究,其研究成果《中国沿海城镇密集地区空间集聚与扩散研究》具有非常重大的意义。②

与此同时,国内各领域的相关学者从不同的研究领域与方向对城市群进行了实证分析与研究。

(一) 可持续发展研究领域

廖重斌(1999)通过对协调、发展及协调发展这三个概念的定义和论述,分别推导出协调度和协调发展度的计算模型,并用协调度和协调发展度的大小等作为评判标准,将环境与经济协调发展状况划分为从简洁到详细不同的3个层次、共30种基本类型,并以珠江三角洲城市群为评价对象进行了分析。③ 蒋志学(1999)阐述了城市群实施可持续发展战略应注意的几个问题,包括应认清城市群环境问题的主要特征,把城市群视为一个统一整体,制定城市群环境规划,并应贯彻节约型城市群发展战略,调整产业结构,合理布局,加速工业污染防治等。④ 汤可可(1999)概括地描述了江苏沿江城市群发展特点,分析了城市群规模增大、结构优化、形态和功能演进的主要制约因素,并提出了城市群可持续发展的几点建议。⑤ 盖文启(2000)提出我国沿海地区城市群在实现可持续发展过程中所面临的问题,并以山东半岛城市群为例,从地区的经济结构、生态环境、

---

① 广东省建委等编著:《珠江三角洲经济区城市群规划——协调与发展》,中国建筑工业出版社1996年版。
② 胡序威、周一星、顾朝林等:《中国沿海城镇密集地区空间集聚与扩散研究》,科学出版社2000年版。
③ 廖重斌:《环境与经济协调发展的定量评判及其分类体系》,载《热带地理》1999年第2期。
④ 蒋志学:《城市群实施可持续发展战略应注意的若干问题》,载《环境保护》1999年第11期。
⑤ 汤可可:《江苏沿江城市群可持续发展的制约因素与取向》,载《中国人口资源与环境》1999年第1期。

资源利用、基础设施等方面,分析制约其可持续发展的因子,提出建议。①
莫风珍(2001)等则主要将研究的重点放在城市群水资源的可持续开发与利用方面。②

(二)产业发展研究领域

许学强(1994,2006)对珠江三角洲大都会区形成的直接原因、形成的基础③,并在界定城市竞争力概念的基础上,通过构建城市竞争力评价模型,通过建立珠江三角洲城市群城市竞争力评价指标体系,对珠江三角洲城市群城市竞争力影响要素及其内部城市竞争力的时空演变规律进行了归纳总结,并对其成因进行了深入剖析。④ 刘则渊(1999)分析了高技术主导的知识经济的内在特征,指出以高技术产业群为载体的世界第五次经济长波正在到来,并在辽宁带状城市群高技术产业发展现状考察与国内比较的基础上,提出辽宁带状城市群高技术产业化的战略构想与对策。⑤ 刘新平(2000)对长株潭经济一体化后,该区域农业发展定位与途径进行了深入研究。⑥

(三)城市群经济运行研究领域

曹扶生(1995)认为经济发达地区城市群迅速崛起,长江三角洲城市群的发展将成为上海能否实现崛起的重要条件。⑦ 黄莉萍等(1999)以湘中(长株潭)城市群作为研究对象,概述了湘中城市群经济融合的总体特征,对其城市群空间生长演化过程中存在的问题和应采取的对策,经济如

---

① 盖文启:《我国沿海地区城市群可持续发展问题探析——以山东半岛城市群为例》,载《地理科学》2000年第3期。
② 莫风珍、潘明杰:《辽宁中部城市群水资源问题与对策》,载《辽宁经济》2001年第2期。
③ 许学强、周春山:《论珠江三角洲大都会区的形成》,载《城市问题》1994年第3期。
④ 许学强、程玉鸿:《珠江三角洲城市群的城市竞争力时空演变》,载《地理科学》2006年第3期。
⑤ 刘则渊、刘玉劲:《知识经济时代与辽宁带状城市高技术产业化对策》,载《科学技术与辩证法》1998年第5期。
⑥ 刘新平、李恒典、孙双峰:《21世纪前期长株潭城市群农业定位及发展途径》,载《长江流域发展与环境》2000年第4期。
⑦ 曹扶生:《上海的崛起需要长江三角洲城市群的发展》,载《探索与争鸣》1995年第4期。

何实现可持续发展进行了探讨。① 周国华等(2001)在分析长株潭开发区建设现存问题的基础上,提出了开发区群体一体化发展应遵循的原则及应采取的主要对策。②

(四)城市群机制研究领域

姚士谋等(1995)探讨了沪宁杭城市群的发展趋势和发展机制等问题。③ 阎小培等(1997)把珠江三角洲与香港和澳门作为一个地域整体,从都市区的界定入手,分析了港澳珠地区都市区的特征,探讨了都市区和都市连绵区的形成机制。④ 顾朝林(2000)论述了长江三角洲大都市连绵区的形成、发展过程和现状特征,概括了长江三角洲城市连绵区形成的动力机制及其发展面临的问题与挑战,提出了一系列实施长江三角洲城市连绵区可持续发展战略的建议。⑤ 叶玉瑶(2006)以珠江三角洲城市群为例,对城市群空间演化的动力机制进行了初步的探讨,将城市群空间演化的动力归结为三类,即自然生长力、市场驱动力以及政府调控力,并以此为基础构建了城市群空间演化动力模型,初步揭示了城市群空间演化动力作用机制、合成原则,以及不同演化阶段主导动力与空间演化特征的关系。⑥

(五)城市群空间发展模式研究领域

章国兴(1999)探讨了重庆中心城市群网络系统的构建,以及重庆中心城市的中心定位,从而以增长极的形式来达到城市网络系统的建立。⑦ 齐康等(1997,2000)以江苏地区为例,对城市化进程中的国民收入、人

---

① 黄莉萍、侯学钢:《论湘中城市群经济的融合耦动与可持续发展》,载《中国人口资源与环境》1999 年第 1 期。
② 周国华、朱翔、罗文章:《试论长株潭城市群开发区群体一体化发展》,载《城市规划汇刊》2001 年第 3 期。
③ 姚士谋、[德]J. Nipper:《沪宁杭城市群区发展趋势探讨》,载《人文地理》1995 年第 4 期。
④ 阎小培、郭建国、胡宇冰:《穗港澳都市连绵区的形成机制研究》,载《地理研究》1997 年第 2 期。
⑤ 顾朝林、张敏:《长江三角洲城市连绵区发展战略研究》,载《现代城市研究》2000 年第 1 期。
⑥ 叶玉瑶:《城市群空间演化动力机制初探——以珠江三角洲城市群为例》,载《城市规划》2006 年第 1 期。
⑦ 章国兴:《试论重庆中心城市群网络系统的构建》,载《探索》1999 年第 3 期。

口、产业、基础设施等进行了区域空间分析,并对其城市群形态与空间的发展以及模式等进行了探索①,并从一定的战略高度探讨了长江三角洲的发展与整合问题。②

(六)城市群发展方针与战略研究领域

朱英明等(1999)从影响城市群方针发展的因素、目标、机构形式以及与城市群结构体系等级水平的匹配等四个方面,对我国城市群结构体系的发展方针进行了研究。③ 周珍强(2000)认为国际性城市群的建设是我国城市在下世纪参与国际竞争的重要战略,以沪宁杭为中心的长江三角洲城市群是我国参与21世纪全球城市间国际竞争进而发展成为国际性城市群的主要代表,因此既分工明确又联合协作,是长江三角洲地区各主要中心城市实现国际性城市群战略的基本保证。④

(七)城市群功能与结构研究领域

邓先瑞等(1997)从城镇结构(等级规模关系、功能结构和分布特征)对城市群结构优化的问题展开了深入探讨。⑤ 薛东前等(2000)分析了三级水平上的城市影响域,指出产业差异是形成城市间联系的基本动力,并通过交通和通信网络得以实现,历史基础和城市等级规模在本区域城市联系的形成中具有特殊作用,并进一步论述了差异巨大、结构畸形为特征的城市群等级规模特点,分析了职能结构细化特征,阐明了城市群空间网络框架、集聚分布形式和三级多核圈层分布规律,最后提出城市群结构优化的措施。⑥ 朱英明(2001)认为城市群地域结构是城市群发展程度、阶段与过程的空间反映,城市群地域结构的主要特征有:分形特征、"二次极化"、交通制导、传动作用、网络组合特征,未来发展的趋势表现在:动

---

① 齐康、段进:《城市化进程与城市群空间分析》,载《城市规划汇刊》1997年第1期。
② 齐康:《长江三角洲地区发展与整合》,载《现代城市研究》2000年第1期。
③ 朱英明、姚士谋:《我国城市群发展方针研究》,载《城市规划汇刊》1999年第5期。
④ 周玲强:《长江三角洲国际性城市群发展战略研究》,载《浙江大学学报》(理学版)2000年第2期。
⑤ 邓先瑞、徐东文、邓巍:《关于江汉平原城市群的若干问题》,载《经济地理》1997年第4期。
⑥ 薛东前、姚士谋、张红:《关中城市群的功能关系与结构优化》,载《经济地理》2000年第6期。

力机制、内涵、居住空间的影响、企业或企业集团的影响等。① 陆玉麒等(2007)认为从全球城市的发展趋势看,成为融进世界城市体系的全球城市区域,是长江三角洲城市群发展的基本目标,另一方面城市化以工业化为基础,基于长江三角洲原来的工业基础与结构特点,构建轻重工业协调发展的国际制造业基地是长江三角洲城市群发展过程中的必然选择。②

(八)城市群间比较研究领域

曾尊固(1991)主要从产业结构、农业发展、港口群布局和城市体系等多个方面,比较全面地对长江三角洲与莱茵河三角洲进行了对比分析。③ 张新华等(1996)对长江三角洲城市群与长江流域的开发进行了比较分析,对它们在经济联系与协调发展等方面的问题进行了研究与探讨。④ 陈凡等(1997)在进行对比分析研究后,对国外城市群建设的宝贵经验进行了总结:重视首位城市的作用、交通网络基础设施的建设与城市群的动态发展,并且在此基础上提出了辽宁带状城市群的发展思路。⑤

四、国内城市群研究总结

城市群作为人类社会经济发展与演化高级阶段的产物,相关研究已经开始越来越引起各个领域专家与学者的重视。随着我国城市化与工业化进程的不断加快,目前国内已经初步形成了珠三角、长三角、京津冀、辽中南等十大城市群,与国外相比虽然国内对城市群的研究起步相对较晚,但是在各领域众多学者的共同努力下,无论是在城市群的相关理论还是在实证分析方面都不断取得了一系列突破与进展,但是仍存在诸多不足

---

① 朱英明:《我国城市群地域结构特征及发展趋势研究》,载《城市规划汇刊》2001年第4期。
② 陆玉麒、董平:《论长江三角洲城市群的功能定位》,载《现代经济探讨》2007年第1期。
③ 曾尊固:《长江三角洲国土开发——长江三角洲与莱茵河三角洲比较研究》,南京大学出版社1991年版。
④ 张新华、濮存惠、肖元真:《长江三角洲城市群与长江流域开发比较研究》,载《软科学》1996年第2期。
⑤ 陈凡、胡涓:《中外城市群与辽宁带状城市群的城市化》,载《自然辩证法》1997年第10期。

之处。

第一,国内城市理论体系整体上相对比较薄弱,缺乏相对系统性的研究,目前仍基本上停留在对国外比较成熟理论的介绍与引入的初级阶段,缺乏能够深入反映我国城市化特色与城市群地域结构的基础理论,对我国城市群发展现实的理论指导意义并不是很强。

第二,城市群作为一种相对比较复杂的地域空间单元,需要多维视角与多个学科的综合与交叉研究,然而目前我国城市群的相关研究主要集中在地理与城市规划等少数领域之中,缺乏对城市群进行系统的多学科综合分析与研究探索。

第三,目前国内对于城市群的研究方法还主要停留在定性描述的层面上,深入的定量分析相对较少,与GIS、GPS、RS等新技术进行结合的研究相对而言还是比较少,关于新的经济、社会、技术因素对于城镇群体空间所造成的影响等方面的研究还需要进一步深化,对于人文、生态等要素方面也存在着考虑不足的现象。

第四,对于城市群的研究存在着较大的地域性差异。相对而言目前关于沿海城市群的研究显得比较成熟和深入,尤其是对长江三角洲和珠江三角洲等发达城市群所展开的研究比较多,相比较之下对于内地有关城市群的研究则显得相形见绌。

第五,在对城市群的发展过程进行研究的领域中,对于新的经济与社会发展、新技术的影响等方面所开展的研究与探索不多,尤其是从产业体系的升级与重组、产业空间转移以及跨国集团公司对城市群发展的深层作用等方面的研究与分析还显得比较欠缺与匮乏。[①]

[①] 林先扬、陈忠暖、蔡国田等:《国内外城市群研究的回顾与展望》,载《热带地理》2003年第1期。

第三节　空间联系相关研究综述

一、国外空间联系研究综述

空间联系的相关研究主要起源于早期地理学对于不均衡分布于地球表面的各种现象之间的功能联系所展开的研究，随着经济与社会的快速发展，区域合作开始不断向纵深推进，不同区域之间人流、物流、服务流、技术流和信息流等各种要素的跨界自由流动日益频繁，并且增长趋势迅猛，这其中城市群空间联系则显得尤其活跃，呈现出网络化联系的发展特征，吸引了众多国内外学者对空间联系这一领域展开了大量卓有成效的探索与研究。

根据朱英明(2001,2004)、姜博(2008)等人的文献资料，国外对于区域空间联系领域的研究，根据时间顺序大致可以划分为如下四个阶段：

第一，20世纪50年代和60年代，随着工业化所带来的城市增长与大都市集中，对于区域联系的研究主要集中在城市间联系、商品流联系和中心地联系等领域。

第二，到了20世纪70年代，随着时代的发展，对于区域联系的研究则主要集中在产业联系、公司联系和扩散联系等领域。

第三，20世纪80年代，由于出现了服务业的快速发展与较大的大都市地区经济发展机会的恢复，对于区域联系的相关研究主要集中在等级联系、相互作用联系等领域。

第四，20世纪90年代以后，由于国际经济政治持续的变革与重组，城市建设环境和自然生态体系开始日益退化，由此出现了城市生活在社会领域范围内的结构变化以及城市化过程的地域再组织，城市体系和大都市地区再循环引起了城市的增长和发展，对于区域联系的相关研究则主要集中在通过城市增长及其形态的模拟研究从而间接反映的区域联系领域。

从研究内容上看，多数区域联系在研究内容上都不同程度存在着交叉与重叠现象,研究的时间也前后贯穿于各个时期,以下主要从区域空间联系的研究内容方面展开阐述。①

(一)地区联系研究领域

在二战以后,比较早期的地区联系思想是由 Mc Carty(1956)在其《工业布局中联系的度量》中所阐述的,通过回归－相关分析或其他统计技术提供的定量研究方法,从而得到变量中一个变量与其他变量之间的功能联系。

Thomas(1960)通过利用多元回归分析的方法对芝加哥城市化地区人口增长及其他因素共同作用所产生的地区联系问题展开了研究并得出结论:在芝加哥城市化地区的北部地区、西部地区和中部地区等区域之间具有比较密切的经济联系。②

Muller(1977)采用了选择增长模型来对此展开研究,他特别强调了运输网以及物流和人流等方面的变化,并且更加详细地对区域增长的原因等问题进行了详细阐述。③

Meyer(1980)以美国边远地区加入到美国城市体系中的实例展开实证研究,并且提出了城市体系的动态模型与空间经济中存量交流的控制和存量的自然运动等支配城市体系的两个过程,他认为正是在持续的区域联系的过程中才出现了国家级、地区级和亚地区级大都市,区域联系是美国城市体系发展演化的重要原动力。④

Ohuallachain(1984)以美国的外商投资企业为实例对地区间的物质联系问题展开了深入研究,并且利用前向联系与后向联系等概念对所选的外商投资企业与本土企业间的物质联系构建了研究模型,并展开了深

---

① 朱英明:《国外区域联系研究综述》,载《世界地理研究》2001 年第 2 期。
② Thomas E N:*Areal Associations between Population Growth and Selected Factors in the Chicago Urbanized Area*,*Economic Geography*,1960,Vol. 36,No. 2.
③ Muller E K:*Regional Urbanization and the Selective Growth of Towns in North American Regions*,*Journal of Historical Geography*,1977,Vol. 3,No. 1.
④ Meyer D R:*A Dynamic Model of the Integration of Frontier Urban Places into the United States System of Cities*,*Economic Geography*,1980,Vol. 56,No. 2:120 – 140.

入的定量研究。①

(二)中心地联系研究领域

Harris(1943)以占支配地位的活动为依据来对美国的城市进行识别与分类,并且从中识别出两种不同类型的中心地城市:"批发中心"和"零售中心",他认为批发与零售业并非中心性的唯一度量标准,但却是最重要的两个度量标准。②

Dickinson(1943)利用人均销售额、通过分公司所实现的销售与联邦储备银行所处的位置等几个标准来对中心性进行研究,进而通过研究确定了美国大都市地区与城市腹地的边界。③

Ullman(1940~1941)则通过个人访谈等研究方法对与生活在该城市的人口成比例的报纸发行量、汽车交通量、专业化服务等不同具体功能的数量进行了深入分析,从而对城市的中心性进行了衡量。

Siddall(1961)比较了美国人口超过30万的56个标准大都市区内的批发贸易工人的数量与零售贸易工人的数量比例,并且通过这种方法确定了城市与其直接腹地之间的联系程度。④

(三)城市等级联系研究领域

Christaller(1966)和Losch(1954)对城市中心引起某些类型的组织展开了深入研究,并且认为按照某些等级联系体系来对周围地区进行支配,城市的中心越大,则其在这个等级系统中所处的地位就越高,因此其腹地就将会更大更有效地被组织。

Tunen(1966)概括了城市空间在其腹地中对农业生产造成影响的方式;Taffe(1962)对美国城市间航空运输联系所形成的等级体系进行了深入研究,并且将其与重力模型和期望值之间进行了对比分析,将腹地的实

---

① Ohuallachain B:*Linkages and Foreign Direct Investment in the United States*,*Economic Geography*,1984,Vol. 60,No. 3.
② Harris C D:*A Functional Classification of Cities in the United States*,*Geographical Review*,1943,Vol. 33,No. 1.
③ Dickinson R E:*The Metropolitan Regions of the United States*,*Geographical Review*,1934,Vol. 24,No. 2.
④ Siddall W R:*Wholesale-Retail Trade Ratios as Indices of Urban Centrality*,*Economic Geography*,1961,Vol. 37,No. 2.

际形式与理论模式进行了比较研究,其分析结果表明,美国大中城市之间的航空交通联系被纽约、芝加哥、洛杉矶、旧金山等大城市所支配,由此表明了大中心的支配性。①

H. Carter 与 W. K. Davies(1970)等利用居民出行流调查等资料进行分析,探讨了城市群的两种等级水平,一种是大都市带水平(metropolitan)控制整个城市地区,另一种则是城市水平(city)对相邻地区的控制。②

Dziewonski(1971)将经济区理论与城市经济基础理论二者进行结合并且提出了大都市的概念,他认为大都市是一个开放的经济区,其同时具有执行市区和腹地的双重功能。

Griffith(1979)认为,经济现象是空间与非空间二者之间相互作用的产物,城市体系则是城市的支配性、城市间空间结构和空间动态等三方面相互共同作用所造成的结果。③

Rykiel(1984)认为,在大都市空间结构中等级与非等级联系模式是共存的,在大都市发展的过程中,等级联系模式趋向于转变成为城市体系的专业化要素联系的非等级模式,因而城市体系处于持续的不断变化与发展状态之中,因此与中心地功能有关的联系在时间上则是更稳定的,但是涉及专业化功能的联系则更可能在时间上是变化的。④

(四)商品流联系研究领域

Golledge(1963)研究了纽卡斯尔铁路的货物交流问题,他通过对新南威尔士州的 20 种主要货物中心进行分析得出结论:向外的货物运动与人口之间很少会存在相关关系,但是向内的货物与接受中心规模之间则

---

① Taaffe E J. *The Urban Hierarchy:An Air Passenger Definition*,*Economic Geography*,1962,Vol. 38,No. 1.
② Harold Carter, Wayne Kenneth David Davies. *Urban Essays: Studies in the Geography of Wales*,Longmans,1970.
③ Griffith D A. *Urban Dominance, Spatial Structure, and Spatial Dynamics: Some Theoretical Conjectures and Empirical Implications*,*Economic Geography*,1979,Vol. 55,No. 2. :95 – 113.
④ Rykiel Z. *Intra-Metropolitan Migration in the Warsaw Agglomeration*,*Economic Geography*,1984,Vol. 60,No. 1.

具有比较显著的相关关系。①

在运输地理学领域研究的焦点之一是运输流和网络的结构与模式(Blackand Hortono,1968)。Berry(1966,1968)在地区间商品流分析中应用了并矢量因子的分析方法。Black(1973)则通过在评价并矢量因子分析对于地区间商品流描述效用的基础上,利用并矢量因子对美国 1967 年 24 对地区间的商品流进行了深入分析。②

(五)相互作用联系研究领域

许多学者通过地面不同的运输手段以及航空运输对地区间相互作用理论和方法等领域进行了深入研究与探讨。

Young(1928)提出了距离－迁移之间更加精确的相互关系,其公式假设每个地区到特定地区迁移者的相对数量与接受地区的吸引力之间呈现正比例变化关系,与源点和终点间的距离之间呈现反比例变化关系,此后这一基本模型被 Zip(1946)做了进一步的改进,在改进之后的模型不仅能够应用到对于迁移流的分析之中,而且也可以应用于诸如铁路货物运输、报纸发行、城市间电话呼叫等多种其他形式空间相互作用的研究之中。

Smith(1963)利用 Ikle 和 Carrot 所应用的重力模型公式对夏威夷地区的相互作用进行了分析,其最终研究结果则表明,在美国大陆旅行所得到的距离指数与其在夏威夷地区旅行所得到的某些指数之间并不存在有非常明显的差异,在夏威夷地区横跨水域的距离并不会显著地妨碍旅行,就如同在大陆地区横越陆地的距离一样。③

Haynes(1973)对美国高、低机会两种地区大都市之间的迁移规律进行了分析与研究,通过分别将美国东北部与其他地区作为两类对比的机会密度区域,从中选择了美国大陆 1960 年人口至少 50 万人的所有 52 个标准大都市统计区域(SMSA),其中一半位于美国东北部地区,也即是

---

① Golledge R G:*A geographical Analysis of Newcastle's Rail Freight Traffic*,Economic Geography,1963,Vol. 39,No. 1.
② Black W R:*Toward a Factorial Ecology of Flows*,Economic Geography,1973,Vol. 49,No. 1.
③ Smith D A:*Interaction within a Fragmented State:the Example of Hawaii*,Economic Geography,1963,Vol. 39,No. 3.

高、低机会密度区域各自包括有 26 个 SMSA,其最终研究结果则表明了高密度区域的斜率要明显地比低密度区域高,这就进一步说明了距离并不是迁移行为的"最佳"预报因子,而高密度区域更高的斜率则表明介入机会变量是一个比较重要的解释变量,因而是大都市之间迁移的一个比较恰当的预报因子。[1]

(六)扩散联系研究领域

实际上,无论是对于现代城市还是对于后现代城市,广泛密切的"扩散联系"都是其非常重要的特征之一,应用创新扩散框架进行研究则可以解释与模拟城市体系和地区联系的发展过程(Berry,1972;Friedmann,1972;Lasuen,1971)。[2]

Pred(1975)在扩散、空间组织结构和城市体系发展相互之间的关系研究中认为,在比较先进的经济国家中,城市体系发展的扩散解释应当考虑保证更大份额就业的私人和公共部门中的那些具有多功能与多地点的组织,并且他特别强调比较大的提供工作的组织(job-providing organizations)在增长诱导创新(growth-inducing innovations)扩散等方面所发挥的作用,并且概括了一个先进经济中的基本模型,这个模型主要描述了提供工作的组织的定位模式,大都市之间信息的相互作用继而对城市体系发展过程产生影响的方式。[3]

Alves(1975)将扩散特征看作是一个空间发展过程,他比较重视综合的、跨学科的方法的引入与应用,他注意到物理上的自然现象与社会过程中的相同现象,并以此为出发点,对重力潜能模型和扩散中的接收波等问题进行了研究,交通运输体系从公共汽车和电车发展到快速轨道交通体系,从而导致大都市通勤联系模式开始变得日益复杂起来,城市与郊区之

---

[1] Haynes K E,Poston D L,Schnirring P:*Intermetropolitan Migration in High and Low Opportunity Areas:Indirect Tests of the Distance and Intervening Opportunities Hypotheses*,Economic Geography,1973,Vol. 49,No. 1.

[2] Friedmann J:*The Spatial Organization of Power in the Development of Urban Systems*,Development and Change,1973,Vol. 4,No. 1.

[3] Pred A R:*Diffusion,Organizational Spatial Structure,and City-System Development*,Economic Geography,1975,Vol. 51,No. 3.

间的通勤联系发生于辐射状的高速公路和交通运输线路上。[①]

Lower(1998)以美国大都市通勤的空间扩散模式为案例进行实证研究,研究与分析了大都市的分散化与通勤、通勤扩散、劳动力市场特征以及通勤扩散中的空间变化等问题。

二、国内空间联系研究综述

对于空间联系所展开的研究,国内主要开始于20世纪90年代以后,研究领域与内容以区际联系为主,主要集中于某一城市与其所在区域之间或者与全国之间的联系上,除此之外对于空间运输联系方面所展开的研究,也取得了比较丰富的成果。

随着2000年以后我国城市郊区化的快速发展,对于空间扩散联系的相关研究也开始逐渐被提上了日程,并且逐步成为空间联系研究的一个重要领域与方向。

(一)区域经济联系研究领域

王德忠等(1996)利用引力模型对上海与苏锡常地区之间的经济联系进行了定量化的分析与研究。[②]

牛慧恩等(1998)主要通过节点分析、线路分析、联系作用量分析以及问卷调查等多种研究方法,对甘肃省与相邻省区之间的区域经济联系进行了分析与研究,在节点分析和线路分析的基础之上通过利用联系作用量模型和隶属度等方法,分别对各个中心城市的空间经济联系作用范围等问题进行了研究,进而对甘肃省各地区所受到各中心城市的经济影响与作用程度进行了确定。[③]

李国平等(2001)主要从深圳与珠江三角洲及香港等两个层面,利用

---

① Alves W R, Morrill R L: *Diffusion Theory and Planning*, *Economic Geography*, 1975, Vol. 51, No. 3.
② 王德忠、庄仁兴:《区域经济联系定量分析初探——以上海与苏锡常地区经济联系为例》,载《地理科学》1996年第1期。
③ 牛慧恩、孟庆民、胡其昌、陈延诚:《甘肃与毗邻省区区域经济联系研究》,载《经济地理》1998年第3期。

区域经济联系强度量化指标以及投资与旅游联系等多个方面对深圳与外界区域之间的经济联系状况等问题进行了实际测度。①

兰宜生(2002)通过研究以劳动力流动为基本纽带的广东地区与中西部地区之间存在的特定经济关系,将四川与广东进行了对比,对广东地区与中西部地区的互利不等利的经济关系进行了探讨,解析了广东省与中西部地区之间的经济联系形式与实质。②

朱英明(2001)对城市群空间经济联系进行了详细研究之后认为,城市群的本质特征是区域内部的城市之间所存在的联系网络,在城市群的发展过程之中存在着由自然联系、经济联系、人口运动联系、社会相互作用联系、服务传输联系、信息联系、政治行政与组织联系等多种联系所共同构成的错综复杂的联系网络,并且划分了大都市区之间的联系以及大都市区与非大都市区之间两种类型的城市群区域之间的联系。③

李文静(2004)以京冀之间的区域经济联系为研究对象,对两地之间的经济联系现状进行了分析,进而提出了两地之间如何进一步加强区域间经济联系的途径。④

(二)空间运输联系研究领域

张文尝等(1992)采用分布比、非均衡系数、洛伦兹曲线、集中化指数等客货分布评价指标和输入输出量、输入输出系数、首位联系量、分配率与集中度等客货交流评价指标,利用相关统计资料与数据,对中国六大运输区域的客货分布特征和交流特征进行了分析与研究,并且将上述指标与日本和其他国家之间进行了横向对比与分析,从中得出了客运量分布的非均衡系数高于人口分布和国内生产总值分布非均衡系数,而货运量分布的非均衡系数低于人口分布和国内生产总值分布非均衡系数等静态分布规律特征,并且通过对集中度指标的计算与分析,从动态角度揭示了

---

① 李国平、王立明、杨开忠:《深圳与珠江三角洲区域经济联系的测度及分析》,载《经济地理》2001年第1期。
② 兰宜生:《广东与中西部经济联系的形式和实质探析》,载《中国农村经济》2002年第4期。
③ 朱英明:《我国城市群区域联系发展趋势》,载《城市问题》2001年第6期。
④ 李文静:《京冀区域经济联系的现状及发展途径》,载《北京社会科学》2004年第3期。

运输量变化与经济发展阶段之间的对应关系,研究了空间运输联系的分布规律与交流规律,进而提出了空间运输联系的生成机制,并对定量研究的方法与模型进行了总结和实证分析。①②

金凤君等(1998)则对内地与香港间客运联系的演变过程和发展趋势以及主要城市之间的客源潜力进行了深入的分析与研究。③

张莉(2001)通过利用1999年全国29个中心城市之间的铁路客运调查资料数据,对各城市的客运地位、大宗客流分布、不同等级区域之间的客运交流做了深入的分析与研究,从中揭示出我国以东部城市为中心的区际联系格局。④

周一星等(2001)通过利用铁路货运和港口的相关数据与资料,按照不同的联系类型分别对区际联系的开放性、区际联系的方向性和货流联系的同构性等问题进行了深入的分析与研究,提出在开放环境下我国国内联系与国外联系的格局,主要是由若干个以沿海发达地区为核心的沿海-内陆间互动的子系统所共同构成,并且立足于沿海前沿地带,国外联系和国内联系在沿海海港存在着高度同构特征,并且这种同构性有着不断提高的趋势,他认为这种趋势实质上与我国对外开放的历史进程之间息息相关,从我国开放初期开始实行的有重点的局部开放转变为全方位立体性的开放,这将会进一步提高我国国内联系与国外联系之间的空间同构性。⑤

徐刚(2002)则通过运用结构模型化方法(ISM),并且结合我国铁路近年的实际状况,采用铁路货流的OD等数据资料进行计算,最终得出我国目前六大经济区域之间的联系对象与层次划分,他认为上述区域划分

---

① 张文尝、金凤君、唐秀芳:《空间运输联系的生成与增长规律研究》,载《地理学报》1994年第5期。
② 张文尝、金凤君、唐秀芳:《空间运输联系的分布与交流规律研究》,载《地理学报》1994年第6期。
③ 金凤君、钱志鸿、孟斌、田文祝:《内地-香港间客运联系研究》,载《地理科学进展》1998年第2期。
④ 张莉:《我国区际经济联系探讨——以铁路客运为例》,载《中国软科学》2001年第11期。
⑤ 周一星、杨家文:《九十年代我国区际货流联系的变动趋势》,载《中国软科学》2001年第6期。

与层次划分主要是基于目前铁路网络现状的前提之下所逐渐形成的,并且指出在今后我国铁路网建设需要注意重视运输网络的区域性和层次性等特征,进一步提高区域之间的联系能力并且减少联系层次。①

吴卫平(2002)通过利用铁路货物运输联系强度等模型,并且根据铁路 OD 矩阵的数据资料,对西部铁路货物运输联系强度进行了计算与分析,在此基础上提出了西部铁路对外联系所存在的特征。②

朱英明(2003)在研究了中国城市密集区之间的航空运输联系之后认为,在我国城市密集区之间航空运输联系所导致的城市间存在着内聚效应与空间互动,并且得出了中国城市密集区间的航空运输联系具有明显方向性的结论。③

王建伟(2004)通过分析空间运输联系的经济作用机理,并且提出构建联系模型应该将各种运输产品特性和旅客层次结构与各种运输方式动态结合的思路,最后对客货流空间联系模型进行了探索与研究。④

李平华等(2005)对长江三角洲1985~2000年各个城市的客运量与货运量等进行了分析,对改革开放以来该区域空间运输联系的时空演化特征进行了总结,其研究结果表明:在长江三角洲区域客运量分布的廊道效应开始逐渐显著,而货运量的极化效应则相对减弱,这种空间运输联系的时空演化则反映了长江三角洲地区经济结构推移的特点。⑤

(三)空间集聚与扩散联系研究领域

张文尝(2000)通过对典型经济带的实证分析之后,从中发现了"工业自生长点沿着交通轴集聚、扩散及再集聚的动态过程"这一结论,并且将其命名为"工业波",他认为工业集聚-扩散的波浪式运动作为经济在空间上扩散的一个基本模式,新技术及生产方式首先会在最有利的地点逐步成长为增长极,此后将会沿着交通线开始逐步向外扩散,然后会在有

---

① 徐刚:《地区间铁路货物运输 OD 分布特征分析》,载《中国铁道科学》2002年第2期。
② 吴卫平:《西部地区对外运输联系的量化分析》,载《铁道学报》2002年第5期。
③ 朱英明:《中国城市密集区航空运输联系研究》,载《人文地理》2003年第5期。
④ 王建伟:《空间运输联系与运输通道系统合理配置研究》,长安大学2004年博士学位论文。
⑤ 李平华、陆玉麒:《长江三角洲空间运输联系与经济结构的时空演化特征分析》,载《中国人口资源与环境》2005年第1期。

利的地点开始形成新的生长点,这一扩散过程犹如波浪一般,其中既有波峰也存在波谷,增长极与新生长点之间会在资金、技术、人员、商品营销、原料供应等诸多方面保持着比较密切的相互联系,交通轴线则是工业波在空间进行扩散的主要依托基础,轻纺工业、原材料工业等不同的工业部门对于交通运输的需求存在着差别,因此将会分别沿着不同的交通线路进行扩散。①

陆军(2002)则对京津冀城市经济区域空间扩散的历史演变以及现实形态的实证进行了描述,并对经济系统进行空间扩散的一般规律做了深入阐述。②

刘妙龙等(2004)则主要从城市土地利用与开发的视角,主要利用疾病感染、传播机理等模拟方法,对城市空间扩展、演化动力学过程的模型等模拟问题进行了研究,对以城市形态扩展特征为指标进行城市分类的可行性等问题进行了探讨。③

三、城市群空间联系发展趋势

自从20世纪90年代以来,国外关于城市群经济联系领域的相关研究开始不断深化,研究范式也开始不断丰富,进而呈现出多视角、多层次与多尺度的特征,理论研究与实证研究、定性研究与定量研究之间相互结合,目前关于城市群空间联系的相关研究主要集中在城市群经济联系空间结构与空间组织这两个方面。

比尔·斯科特、富田和晓等诸多学者对城市群经济联系的空间结构演变及其机制等方面进行了深入研究与探索。

Seil Mun,Koyoshi Kobayashi 等学者主要对城市群经济联系发展与交通运输网络结构等问题展开了研究与分析。

Francisco(1995),Siming Li,Yimanshun(2001)等学者主要对城市群

---

① 张文尝:《工业波沿交通经济带扩散模式研究》,载《地理科学进展》2000年第4期。
② 陆军:《论京津冀城市经济区域的空间扩散运动》,载《经济地理》2002年第5期。
③ 刘妙龙、陈鹏:《城市空间扩散增长模型与模拟》,载《人文地理》2004年第2期。

的空间通达性等相关问题进行了深入分析与研究。

Simeon Djankov(2002)通过运用重力模型对苏联9个俄罗斯地区、3个苏联加盟共和国(FSU)在1987~1996的贸易流联系变化影响等问题进行了实证分析与研究。①

Hidenobu Matsumoto(2004)采用选取GDP、人口、距离等多种变量来构建重力模型的方法对航空流作用强度进行了分析与研究,从中揭示出了国际航空港城市群的网络结构。②

Edward L. Glaeser(1999)通过运用马歇尔的相关理论构建了城市密集区城市之间相互作用的知识溢出模型,并对知识人口的空间分布与流动特征进行了分析与研究。③

Kurt Fuellhart(2003)发展了一个线性替代模型,从而对70~90英里距离之内的航空港旅客流替代空间竞争这一现象进行了深入分析与描述。④ Shen Guoqiang(2004)构造了相关研究模型对大范围内的城市(节点)间的吸引力及其相互之间的作用强度进行了分析与估算。⑤

国内一些学者也开始逐渐针对城市群空间联系这一研究领域展开了分析与探索,程大林(2003)等通过对多种经济、社会联系流的直接调查与相关联系强度的空间叠置分析,对南京都市圈进行了圈层地域界定。⑥ 朱英明(2004)在其所著的《城市群经济空间分析》一书中,主要分析了城市群经济空间的问题,并且在提出了城市群经济空间这一概念模型之后,通过利用计量与数学模型对城市群经济空间功能联系与市场联系等问题

---

① Djankov S, Freund C: *Trade Flows in the Former Soviet Union*, 1987 to 1996, *Journal of Comparative Economics*, 2002, Vol. 30, No. 1.
② Matsumoto H: *International Urban Systems and Air Passenger and Cargo Flows: Some Calculations*, *Journal of Air Transport Management*, 2004, Vol. 10, No. 4.
③ Glaeser E L: *Learning in Cities*, *Journal of Urban Economics*, 1999, Vol. 46, No. 2.
④ Fuellhart K: *Inter-Metropolitan Airport Substitution by Consumers in an Asymmetrical Airfare Environment: Harrisburg, Philadelphia and Baltimore*, *Journal of Transport Geography*, 2003, Vol. 11, No. 4.
⑤ Shen Guoqiang: *Reverse-Fitting the Gravity Model to Inter-City Airline Passenger Flows by an Algebraic Simplification*, *Journal of Transport Geography*, 2004, Vol. 12, No. 3.
⑥ 程大林、李侃桢、张京祥:《都市圈内部联系与圈层地域界定——南京都市圈的实证研究》,载《城市规划》2003年第11期。

进行了全面和详细的分析,并且着重对沪宁杭城市群的空间运输联系等问题进行了系统深入的实证研究。①

四、对国内外空间联系研究的简要评析

空间联系主要是区域内各个城市实体借助于现代化的交通工具、综合运输网络与现代信息网络,通过经济活动的区域间分工与协作,城市之间不断发生与正在发展着的各种内在联系所产生的,并且通过区域之间各种物资、人员、信息与资本之间的相互双向流动从而得以实现的。

国内外对空间联系的研究已经开始从联系现状的静态描述转向联系过程的动态解析,从空间联系理论的定性分析开始转向定量模型的大量应用,目前对于空间联系所展开的相关研究基本上是在对现实的空间联系状况进行深入调研的基础上,然后主要从交通运输联系、客货流联系等某一方面或者某几个方面着手,将前期所获得的大量分析数据代入空间联系相关研究模型之中进行量化分析从而得到的。

虽然这种研究结果还不可避免地会存在着一定的片面性与零散性等缺陷,只能反映空间联系某一个侧面的具体联系状况,但是这已经能够比较好地对区域空间联系的实际进行反映,对于我们认识与掌握空间联系的发展过程和发展态势也具有比较重要的价值和意义。②③

第四节 城市群及其相关概念辨析

一、城市群的相关概念

在实际研究与应用中,与城市群这一术语相类似的还存在有许多概

---

① 朱英明:《国外区域联系研究综述》,载《世界地理研究》2001 年第 2 期。
② 朱英明:《城市群经济空间分析》,科学出版社 2004 年版,第 11～22 页。
③ 姜博:《辽宁中部城市群空间联系研究》,东北师范大学 2008 年博士学位论文,第 17～24 页。

念,诸如都市圈、城市带、多中心城市群、都市连绵区(带)等多种术语,这些不同的术语在诸多学术著作中被广泛使用。然而由于理论上的不完善以及大家认识上的不统一,从而引发了诸多概念意义上的分歧,有时还会存在混用现象,为了能够更好地理解城市群的概念,因此对这些概念进行明确区分很有必要,下面将对国内主要使用的与城市相关的术语进行辨析。

二、都市圈(城市圈)

都市圈也可称为城市圈,这是城市群的一种空间表现形式,它是反映以一个或两三个中心城市为核心、与周边城镇连同这些城镇所覆盖的空间地域之间形成比较密切的社会经济联系,并且呈圈层状布局的空间组织形式;或者可以说都市圈主要是由中心城市及周边大中小城市和地域所共同组成的相对紧密的一体化区域。

与传统的单体城市相区别的是都市圈是反映一种组合城市,它主要以高密度的城市和人口以及非常巨大的城市体系规模区别于其他地区和其他城市类型。

根据国外发达国家的经验和国内城市群发展实践,都市经济圈一般具有以下几个特征:

(一)中心性

由一个或数个具有200万以上人口的高能级特大、超大城市构成了都市圈域的中心,中心城市的国内生产总值一般可以占到圈域的1/3乃至一半以上,从而成为整个圈域经济的中心与枢纽。中心城市高密度的经济集聚所产生的高能量经济磁场,形成了对周边地区巨大的经济吸引力与辐射力,从而成为都市圈域经济发展的"增长极"。

(二)趋圆性

都市圈域内一般都具有比较高的城镇密集度,各类城镇环绕中心城市基本形成呈现出圈层状的空间结构布局,城镇的等级规模体系相对比较合理。趋圆性是都市圈重要的空间形态特征之一,因此相对而言在平原地区更加具备形成都市经济圈的自然地理条件。

(三)一体化

一体化是都市圈主要的经济特征,也是都市圈发展的实质。所谓的一体化主要是指都市圈域内中心城市与各类城市与城镇之间分工与合作比较密切,在经济与社会文化活动上能够相互融合与互补,从而形成了在经济上的一体化关系。都市圈域的一体化主要包括要素市场的一体化(例如资金、劳动力、生产技术等要素在都市圈内的城市之间、城乡之间自由流动)、产业发展一体化、基础设施一体化、资源与环境开发和保护一体化以及城市化发展规划一体化。

(四)通勤性

都市圈内都具有比较密集的交通基础设施网络,并且以中心城市为核心向外部延伸,从而将中心城市与都市圈周边地区紧密地联系起来,由此形成了非常密集的物流、人流、经济流、信息流,圈域内中心城市到各个城镇一直保持着相对比较高的通勤率。

三、城市带

城市带是反映由一组规模比较大、地域相邻、彼此之间相互关联的城市沿着交通干线分布,从而形成的一种带状城市群。城市带以交通干线为主要轴线、以城市和城镇为节点,从而形成一个有机联系的城市群体,在空间上呈现出带状扩展趋势,经济活动的空间集聚与空间扩散也主要沿着交通干线展开,从而形成产业带。

城市带一般来说主要具有如下特征:

第一,以某一交通干线为主要轴线,呈现出带状形态分布。

第二,主要城市与城镇沿交通干线分布,地域相近,相互之间联系比较密切。

第三,经济活动以城市为中心沿主要轴线两侧集聚,从而形成了产业密集带。当沿线的大中城市进一步发展时,城市空间地域也开始不断扩张,相邻城市实体空间地域开始相互连接,于是城市带就发展成为更高级形态的城市连绵带或都市连绵带。

四、多中心城市群

多中心城市群主要是指由一组规模相近、地域相邻、相对独立但是相互之间密切联系的城市所共同构成的城市群。这一类型的城市群主要具有如下几个特征:

第一,各个城市之间规模比较相近,基本上处于同一或相邻的城市等级系列,从而共同组成了这一区域的中心。

第二,每个城市都有着自己相对比较独立的影响区域范围。

第三,各个城市之间存在着相互作用关系,并且由此形成了相互之间共享的经济腹地。

第四,城市群在形态上呈现出组团式或块状分布特征。

五、都市连绵区与都市连绵带

都市连绵区在概念上强调以都市区为基本单元,以若干个数十万以至百万人口以上的大城市为中心,并且与周围相邻地区保持着强烈的交互作用与密切的社会经济联系,大小城镇沿着一条或者多条交通干线呈现出连续分布,从而形成了城市化比较发达的巨型城市一体化地区;当都市连绵区发展趋势呈现出带状分布时,即为都市连绵带。[①]

---

① 戴宾:《城市群及其相关概念辨析》,载《财经科学》2004年第6期。

第三章　中原城市群形成与现状分析

第一节　中原城市群构想的提出与形成

一、中原城市群构想的提出

中原城市群这一构想的提出最早可以一直追溯到20世纪80年代中期。河南位于我国的中原地区，处于承东启西、连南接北的中心位置，虽然地理区位比较重要，但是作为省会城市的郑州总体上经济实力不强，人口规模也不大，其辐射与带动功能与其地位相比显得很不相称，不足以带动周围地区发展。但是以郑州为中心，平均半径100公里的区域内存在一个城镇相对比较密集的地区，如果能够构建以郑州为核心的城市群，发挥其整体合力，对于带动整个河南省经济的快速与协调发展具有十分重要的意义。因此，有关方面和一些专家学者开始提出了培育和建设中原城市群的设想，其范围仅限于郑州、洛阳、开封、新乡和焦作等5个城市，当时济源还属于焦作管辖范围内。[1]

1990年9月12日，东起我国连云港，西至鹿特丹的第二条亚欧大陆桥正式贯通，这条大陆桥跨越欧亚两大洲，联结太平洋和大西洋，全长约10800公里，通向中国、中亚、西亚、东欧和西欧30多个国家和地区，是世界上最长的一条大陆桥。新亚欧大陆桥贯通不仅便利了我国东西交通与

---

[1] 王华昌：《中原城市群研究中的几个问题》，载《中部崛起·城市发展论坛论文集》2005年版，第42~45页。

国外的交流与联系,更重要的是对我国的经济发展产生了巨大的影响。当时的国家计委、建设部组织一批专家学者进行陇海－兰新地带城镇体系规划编制与城镇发展研究,并将其列入建设部"八五"重点科研课题,形成的研究成果《陇海－兰新地带城镇发展研究》中明确提出了有关中原城市群的构想。在文中提出:"根据地域的连贯性、自然条件的相对一致性、经济联系的紧密性、交通联系的便利性、历史发展的相继性及行政区划因素,将地带划分为淮海、中原、晋中南、关中、宁夏、甘肃、青海、新疆天山西侧八个城镇群";认为"河南省城镇体系的发育比较完善,是陇海－兰新地带城市发展条件较好的城镇群之一,城镇体系的构成比较合理,城镇群内部的联系也较紧密"①。此时提出的中原城市群包括郑州市、开封市、洛阳市、新乡市、焦作市、安阳市、濮阳市、鹤壁市、许昌市、漯河市、平顶山市、三门峡市和周口地区。

1996年,在河南省第六次党代会和河南省第八届人大第四次会议上明确提出了要"加快以郑州为中心的中原城市群的发展步伐",有关中原城市群的构想和建设开始正式列入河南省政府的议事日程。时任河南省副省长的范钦臣于1996年8月26日在《河南日报》上发表了《关于构建中原城市群若干问题的思考》的文章,在文中对构建中原城市群的战略意义、有利条件,中原城市群运行准则和发展目标及实施中的矛盾、对策等问题进行了系统深入的分析论述,并对中原城市群包括的范围这样分析:"从实际情况看,中原城市群应以郑州商贸城为中心,可考虑由郑州、洛阳、开封、新乡、焦作、许昌六市组成,此区域内城市相对集中,距郑州最近的开封仅70公里,最远的洛阳125公里。这6个城市辖区内矿产资源丰富,科教水平较高,是河南经济发达的地区。"②直到1998年范钦臣在为《迈向二十一世纪的河南城市》大型画册作序时,仍持这种看法。

1998年12月,河南省规划院编制的《河南省城镇体系规划大纲(草案)》中提出:"中原城市群的范围包括郑州、洛阳、开封、新乡、焦作、许

---

① 张文奇、赵洪才、晏群、苏迎伏:《陇海－兰新地带城镇发展研究》,载《城市规划》1995年第1期。
② 范钦臣:《关于构建中原城市群若干问题的思考》,载1996年8月26日《河南日报》。

昌、济源七市的全部行政范围。"此时济源已经脱离焦作市,改为省直接管辖。

二、中原城市群构想的形成

进入新世纪以后,围绕着振兴河南、中原崛起,以及近年来提出的中部崛起等战略目标,中原城市群的研究开始成为当前河南省区域发展的热点问题,有关中原城市群的研究不仅遍及包括自然与社会科学等在内的众多学科,而且也开始频频出现在官方规划与文件中。

龙同胜等人在《决策探索》中撰文,提出"发展以郑州为核心的中原区位城市群,是高起点确立未来郑州市、中原区位城市群乃至河南省的国际地位的科学的、有效的可操作方法",指出"中原区位城市群的内涵,主要是由郑州市6区及所辖5市、1县组成";"中原区位城市群的外延,主要是由郑州市区周边的焦作市全部和洛阳、开封、新乡、许昌4市市区及所辖共计31个市(县)组成。"[1]

2003年7月23日中共河南省七届五次全会审议通过的《河南省全面建设小康社会规划纲要》明确提出了加强中原城市群建设,指出"突出抓好以郑州为中心的中原城市群建设,加快其他省辖市建设,支持重点县(市)和重点镇建设,带动全省城镇化";并且指出"中原城市群经济隆起带是以郑州为中心,包括洛阳、开封、新乡、焦作、许昌、平顶山、漯河、济源在内的城市密集区"[2],从此中原城市群开始从学术探索研究的层面进入社会经济发展的实施层面。

按照河南省委、省政府的安排和《河南省全面建设小康社会规划纲要》的精神,2004年河南省发展计划委员会组织力量在听取各方面意见的基础上编制完成了《中原城市群经济隆起带发展战略构想》,构想认为:"中原城市群以省会郑州为中心,包括洛阳、开封、新乡、焦作、许昌、

---

[1] 龙同胜、邓志军、胡廷贤、荆体增:《呼唤中原城市群》,载《决策探索》2000年第10期。
[2] 《中共河南省委、河南省人民政府关于印发〈河南省全面建设小康社会规划纲要〉的通知》(豫发〔2003〕17号),载《河南省人民政府公报》2003年第9期。

济源等9个省辖(管)市,下辖14个县级市,34个县城,374个建制镇。"①

三、中原城市群构想的实施

2006年3月16日河南省正式下发《关于实施中原城市群总体发展规划纲要的通知》(豫政文〔2006〕45号),这标志着中原城市群规划开始真正进入具体实施阶段。

在2006年5月19日发布的《中共中央 国务院关于促进中部地区崛起的若干意见》(中发〔2006〕10号)中,中原城市群被国家列为中部地区重点支持发展的四大城市群之一;提出"构建布局完善、大中小城市和小城镇协调发展的城镇体系","以武汉城市圈、中原城市群、长株潭城市群、皖江城市带为重点,形成支撑经济发展和人口集聚的城市群,带动周边地区发展"。

2009年9月23日,国务院总理温家宝主持召开国务院常务会议,讨论并原则通过《促进中部地区崛起规划》,规划提出:"培育城市群增长极,把中原城市群建设成为沿陇海经济带的核心区域和重要的城镇密集区、先进制造业基地、农产品生产加工基地及综合交通运输枢纽。"

2010年,住房和城乡建设部发布《全国城镇体系规划(2006~2020年)》,提出"大力培育城镇群和中心城市,促进中部地区崛起,加强承东启西的作用。重点发展江汉平原城镇群、中原城镇群、湘中城镇群等"②。

2010年12月21日,国务院下发《国务院关于印发全国主体功能区规划的通知》(国发〔2010〕46号),"中原经济区"建设上升到国家战略层面,被纳入《全国主体功能区规划》国家层面的重点开发区域,这将是中原城市群区域发展面临的崭新历史机遇。

---

① 省计委课题组:《中原城市群经济隆起带发展战略构想》,载《中原市场大观》2003年第10期。
② 住房和城乡建设部城乡规划司、中国城市规划设计研究院编:《全国城镇体系规划(2006~2020年)》,商务印书馆2010年12月版。

第二节　中原城市群形成发展的条件

一、地理区位优越

中原城市群所在区域在历史上曾经长期作为华夏文明的中心,其地理位置十分重要,区域内土地肥沃,适于耕作;各种自然资源比较丰富,气候降水条件比较良好;从自然地理上看,河南省位居中国中部,处于第二阶梯向第三阶梯过渡地带的黄河中下游,东接安徽,北、西、南三面有太行山、伏牛山、桐柏山、大别山沿省界呈半环形分布,中东部为黄淮冲积平原,西南部为南阳盆地,西高东低,呈望北向南、承东启西之势。河南地理位置优越,古时即为驿道、漕运必经之地,商贾云集之所。东西联系的通道是黄河谷地,可以上溯关中,直达大西北和西亚地区,著名的丝绸之路向东延伸正是经过黄河谷地,现代重要的交通动脉第二条欧亚大陆桥——陇海线、兰新线也是经过这个通道。南北之间的通道也是在山地与平原交界的地带开辟的,如古代著名的南襄通道,现代的京广线、京深高速公路等。从政区和交通地位来看,河南处于居中的位置。以河南为中心,北至黑龙江畔,南到珠江流域,西至天山脚下,东抵东海之滨,大都跨越两至三个省区。若以省会郑州为中心,北距京津南下武汉,西至关中东至沪宁,其直线距离在 600～800 公里。河南承东启西、通南达北的地理位置,决定了其在全国经济社会活动中的重要地位。从历史上看,河南是各族人民南来北往、西去东来的必经之地,是各族人民频繁活动和密切交往的场所,因此历史上向来是兵家必争之地,素有"得中原者得天下"之称谓。今天,河南境内三纵四横的铁路网、四通八达的高速公路和不断发展的航空运输,进一步强化了其交通枢纽的地位,河南省得天独厚的自然地理条件也正是中原城市群发展的重要因素和推动力。[①]

中原城市群所处的区域位于我国东西南北交汇之地,东面毗邻经济

---

① 张玉霞:《试析中原城市群的历史文化渊源》,载《三门峡职业技术学院学报》2008 年第 1 期。

发展势头非常迅猛的沿海发达省区,西接广袤辽阔的西部地区,这里具有实施东引西进、实现中部崛起的优越地理位置。这一区域作为华夏民族早期的主要居住地,在中国历史上也一直作为汉民族居住的几何中心区,被专家认为是今天绝大部分中国人的祖居之地;中原城市群所在区域拥有畅通的路径通往全国各地,一直被视为联系全国各地的枢纽区域;这一区域拥有广阔的平原,物产比较丰富,交通十分便捷,因此本区域具有城市建设的最佳区位,并且也是中国历史上城市的集中分布区。①

二、历史文化悠久

在北宋及以前的数千年间,这一区域曾经长期是中国封建王朝的政治、经济与文化中心。中原城市群区域城市的发展也有着悠久的历史,洛阳附近偃师二里头夏代都城遗址的发掘出土证实,早在夏代晚期甚至更早之前,中原地区就已经出现了城市。此后从夏商周直到唐宋这一长达3000多年的漫长历史岁月中,先后有夏、商、周、魏、隋、宋等多个朝代在这一区域建都。考古学上发现的中原城市群范围内的古都包括:偃师二里头夏都、偃师商城、郑州商城、西周洛邑、东周王城、汉魏洛阳城、许都故城、隋唐洛阳城和北宋东京、西京城等10座。② 目前我国公认的八大古都中就有郑州、洛阳、开封等三大古都位于这一区域,这充分说明了中原城市群所在区域的城市发展历史源远流长。

郑州,经过考古发现郑州商城作为商代早中期的都城遗址,从时间上判断距今大概有3600多年的历史,是迄今为止考古发现的商代最早期的都城;就整个郑州地区来说存在一个庞大的古都群,时间跨度从黄帝时代到战国时代,郑州作为古都的时间先后累计达1337年。

洛阳,素有九朝古都之称,历史上曾长期作为全国政治、经济、文化中心,司马光曾云:"若问古今兴废事,请君只看洛阳城。"在中国漫长的历

---

① 姚士谋、陈振光、朱英明:《中国城市群》,中国科学技术大学出版社2006年版,第260页。
② 张玉霞、赵明星:《中原城市群历史文化内涵的考古学探索》,载《郑州航空工业管理学院学报》(社会科学版)2008年第2期。

史上从第一个封建王朝夏王朝开始,据统计先后就有商、西周、东周、东汉、曹魏、西晋、北魏、隋、唐、后梁、后唐、后晋等 13 个朝代,90 多个帝王在洛阳建都,前后时间累计长达 1400 多年之久;洛阳作为中国建都最早、朝代最多、历史最长的都城,洛阳的兴衰在某种程度上就是中国历代封建王朝兴衰的一个缩影。

开封,在中国历史上曾被称为大梁、汴梁、东京、汴京等,自建成至今已有 2700 多年的历史;从战国时期的魏国开始,到后来五代时期的后梁、后晋、后汉、后周,以及此后的北宋与金等先后建国都于此,故有"七朝古都"之称。北宋时期的东京汴梁城,作为开封历史上的鼎盛时期,是当时整个中国的政治、经济和文化中心,北宋画家张择端的《清明上河图》与孟元老的《东京梦华录》分别从图像与文字的角度生动地描绘了当时东京汴梁的繁荣景象。[①]

(一) 史前时期

早在史前的仰韶和龙山文化两大历史时期,中原城市群所在区域就已经有了城市的雏形。

1. 仰韶文化时期

郑州西山城址位于郑州市北郊 23 公里的邙岭余脉,平面近圆略呈八角形,有城墙及城壕,面积近 35000 平方米,属于仰韶文化晚期,是目前我国所发现的时代最早的城址之一。古城位于仰韶文化秦王寨类型聚落群的中部,附近有大河村、点军台、秦王寨、后庄王、阎村等 10 余处时代相同的遗址,有学者认为:"西山城址是这一聚落群中的唯一城址……因而西山城址应是这一地区的中心要邑。"

2. 龙山文化时期

龙山时期河南已发现的 9 座城址中,除安阳后岗和淮阳平粮台外,登封王城岗、新密古城寨、新密新砦、辉县孟庄、焦作徐堡、郾城郝家台和平顶山蒲城店等 7 座城址,均位于中原城市群区域范围内。这些城址均为方形或长方形,已经完成了从圆形环壕聚落到方形城的转变,面积也显著

---

① 张玉霞、赵明星:《中原城市群历史文化内涵的考古学探索》,载《郑州航空工业管理学院学报》(社会科学版)2008 年第 2 期。

增大,王城岗大城面积更达约30万平方米。

有学者将黄河流域的史前时代城址分为河套城址群、中原城址群以及海岱城址群,基本勾勒出了中国史前时期、尤其是龙山文化时期所发现的诸城址的分布面貌,而且也比较严谨地提出了中原城址群的概念。作为中华文明的重要发祥地之一,中原城址群是我国文明出现的先声,在中国文明发展史上具有举足轻重的作用。①

(二)先秦时期

1. 夏代都城

据《史记·孙子吴起列传》载为"夏桀之居,左河济,右泰华,伊阙在其南,羊肠在其北",即约当今河南省西部,以嵩山为中心的伊河、洛河、颍河、汝河河谷平原一带。二里头遗址位于今洛阳市偃师城西约10公里的二里头村、圪垱头村、四角楼村一带,这里地势平坦,土地肥沃,属于著名的洛阳盆地。二里头遗址的规模非常大,据考古最新资料,该遗址南起古伊洛河北岸,北到二里头村北,东自圪垱头村东,西至北许村一带。东西长约2400米,南北宽约1900米,面积约300万平方米。二里头遗址是夏王朝的都城遗址,据历史文献记载以及众多专家学者考证,是夏晚期都城斟鄩的可能性很大,"太康居斟鄩,羿亦居之,桀又居之"②。

2. 商代都城

"汤始居亳,从先王居"。约公元前16世纪商汤在灭了居于二里头夏都斟鄩的夏桀之后,曾复归于亳,定都于今河南偃师商城一带(也有专家认为在今郑州商城)。偃师商城位于洛阳盆地东侧,北依邙山,南临洛河,背靠黑石关,是商王朝灭夏后建立的第一个都城,史称西亳。③

郑州商城是一座拥有宫城、内城和外郭城墙、护城河组成的规模约13平方公里的城址,而二里岗时期的文化遗址范围更大,竟达25平方公

---

① 张玉霞、赵明星:《中原城市群历史文化内涵的考古学探索》,载《郑州航空工业管理学院学报》(社会科学版)2008年第2期。
② 方孝廉、方媛媛、方莉:《二里头遗址都邑探讨》,载《洛阳师范学院学报》2010年第3期。
③ 李久昌:《论偃师商城的都城性质及其变化》,载《河南师范大学学报》(哲学社会科学版)2007年第3期。

里。① 郑州商城可能是仲丁的隞都,在商灭夏之后,郑州商城从一个大的聚落址建设成一座防御东方诸夷的军事重镇,进而发展成为一代王都。②

偃师商城和郑州商城这两座商代都城均位于中原城市群范围内,其中偃师商城小城与宫城布局是我国古代城市建设上最早具有中轴对称的遗址,是一处商代早期具有王都性质的城址,也是迄今为止考古发掘最早的商代早期都城遗址。

3. 周代都城

成周最初是西周王朝的东都,西周初年成王时周公在洛阳营建洛邑,并以此作为震慑东方的统治中心。早在周武王时就已有定都洛邑的想法,"武王克商,迁九鼎于洛邑"(《左传·桓公二年》及《竹书纪年》),因洛邑地处"天下之中,四方入贡道里均",对于治理国家,有效地控制殷之遗民,维护国家安定,方便于各方诸侯献给周天子贡物等,都有其重要的意义。③ 建成周之事在《尚书》的《康诰》、《召诰》、《洛诰》中均有记载,也见于西周早期的何尊铭文。④ 洛邑城址的具体位置至今未有定论,根据文献记载,洛邑很可能是横跨瀍水两岸而建。多年来在瀍河两岸的考古工作中也发现了大量的西周遗存,瀍河以西的邙山南麓发现有西周贵族墓地,瀍河以东发现有大量的殷遗民墓,贵族墓地南邻的瀍河西岸发现有大型的西周宗族铸铜遗址等,2009 年又在距瀍河约 1000 米处发掘出西周大型祭祀遗址,为寻找成周城奠定了一定的基础。⑤

经文物调查和考古发掘证实,东周王城遗址位于今洛阳市王城公园一带,北依邙山,南临洛河,平面大体呈正方形。整个王城周长约 15 公里,与晋《元康地道记》"王城去洛河(指汉魏故城)四十里,城内南北九里七十步,东西六里十步,为地三百顷一十二亩三十六步"这一记载基本吻合。周平王于公元前 770 年自镐京东迁,兴建东周王城作为国都,其后历

---

① 李民:《郑州商城在古代文明史上的历史地位》,载《江汉论坛》2004 年第 8 期。
② 杨育彬:《商代考古的扛鼎之作——读〈郑州商城〉》,载《华夏考古》2002 年第 4 期。
③ 曲辰:《"河图""洛书"与洛邑之营建及神道设教——关于"河图""洛书"的新揣测》,载《周易研究》2006 年第 6 期。
④ 梁云:《成周与王城考辨》,载《考古与文物》2002 年第 5 期。
⑤ 李燕锋:《洛阳将拥有"六大都城遗址"》,载 2010 年 6 月 8 日《洛阳日报》。

20余世300余年,始终为周王朝的政治、文化中心,在中国古代都城史上占有重要的地位。①

4. 战国都城

战国时韩国由山西南下,东进中原过程中先后建立了宜阳、阳翟、新郑三大都城。宜阳故城位于宜阳县城西25公里处的韩城镇东侧,北依崤山,南接熊耳,处于洛河和宜水交汇处的宜水北岸,故名宜阳;阳翟故城位于今禹州市老城,北临颍河,西依禁沟河,正处于两水交汇处的东部一带;新郑是郑国和韩国先后建都的地方。韩国灭郑后,把都城从阳翟迁至新郑,新郑韩城则处于双洎河和黄水河环绕交汇的高地上。②

沁阳西周时为邘国,又为雍国之西境。春秋时为周地、郑地,后又为晋之野王邑;战国时为魏地,后又属韩国,再后为卫国,是卫国末年都城。

(三)秦汉魏晋时期

1. 汉魏洛阳故城

汉魏洛阳故城是我国著名的古代都城遗址,位于洛阳市东15公里处,北依邙山,南临洛水。

东汉时洛阳曾作为都城,东汉建安元年(196年)曹操迎献帝都许昌,延康元年(220年)曹丕代汉称帝后又迁都于洛阳,其后西晋和北魏也在这里建都,长达330余年。汉魏洛阳故城规模巨大,尤其在北魏时又加修外郭城,长宽均为10公里,这无疑又是全世界面积最大的古都,该城正处于汉唐两个盛世之间,出现了从黄河流域至长城地带空前的民族和文化的大融合。同时又承前启后,完成了古代到中世纪社会形态的转变。城市中轴线和里坊的布局设置,对后世也产生了重大影响。汉魏洛阳故城在我国政治、经济、文化、交通、科学、历史诸多研究领域占有极其重要的地位,1961年被国务院公布为全国重点文物保护单位,河南评选20世纪十大考古发现和全国评选20世纪百项重大考古发现,汉魏洛阳故城均赫然榜上有名。古往今来,该城一直受人关注。《水经注》、《洛阳伽蓝记》、《太平御览》、《中州金石记》、《河南志》、《洛阳县志》、《偃师县志》、《洛阳

---

① 聂晓雨:《从考古发现看洛阳东周王城的城市布局》,载《中原文物》2010年第3期。
② 徐团辉:《战国时期韩国三大都城比较研究》,载《中原文物》2011年第1期。

古城古墓考》、《洛阳古今谈》等一大批文献、金石、志书等,勾勒出汉魏洛阳故城政治、经济、文化、历史、地理、宗教、社会生活的面面观。①

汉魏洛阳城继承了《考工记》营国制度中宫、城、郭三重环套的传统配置形制,又发展了营国制度强调中轴线主导作用的传统,将此主轴线延伸到洛南圜丘,强化了这条轴线对全局的控制作用。汉魏洛阳城是中国古代都城规划体系的典范,标志着我国古代城市建设发展的成熟,为我国封建社会中期城市规划体制打下了基础,隋唐长安城就是在此基础上发展而来的。②

2. 曹魏许都故城

《读史方舆纪要》卷四七"许昌城"条载:许昌城,在(许)州东三十里。秦许县,属颍川郡……汉乃曰许县,后汉章帝封马光为侯邑,建安元年(196年)献帝都此。③

许都故城位于许昌市东18公里的张潘乡,后周大将周几曾焚毁此城,今仅存断续的城墙,盆李村南古城岭一带是宫殿区,城内西南部有专为汉献帝祭天台的毓秀台。④

(四)隋唐北宋时期

1. 隋唐洛阳城

隋唐洛阳城址位于洛阳市城区及近郊,在汉魏故城废址西约9公里。《新唐书·地理志》卷二载洛阳城:"前直伊阙,后据邙山,左瀍右涧,洛水贯其中,以像河汉。"隋炀帝大业元年(605年)三月,诏尚书令杨素、将作大将宇文恺等设计营建洛阳城,次年春正月建成,历时仅10个月左右。⑤

---

① 杨育彬:《巍巍京华 是从是横——〈汉魏洛阳故城研究〉评介》,载《华夏考古》2001年第4期。
② 张玉霞、赵明星:《中原城市群历史文化内涵的考古学探索》,载《郑州航空工业管理学院学报》(社会科学版)2008年第2期。
③ 权家玉:《试析曹魏时期许昌政治地位的变迁》,载《魏晋南北朝隋唐史资料》2009年第25辑。
④ 张玉霞、赵明星:《中原城市群历史文化内涵的考古学探索》,载《郑州航空工业管理学院学报》(社会科学版)2008年第2期。
⑤ 王维坤、张小丽:《论隋唐洛阳城的设计思想与影响》,载《西北大学学报》(哲学社会科学版)2004年第4期。

初谓之东京,大业五年(609年)改曰东都,唐、五代皆因之。①

隋唐东都洛阳城由宫城、皇城、诸小夹城、东城、含嘉仓城及外郭城(内有街市里坊和外郭城墙)几部分组成。《资治通鉴》卷二〇五《唐纪》二一载,"隋炀帝作东都,无外郭,仅有短垣而已",并且由于隋末兵燹战乱,局部遭到了破坏。《资治通鉴》卷一八九《唐纪》五载,隋末,秦王李世民攻克洛阳,出于对隋炀帝的愤怒,亦"命撤端门楼,焚乾阳殿,毁则天门及阙"。因此,唐代高宗武则天时期,对东都洛阳城的外郭城城墙和宫城内的含元殿进行重建。经过1959年以来的考古勘探和发掘得知,唐初重建的外郭东墙7312米,南墙290米,西墙纡曲,长6776米,合计周长27公里又516米,比隋代洛阳的外郭"周回五十二里"的规模扩大了5公里多,略小于实测周长36.7公里的西安隋唐大兴城。②

2. 东京汴梁城

作为汴河起点的汴梁城(今开封),靠着商贸兴城,逐渐发展成为全国的经济中心。从五代到北宋,有五个朝代在此建立了新的都城东京,实现了政治中心与经济中心的合一。又经过近百年的经营,到了11世纪的北宋时期,终于迎来了汴京最为辉煌的年代——继汉唐盛世的长安之后,在中原大地上出现了又一座世界级的特大型城市。③

东京城位于今开封市区及其周围,由外城、里城和宫城组成,里城在外城的中央,宫城在外城的西北。外城周长为29120米,城门有瓮城遗迹。里城主要为商业和居民区,是东京城最繁华的地方,略呈正方形,周长约11550米。宫城为长方形,周长2521米。北宋是我国城市发展史上一个承前启后的重要时代。东京城的规划和营建,在城市发展史上的意义主要体现为两点:一是三城三重相套的形制,增强了东京开封城的防御能力,在礼制上更加突出了宫城的地位,反映了对皇权的强化,成为唐以后都城的典型代表;二是一改隋唐时期封闭的"里坊制",发展为开放的

---

① 方孝廉:《隋通济渠与东都洛阳城布局》,载《华夏考古》2009年第3期。
② 张剑、孟昭芝:《武则天与唐东都洛阳城的建设》,载《临淄与先秦古都学术研讨会暨中国古都学会2009年年会论文集》。
③ 张文驹:《汴京的衰落和中原城市群的兴起——探讨现代矿业开发对河南经济发展的影响》,载《中国地质矿产经济》2000年第8期。

"街巷制",临街贸易突破了里坊制的束缚和"市"的禁锢,出现了多处贸易中心和交易场所。

以上考古发现的古都遗址,分布在以嵩山为中心的范围内,尤其是西北方的洛阳盆地,"此天下之中,四方入贡道里",自古以来有许多王朝在此营建都邑。据不完全统计,中华古都有 200 余个,河南有包括列入中国"八大古都"的郑州、安阳、洛阳、开封以及新郑、濮阳、禹州、淮阳、许昌、汤阴、商丘、淇县、南阳、邓州、沁阳等共计 15 处。中原城市群的区域范围内占据了其中的 7 个,包括 3 个大古都。中原城市群范围内古都之早、之多为我国其他城市群所不能比肩,由此可以看出中原城市群的出现,有着非常坚实的历史基础。①

三、资源储备丰富

(一)矿产资源丰富

中原城市群所在区域拥有丰富的矿产资源,目前已发现矿种超过河南全省发现矿种的 60%,并且资源储量大、矿产品位高、贮存条件好、运输条件优。在这一区域具有全国意义的矿产就有煤炭、铝土、石油、黄铁矿、耐火岩土等多种资源。煤炭资源主要分布在区域内的郑州、洛阳、平顶山、漯河、许昌、新乡、焦作等地,平顶山拥有华东和中南地区最大的煤田,原煤总储量 103 亿吨,保有储量 80 多亿吨,占河南省总储量的 51%,素有"中原煤仓"之称;铝土矿资源十分丰富,主要分布在陇海铁路两侧的郑州和洛阳之间的区域;钼矿主要分布在栾川、嵩县、汝阳等地,栾川南泥湖钼(钨)矿是世界级钼矿田,且远景储量巨大,具备进一步大规模开发的资源条件;钨矿资源丰富,资源储量位居全国第三,与钼矿共生的钨矿储量最大,已回收利用,经济价值高。

平顶山和漯河岩盐储量巨大,平顶山的钠盐预测总储量为 2300 亿吨,可采储量 10.8 亿吨,平均品位 89%,单层厚度平均达 27 米,平顶山

---

① 张玉霞、赵明星:《中原城市群历史文化内涵的考古学探索》,载《郑州航空工业管理学院学报》(社会科学版)2008 年第 2 期。

叶县的盐田开发及深加工已成为河南省的重要产业,被命名为"中国岩盐之都";平顶山的铁矿总储量6064亿吨,占河南省总储量的60.5%,是全国十大铁矿区之一;耐火黏土资源丰富,以硬质黏土和高铝黏土为主。主要分布在平顶山、许昌、郑州以及豫北的焦作地区,大多与铝土矿相共生,一矿多用。①

这一区域不仅具有资源丰富的特点,而且资源地域组合比较良好,例如焦作、济源的煤炭资源、耐火黏土、黄铁矿,郑州与洛阳之间的煤炭资源、铝土、耐火黏土、石英砂等,便于开发利用。此外这一区域矿产资源的地理位置相对比较适中,均位于铁路、公路运输方便之处,具有良好的外运条件;并且主要矿产资源与城市比较临近,具有广阔的市场发展前景,从而为区域内发展能源、化工、冶金、建材等工业以及其他加工工业提供了非常便利的条件。②

(二)水利资源充沛

水利资源是城市群形成与发展的最基本条件,中原城市群区域水系发育受地势和山脉走向的控制,水系多源于西部、西北部和东南部山区,并向东北、东、东南以辐射状分布,区域内有黄河、淮河、海河、长江四大水系。③

中原城市群所在区域主体位于黄河、淮河冲积平原,因此具有丰富的地下水和地表水资源。郑州、新乡、开封等城市处于黄河冲积平原地带,60米以下深层地下水储藏条件比较好,并且靠近黄河,水资源条件较好;洛阳则位于盆地冲积平原之上,不仅有着中浅层和中深层地下水可供利用,而且地表水资源也比较丰富;焦作至济源这一地区主要是山前冲积扇发育,因此拥有厚度比较大的含水层,具有丰富的地下水资源;而南部平顶山和漯河一带则靠近众多的水库与河流,发展城市拥有良好的水资源作为保证。因此中原城市群所在区域非常适宜于人类居住和城市建设,

---

① 李进化:《充分展示和宣传河南矿产资源特色和优势,提高公众对矿产资源的珍惜节约保护意识》,载《地质论评》2008年第4期。
② 姚士谋、陈振光、朱英明:《中国城市群》,中国科学技术大学出版社2006年版,第261页。
③ 杨海鹰、厉玉昇:《河南水资源与可持续发展》,载《西部大开发:气象科技与可持续发展学术研讨会》论文集2000年版。

良好的地形与地貌条件也为单体城市的空间扩展以及城市群网络的建立与发展提供了优越的条件。①

四、工业基础雄厚

在新中国成立以后,随着国家对中原地区的不断投资与开发,以及在不同时期各种大型工业项目的建设,中原城市群区域的城镇体系在逐步不断完善。在"一五"计划与"二五"计划建设时期,在当时国家有关充分利用、合理开发沿海老工业区和积极建设内地新工业区相结合的方针指导下,河南成为国家重点投资建设的地区之一。20世纪50年代著名的"156项重点项目"(实际为154项,正式建成投产的项目为150项)中有10项落户河南省,河南也因此成为全国重点建设项目最多的省份之一。包括煤炭、机械和冶金等工业部门在内的十大重点项目分布于洛阳、郑州、平顶山、焦作等城市,如表3-1所示。

表3-1 河南156项重点项目情况

序号	项目	城市
1	第一拖拉机制造厂(现为国机集团中国一拖集团有限公司)	洛阳
2	洛阳轴承厂(现为河南煤化集团洛阳LYC轴承有限公司)	洛阳
3	洛阳矿山机器厂(现为中信重工机械股份有限公司)	洛阳
4	洛阳热电厂(现为大唐洛阳热电有限责任公司)	洛阳
5	洛阳有色金属加工厂(现为中铝洛阳铜业有限公司)	洛阳
6	河南柴油机厂(现为中船重工河南柴油机重工有限责任公司)	洛阳
7	郑州火力发电厂	郑州
8	平顶山一矿(现为平煤股份一矿)	平顶山
9	焦作中马村立井(现为河南煤化集团焦煤公司)	焦作
10	三门峡水电站	三门峡

---

① 姚士谋、陈振光、朱英明:《中国城市群》,中国科学技术大学出版社2006年版,第261页。

在随后的建设中又有一批追加重点项目以及能源、原材料等工业项目陆续兴建,从而初步奠定了中原地区现代工业的基本框架,由此形成了洛阳、郑州、开封、新乡、平顶山、焦作等新兴的工业城市以及机械、纺织、煤炭等工业基地。包括洛阳拖拉机厂、洛阳轴承厂、洛阳矿山机器厂、洛阳铜加工厂、河南柴油机厂、洛阳耐火材料厂等国家重点建设项目在洛阳市建成,奠定了洛阳作为全国重工业基地的位置;郑州第一至第六国棉厂的兴建使郑州成为全国六大纺织基地之一,此外郑州纺织机械厂、郑州第二砂轮厂、郑州火车站的建设,使得郑州的工业初具规模;平顶山矿务局、焦作矿务局等一大批大中型骨干企业的建成为中原城市群区域的发展打下了良好的工业基础。①

进入20世纪90年代以后,沿陇海、京广铁路线包括洛阳、郑州、平顶山、焦作等主要城市在内,一大批炼铝、制药、纺织、电力等工业部门开始兴建,这些工业项目的建设进一步带动了区域内第三产业与城市的发展,由于大规模的经济建设使得城市建设用地逐步扩大,城市数量开始增加。区域内城市总数量已经由新中国成立初期的6座发展到20世纪90年代初期的14座;进入新世纪以来,中原城市群区域经济快速发展,新兴产业与现代工业不断涌现,"双汇食品"、"三全食品"、"宇通客车"、"中国一拖"、"金龙铜管"、"许继集团"、"万方铝业"、"新飞电器"等一大批在全国具有重要影响的企业成长起来,目前中原城市群区域已经发展到23座城市,初步成为具有全国意义的综合性工业区域和城市群。

五、交通网络发达

在中原城市群的形成过程中,伴随着交通网络的大规模建设与不断完善。中原城市群的布局现状首先是沿陇海铁路与京广铁路发展,其次是沿着其他铁路支线与公路线发展。中原城市群区域长期以来一直位于全国铁路网的中枢,作为我国西煤东运、北煤南运以及各大区域物资交流的主要通道之一,目前区域内重要的铁路干线主要有陇海、京广、洛湛、新

---

① 郭津、陈学桦:《大工业成为中原崛起脊梁》,载2009年9月28日《河南日报》。

菏、新石等,郑西客专(郑州—洛阳—西安)已经开通运营,石武客专(石家庄—郑州—武汉)已于 2008 年开始建设,郑渝客专(郑州—平顶山—重庆)河南境内规划已经完成,客运专线的建设使得区域的对外通达度提升到一个新的层次,此外还有一些铁路支线与地方铁路作为国家干线铁路的重要补充。区域内重要公路主要有连霍高速、京珠高速和 107 国道、207 国道、310 国道、311 国道等多条干线,郑州与城市群主要城市之间均有高速公路相连,已经形成了围绕郑州的两小时通勤圈。作为我国重要的干线机场及空中交通枢纽的郑州新郑国际机场位于我国最繁忙的京广航路的中部,又处在沿海地区和西部地区相结合的区域,具有较好的地理位置,机场年旅客保障能力达到 1200 万人次,高峰时每小时可供 4100 名旅客同时进出;洛阳机场目前可满足每年 80 万人次旅客吞吐量、8695 架航班起降架次、5200 吨邮货吞吐量的需求;目前新乡与平顶山的支线机场建设已经提到日程,未来区域内的航空运输将会得到较大提升。区域内通航河道也比较发达,主要以沙河和颍河的水上运输最为重要;已经建成的"西气东输"和正在建设的"南水北调"中线工程,将大大改善中原城市群区域经济与社会发展的限制要素和环境"瓶颈"。由于优越的区位优势与良好的交通网络基础,交通部将郑州列为全国路网的枢纽中心之一,铁道部将郑州列为全国八大铁路枢纽之一,民航总局也将郑州机场列为全国八大枢纽机场之一。目前中原城市群区域已经形成了以郑州为中心,以国家铁路为骨架,地方铁路为补充,辅之以公路、内河航运和航空等组成的综合运输网络,区域综合立体交通优势十分突出。

六、良好的农业基础

发达的农业为中原城市群的形成提供了较好的基础条件。中原城市群区域位于黄淮海平原,地处亚热带与暖温带过渡地域,雨量适中,热量充沛,作物生长期较长,因此非常适宜于多种农作物的生长,具有悠久的农业生产历史,小麦、玉米、烟叶、豆类、芝麻、生猪、肉牛、林果、花木、烟叶、中药材等丰富的农产品在全省乃至全国都占有一定地位。①

　　河南的粮食总产量多年稳定在1000亿斤以上大关,连续九年稳居全国第一位。河南用占全国6%的耕地生产了全国10%以上的粮食,每年向省外输出300亿斤左右的商品原粮及粮食制成品,为国家粮食安全作出了重大贡献。与此同时,河南食品工业连续8年实现25%以上的增长速度。2007年,全省规模以上食品企业2232家,粮食、肉类加工能力分别达到3450万吨和578万吨,均居全国第一位。河南已成为全国名副其实的畜牧养殖大省和食品工业大省。河南生产的面粉、挂面、速冻食品、方便面、味精等市场占有率均为全国第一,食品工业主营业务收入、创造的利税双双跃居全国第二,其中利润占到了全国食品工业利润的10%以上。

　　河南已成为全国最大的肉类生产加工基地、全国最大的速冻食品加工基地、全国最大的方便面生产基地、全国最大的饼干生产基地、全国最大的调味品生产加工基地。河南作为国人"大粮仓、大厨房"的地位和形象,越来越清晰地展现在世人面前。② 良好的农业基础也是中原地区城市规模不断扩大、城市群稳定发展的必要条件之一。

第三节　中原城市群的历史演变过程

一、中原城市群具有深远的历史渊源

　　中原城市群所在区域作为我国古代文明的发源地之一,同时也是我国比较早出现城市的地区之一,城市的形成从夏代晚期至今已有3000多年的历史,城市系统职能已经由单一发展到综合,由孤立的城市发展到城市群组合,城市规模也由小到大,目前已经出现了超大城市,这是长期历

---

① 姚士谋、陈振光、朱英明:《中国城市群》,中国科学技术大学出版社2006年版,第260～262页。
② 刘道兴、吴海峰、陈明星:《改革开放以来河南农业的历史性巨变》,载《中州学刊》2008年第6期。

史演变的结果。

根据姚士谋(2006)等人的研究成果,中原城市群的发展大体可以按照时间顺序划分为四个阶段:城市系统的早期雏形阶段、城市群的萌芽阶段、城市群的发展停滞阶段和城市群网络逐步形成阶段。

二、城市系统的早期雏形阶段

根据相关考古研究与资料显示,早在距今4400多年以前,中原城市群区域就已经有城镇开始出现。

据有关学者统计分析,在史前时期,尤其是龙山文化时期中国境内发现的城址多达50余座,并且主要分布在黄河与长江流域。张玉石研究员分析研究后认为:黄河流域的史前时代城址大致可以划分为河套城址群、中原城址群以及海岱城址群;与此同时长江流域的史前时代城址大致可以划分为川西城址群与江汉城址群。①

到了夏商与西周时期,中原城市群所在区域迄今考古发现的城址就有偃师二里头、荥阳大师姑、偃师商城、郑州商城、新密古城寨城址、辉县孟庄城址、焦作府城址、西周洛邑等共计9座之多。这一时期在中原城市群的历史演进过程中起着至关重要的作用,作为中国历史上第一个国家——夏王朝的都城于这一时期建立在中原城市群区划范围内,为此后中原作为"天下之中"这一崇高地位的确立打下了坚实的基础,同时也为今后中原城市群的发展与长盛不衰在政治与军事意义上打下了坚实的支撑。②

在这以后发展到了春秋时期整个中原地区境内就有大小城镇200个以上,虽然到了战国时期有所减少,但是也有150多个,其分布在全国范围来说最为集中。总体上这一时期的特点是城市规模大多比较小,结构相对比较简单,属于有城而无市。

---

① 张玉石:《史前城址与中原地区中国古代文明中心地位的形成》,载《华夏考古》2001年第1期。
② 张玉霞:《试析中原城市群的历史文化渊源》,载《三门峡职业技术学院学报》2008年第1期。

三、城市群的萌芽阶段

从秦王朝开始,历经西汉与东汉直到北宋,这一时期中原地区城市处于高速发展阶段。

秦王朝确立了郡县制,之后的汉朝继续了这一做法,"汉承秦制",从而使得郡县得到普遍发展;在西汉时期,除了京都长安以外全国有 18 座大都市,其中中原地区即有 4 座;到了东汉末年,整个中原地区除了都城洛阳以外,还有 150 多个县级城市,此外在郡县以下还设置有许多小城邑,至此在中原地区范围内已经基本上形成了由都城、郡治、县城和小城邑等共同组成的四级城镇网络,而此时洛阳、郑州、开封等则成为这一网络的核心城市。

到了隋唐时期,随着大运河的开凿与通航,洛阳和开封一带的城镇因为漕运而得到了极大的促进,而洛阳作为大运河的中枢,拥有比较发达的道路网络通往四方各地,并且在武则天时期曾经一度作为唐朝的东都,并被赋予"神都"这一称号。而开封自从战国时期的鸿沟水系开通以后就逐步成为中原地区河网水运的中心,到了唐朝已经发展成为仅次于扬州的国际贸易中心;到了五代十国时期,开封曾一度成为五代的国都和历史上全国的第二个政治、经济中心;到了北宋时期开封作为都城,全国的政治文化中心,被称为东京汴梁,发展到了顶峰。① 《纽约时报》著名专栏作家克里斯托夫(Nicholas D. Kristof)这样描写开封:"开封,一个位于浊浪滔滔的黄河边的古老城市,在公元 1000 年绝对是世界上最重要的地方……在 11 世纪,开封是宋朝的首都,人口超过百万。与之相比,伦敦那时的人口不过 15000 人……"②

---

① 王圣安、刘科伟:《陕西城市发展研究》,西安地图出版社 1995 年版。
② [美]Nicholas D. Kristof 著,小文译:《从开封到纽约》,载《世界博览》2005 年第 12 期。

四、城市群发展停滞阶段

北宋以后直至元朝,由于这一历史时期政治、经济中心的转移以及连绵战乱的影响,中原地区的城市发展基本上处于停滞状态。一直到近代以来,尤其是随着铁路(陇海、道清、平汉铁路)与矿山(煤矿)的建设,古代封闭的城市结构与模式开始被打破,围绕这些新兴产业逐步开始形成较大的新兴工矿城市(如焦作、郑州、漯河等)和一些小的商业城镇,而那些远离铁路的城镇则开始逐渐衰落。例如起源于明末清初曾经作为我国四大名镇之一的朱仙镇,则逐渐开始衰落成为一个普通小镇。

在抗日战争时期,由于东部地区的工厂、商户以及学校、文化团体等大规模西迁,再加上当时政府为了抗战整体战略大局炸开黄河大堤,形成了大片的黄泛区,因此产生的难民大量逃亡,使得区域内人口大量流失,再加上战争、灾荒等多种因素的影响,因而导致在这一历史时期中原地区的城镇整体上发展比较缓慢。

五、城市群网络形成和发展阶段

中原地区城市群网络的形成是在新中国成立以后,随着工业生产在这一区域的布局以及经济与社会的发展,中原地区的城市也获得了长足发展。在1949年,区域内仅有郑州、开封、洛阳、许昌、漯河、新乡等6个城市,城市人口约65.5万人,建成区面积仅30km^2,城市工业总产值不足1亿元,仅有1个中等城市开封,城市群还没有形成。在"一五"时期国家将河南作为重点建设地区和"三线"建设地区,在焦作与平顶山分别布局了煤炭工业,并开始发展成为矿业城市,同时升格成为省辖市;郑州则于1954年开始成为省会城市,并且伴随着铁路枢纽与棉纺织工业等工业基地的建设,开始逐步发展成为大城市;古都洛阳的一大特色是大中型骨干工业企业集中,"一五"时期的"国家156项重点建设项目"中,洛阳就占了7个,为洛阳打下了雄厚的工业基础,由此洛阳长期位居全国十大重工业城市之列,并逐渐发展成为中等城市。至此中原城市群区域已经形成了以郑汴洛为核心,包括1个大城市,3个中等城市,4个小城市在内的城市群。①

20世纪六七十年代,由于经济发展缓慢,区域内城市格局基本上没有变化,城市数量也基本上保持稳定,城市人口年均仅递增2.1%。在这一时期又有82个骨干企业先后投产,从而使得原有城市的规模有所扩大,新乡和平顶山这两个城市开始步入中等城市行列。

随着改革开放以后经济与社会的快速发展,中原地区的城市发展迎来又一次历史机遇,由于相对比较优越的地理位置与丰富的资源条件,这一区域开始逐渐发展成为国家重要能源重化工基地。工业布局在原有的基础上进行调整,偏重于陇海铁路沿线和平顶山,建立了炼铝、制药、棉纺、电力等工业,区域内城镇的数量开始不断增加,城市面积也在不断扩大,城市区域之间的联系不断增强,已经基本上形成了城市群的雏形。②

第四节 中原城市群发展现状分析

一、中原城市群概况

中原城市群以郑州为中心,洛阳为副中心,包括开封、平顶山、新乡、焦作、许昌、漯河、济源等9个城市在内。土地面积5.87万 km^2,人口3991万人,分别占全省土地面积和总人口的35.64%和40.2%。2008年中原城市群各城市概况如表3-2所示。

表3-2 2008年中原城市群现状指标

	面积/km^2	县级市/个	县/个	区/个	镇/个	人口/万人	GDP		城镇化率/%
							总量/亿元	人均/元	
郑州	7446	5	1	6	72	663	3003.99	40616	62.3

---

① 王圣安、刘科伟:《陕西城市发展研究》,西安地图出版社1995年版。
② 姚士谋、陈振光、朱英明:《中国城市群》,中国科学技术大学出版社2006年版,第262~263页。

续表

	面积/km²	县级市/个	县/个	区/个	镇/个	人口/万人	GDP 总量/亿元	GDP 人均/元	城镇化率/%
开封	6444		5	5	34	484	689.37	14713	37.7
洛阳	15200	1	8	6	62	654	1919.64	30084	42.6
平顶山	7882	2	4	4	38	501	1067.7	21998	40.2
新乡	8169	2	6	4	56	561	949.49	17217	39.2
焦作	4071	2	4	4	36	347	1031.59	30356	45.3
许昌	4996	2	3	1	35	456	1062.05	24706	37.5
漯河	2617		2	3	27	257	550.26	22237	37.5
济源	1931	1			11	68	288.35	42476	47.6
城市群	58756	15	33	33	371	3991	10562.44	26466	43.9
全省	167000	21	88	50	856	9918	18407.78	19593	36.0

数据来源:《河南统计年鉴 2009》①。

如表 3-2 所示,2008 年中原城市群区域合计实现地区生产总值 10562.44 亿元,占全省的 57.1%,是河南省经济最有活力的地区;中原城市群区域的人均 GDP 为 26466 元,比全省平均水平高 35.1%,是河南省区域经济发展水平最高的地区;中原城市群区域城镇化率达 43.9%,比全省平均水平高 7.9%,也是河南省城市化水平最高的地区。

中原城市群所在区域是河南省经济增长的核心区,其经济增长速度高于全省平均增长速度,如表 3-3 所示。

表 3-3 2001~2008 年中原城市群各城市 GDP 增长情况

基期:2001 年

	2002 年	2003 年	2004 年	2005 年	2006 年	2007 年	2008 年	平均
郑州	12.09%	18.74%	25.00%	20.52%	21.25%	23.51%	20.80%	20.27%
开封	6.95%	4.52%	22.56%	18.01%	16.49%	16.86%	24.11%	15.64%

---

① 河南省统计局、国家统计局河南调查总队:《河南统计年鉴 2009》,中国统计出版社 2009 年版。

续表

	2002年	2003年	2004年	2005年	2006年	2007年	2008年	平均
洛阳	15.01%	28.28%	31.89%	22.89%	19.89%	19.62%	20.33%	22.56%
平顶山	8.86%	13.73%	28.49%	19.40%	20.40%	21.58%	30.02%	20.35%
新乡	10.30%	11.30%	21.79%	17.91%	17.61%	21.83%	21.78%	17.50%
焦作	12.07%	18.70%	33.47%	28.15%	19.72%	22.44%	20.51%	22.15%
许昌	11.23%	13.47%	25.29%	17.38%	18.67%	19.05%	24.16%	18.46%
漯河	10.12%	10.36%	26.17%	15.23%	18.05%	14.92%	25.91%	17.25%
济源	20.21%	18.31%	27.98%	19.73%	25.43%	23.59%	28.88%	23.45%
城市群	11.57%	16.78%	26.97%	20.48%	19.77%	20.99%	22.67%	19.89%
全省	9.08%	13.79%	24.55%	23.77%	16.77%	21.43%	22.62%	18.86%

从表3-3中可以看出，中原城市群区域的经济增长速度要略高于河南全省的平均经济增长速度，但是二者差距不大。

这说明目前中原城市群区域虽然是河南省区域经济增长的核心区，但是其经济发展水平还比较低，还不能像发达城市群那样吸引资金、人才等各种要素与资源向这一区域集中，形成强大的集聚效应。这就要求加快中原城市群的建设，使城市群区域经济与社会快速发展，从而形成河南省区域经济的增长极，依靠集聚与扩散效应，带动整个河南省的区域经济，甚至是中部地区的经济快速发展。

二、中原城市群与国内其他城市群比较

促进中部地区崛起的决策给中部各个省区的发展带来了新的战略机遇。中部各地区分别以经济基础与资源环境较好的中心城市为依托，编制了各自的城市群发展规划，目前中部地区已经初步形成了中原城市群、武汉城市圈、长株潭城市群、皖江城市带等四大城市群，这些城市群已经成为各自省区的核心增长极。但是与长三角、珠三角等国内发达地区的城市群相比，包括中原城市群在内的中部城市群在许多方面还有着不小的差距。

为了客观认识中原城市群所处现状,制定科学的发展战略和规划,下面将整体发展水平、产业结构与核心城市等三个方面对中原城市群与国内其他城市群进行比较。考虑到可比性,主要选择了城市数量、土地面积与人口均与中原城市群相差不大的武汉城市圈作为中部地区城市群代表,以及代表国内发达城市群的珠三角城市群进行比较,这几个城市群的基本情况如表3-4所示。

表3-4 各城市群基本情况(2008年)

城市群	包括城市	土地资源		人口资源	
		面积/km²	占全国比	人口总量	占全国比
中原城市群	郑州、开封、洛阳、平顶山、新乡、焦作、许昌、漯河、济源	58756	0.61%	3991	3.01%
武汉城市圈	武汉、黄石、鄂州、孝感、黄冈、咸宁、仙桃、潜江、天门	58051.9	0.60%	3001.3	2.26%
珠三角城市群	广州、深圳、珠海、佛山、江门、东莞、中山、惠州、肇庆	54996.7	0.57%	4771.8	3.59%

通过比较发现,中原城市群不仅远远落后于国内发达的城市群,在某些指标上也落后于同属中部的武汉城市圈,中原城市群存在的问题主要有以下几个方面:

(一)整体发展水平不高

中原城市群与武汉城市圈、珠三角城市群的整体发展水平如表3-5所示。

表3-5 各城市群总体情况比较(2008年)

	城市数量	GDP				人口密度(人/km²)	城镇化水平
		总量/亿元	占全国比	人均/元	占全国比		
中原城市群	9	10562.4	3.51%	26466	116.9%	679.25	43.9%
武汉城市圈	9	6972.11	2.32%	24698	109.1%	517.0	39.3%
珠三角城市群	9	29745.6	9.89%	62643.8	276.7%	867.65	63.4%

从城市数量上看,这三个城市群均为9个城市,但武汉城市圈中有3个县级市(仙桃、潜江、天门),中原城市群和珠三角城市群中没有县级市。

从总量上看,珠三角城市群 GDP 占全国的将近10%,对全国的经济有着较强的影响,而中原城市群的 GDP 仅占全国的3.51%,与珠三角城市群差距较大,但是要高于武汉城市圈的2.32%,这说明中原城市群在中部地区有一定地位,但是在全国经济中的地位不高。

从人均 GDP 来看,中原城市群人均产值比全国平均水平高16.9%,高于武汉城市圈,但是远低于珠三角城市群,这说明中原城市群的经济发展水平虽然在中部地区处于较高水平,但是与全国相比,经济发展水平还处于较低层次,还需要进一步提升。

中原城市群的人口密度高于武汉城市圈,但低于珠三角城市群,这说明目前中原城市群还远未体现出强大的集聚效应。

从城镇化水平来看,中原城市群与武汉城市圈的城镇化水平均低于2008年全国的平均水平45.7%,更是远低于珠三角城市群的63.4%,这说明目前包括中原城市群在内的中部地区城市群城镇化仍然处于较低层次,中原城市群整体发展水平并不高。

(二)产业发展水平低

中原城市群与武汉城市圈、珠三角城市群的产业结构状况如表3-6所示。

表3-6 各城市群产业结构比较(2008年)

	三次产业占GDP比重			进出口		单位产值能耗
	一产	二产	三产	总额/亿美元	占全国比	(吨/万元)
中原城市群	9.09%	60.0%	30.92%	123.87	0.48%	1.435
武汉城市圈	10.92%	45.50%	43.59%	170.27	0.66%	1.452
珠三角城市群	2.39%	50.31%	47.3%	6567.4	25.64%	0.688
全国	11.3%	48.6%	40.1%	25616		1.102

从三次产业结构上看,武汉城市圈的第一产业比重最高,接近全国平

均水平,中原城市群第一产业比重要低于武汉城市圈,而珠三角城市群第一产业比重仅为 2.39%;中原城市群的第二产业比重比全国平均水平高 11.4%,珠三角城市群第二产业比重比全国平均水平高 1.7%,武汉城市圈的第二产业比重比全国平均水平低 3.1%;中原城市群的第三产业比重比全国低 9.18%,武汉城市圈比全国平均水平高 3.49%,而珠三角城市群则比全国平均水平高 7.2%。相比之下,中原城市群第二产业比重过高,第三产业比重太低,与国内发达城市群的水平差距较大。

从进出口总额上看,中原城市群进出口总额仅占全国的 0.48%,不仅低于武汉城市圈的 0.66%,与珠三角城市群的 25.64% 相比,更是显得微不足道。

从万元 GDP 能耗来看,武汉城市圈能耗水平最高,为 1.452 吨标准煤/万元,比全国平均水平高 31.8%;中原城市群为 1.435 吨标准煤/万元,比全国平均水平高 30.2%;而珠三角城市群能耗水平仅为 0.688 吨标准煤/万元,仅为全国平均水平的 62.4%。这说明包括中原城市群在内的中部地区城市群产业层次较低,仍然以要素投入为主,依靠资源的消耗来拉动经济增长,在节能降耗方面还需加大力度。

(三)核心城市龙头作用不突出

近年来,中原城市群的核心——郑州市的发展取得了巨大的成就,但通过与其他城市群进行横向对比就可以看出郑州市的综合实力与城市群的核心地位还存在较大差距,不能发挥作为龙头城市的增长极、辐射源、集散地等功能。虽然在经济总量、地理位置、人才资源、城市功能等方面,郑州都已具有核心增长极的一定条件和基础,但还没有成为具有强大主导作用的经济中心,其经济实力偏弱,集聚与辐射能力不强的问题依然突出。

2008 年,郑州 GDP 仅占河南省的 16.1%。与其他地区相比,广州 GDP 占广东省的 23.0%,杭州占浙江省的 22.0%,福州占福建省的 21.6%。与不太发达地区相比,昆明占云南省的 29.5%,成都占四川省的 31.6%,哈尔滨占黑龙江省的 34.4%,武汉占湖北省的 34.3%,西安占陕西省的 32.4%,长沙占湖南省的 23.9%,郑州 GDP 占全省比重显得偏低。

郑州与中部地区其他中心城市相比发展优势不太明显。2007 年郑州市生产总值仅为武汉市的 77.1%，仅比长沙市多 10.5%，并没有占据绝对优势。郑州市生产总值"十五"时期年均增速 13.6%。与周边城市相比仍处于相对弱势地位。2007 年，郑州市的市辖区人口低于武汉、西安、济南，仅高于石家庄，其中武汉和西安已经是人口超过 500 万的超级城市。郑州市在全国也处于弱势地位。2007 年郑州市市区人口在全国排第 22 位。2008 年上半年，在全国 34 个超千亿元的城市中，郑州生产总值排名第 21 位。由此可见，郑州市在中部地区并没有脱颖而出，与周边城市相比差距依然巨大，在全国仍然处于弱势地位。

在全国所有经济圈中，则以长江三角洲经济区的经济最为发达。2008 年，"长三角"超过 3000 亿元的城市有 6 个，其中上海市达 13698 亿元，位居全国各城市之首，中心城市的龙头作用十分明显。而在中部六省市中，2008 年武汉市 GDP 达到 3960 亿元，在中部地区位居第一。与其他城市群的中心城市相比较之下，中原城市群的区域中心城市郑州则显得龙头作用并不突出。①

---

① 朱杰堂：《中原城市群的突出问题与对策建议》，载《郑州大学学报》（哲学社会科学版）2009 年第 2 期。

第四章　中原城市群职能结构分析

第一节　城市体系结构

一、城市体系结构概述

城市体系是指在一定的地域范围内,以中心城市为核心,各种不同性质、不同规模与不同类型的城市依托完善的交通运输网络而构成的一个相互制约、相互依存的城市群体组织。① 城市体系结构包括职能结构、规模结构和地域结构。

城市体系结构是区域空间联系的基础,要研究中原城市群区域空间联系的形成原因、发展过程,必须先研究中原城市群的体系结构,中原城市群体系结构研究框架如图4-1所示。

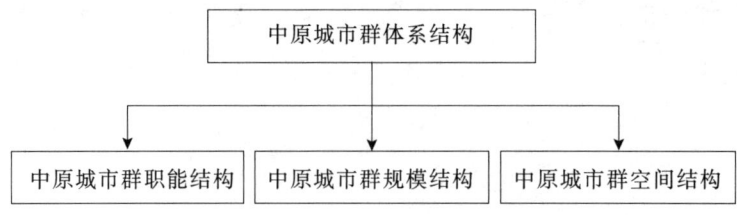

图 4-1　中原城市群体系结构研究框架

---

① Bourne L S, Simmons J W: *Systems of Cities*, Oxford University Press, 1978.

二、城市职能结构

职能结构是指城市体系各成员城市在城市体系的城际联系之中所扮演的角色,反映着不同城市之间的分工协作关系和地域专业化程度。即职能结构主要研究城市群各城市的主体职能,城市突出的优势产业部门,以及产业部门随时间的变换情况,职能结构是城市时空演变研究的一个重要方面。

在城市群的发展与演变过程中,各城市在城市群中产业分工与协作关系时刻都在发生着变动,这就导致城市职能将会随时间发生变迁。在城市规划的实践中,要依据城市的优势产业以及优势资源,对城市的未来发展进行准确定位。[①]

城市职能决定了城市规模,城市职能则是由城市为外部服务的经济活动来决定,因此在研究城市职能结构之前,首先要研究城市经济活动。

三、城市规模结构

在一个国家或区域,由于各个城市所处的内外部条件不完全相同,因此会形成城市之间不同的职能分工,也会形成不同的城市规模,城市人口规模是城市极为重要的一种综合性特征。城市规模分布是指在某区域(国家、地区等)内城市人口规模的层次分布特性,其主要目的是通过研究区域内城市从大到小的序列与其人口规模的关系,以解释区域人口在城市中的分布特征。

规模结构是城市群的三大结构之一,不同区域与不同城市化水平下的城市群,在空间联系的作用下,具有各自不同的发展轨迹,因此也就有了不同的城市等级规模分布特征。规模结构能够反映出城市在不同规模等级中的分布状况及城市人口集中或分散的程度,有助于认识城市群空

---

① 刘海滨、刘振灵:《辽宁中部城市群城市职能结构及其转换研究》,载《经济地理》2009年第8期。

间联系中集聚与扩散发展的规律以及城市群空间联系过程的某些特点。①

本书主要以中原城市群各城市市区非农业人口数量为基础数据,分别从城市首位律、城市金字塔和位序 – 规模法则等三个方面对中原城市群规模结构进行分析,如图 4 – 2 所示。

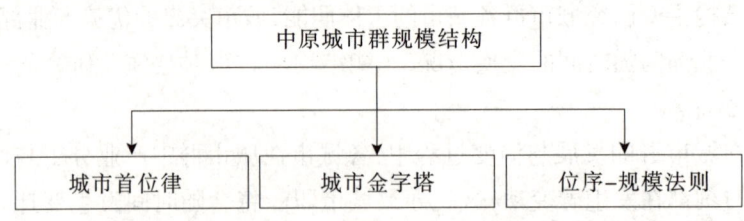

图 4 – 2　中原城市群规模结构研究框架

四、城市空间结构

中原城市群以省会郑州市为中心,以洛阳为副中心,包括开封、新乡、焦作、许昌、平顶山、漯河、济源等在内共 9 个地级市,下辖 14 个县级市,33 个县城,365 个建制镇,中原城市群区域城镇的空间布局现状如图 4 – 3 所示。

城市空间结构是城市群的三大结构之一,是各种空间要素在城市群内的分布状态。城市空间分布是动态的,其发展演变与经济、社会发展等因素密切相关,具有比较明显的阶段性。② 为了更好地了解中原城市群空间分布状态,本书主要用城市空间布局的分形理论、城镇化不平衡指数等量化手段对中原城市群空间结构进行研究与分析。

---

① 赵静、焦华富、宣国富:《安徽省城市体系等级规模结构特征及其调整》,载《长江流域资源与环境》2005 年第 5 期。

② 许学强、周一星、宁越敏编著:《城市地理学》,高等教育出版社 2009 年版,第 226 页。

图4-3　中原城市群城镇布局现状图

第二节　中原城市群城市经济活动分析

一、城市经济活动相关理论

一个城市的全部经济活动按其服务对象可以划分为两大部分:一部分是为本城市以外地区的需要进行服务,另一部分则是为本城市的需要进行服务。

为本城市以外地区服务是指从城市以外为城市创造收入的部分,它是一个城市得以存在和持续发展的经济基础,这一部分的经济活动被称为城市的基本活动,是导致一个城市持续发展的主要动力源泉。基本活动的服务对象都在城市以外,又可以细分为两种情况:一种是离心型的基本活动,例如城市生产的工业产品或城市发行的书刊报纸运到城市以外销售;另一种则是向心型的基本活动,例如外地居民到这个城市来进行旅游、购物、求学或接受医疗等活动。

虽然基本部分是城市发展的主导力量,但不言而喻,基本和非基本两部分是相互依存的。城市的非基本部分应该和基本部分保持必要的比例,当比例不协调时,就会使城市这架复杂的机器运转不正常。

满足城市内部需求的经济活动随着基本部分的发展而发展,因此它被称为非基本活动部分。非基本活动部分也可以细分为两种:一种是为了满足本市基本活动部分的生产而派生的需要;另一种则是为了满足本市居民正常生活所派生的需要。

城市经济活动的基本部分与非基本部分的比例关系称为基本/非基本比率(简称 B/N)。例如一个城市的钢铁工业所生产产品的 80% 供应给外地,剩下 20% 在本城市消费,则钢铁工业部门在本市的 B/N 比为 1:0.25,即为 100:25;同时也可以按照该部门产品从外地与从本地获得的收入两者之比来求得 B/N 比。在更多情况下则是通过折合成劳动力来表示 B/N,如果把一个城市各个经济部门的从业职工划分成基本和非基本两部分,进行计算即可以得到整个城市的 B/N 比。

现代城市的每一个经济部门都可能既为外地服务又同时为本地服务,但是二者的构成状况,即 B/N 比则可能各不相同。有时也可以把基本活动部分占明显优势的经济部门称为基本部门,将非基本活动部分占明显优势的经济部门称为非基本部门。如果一个城市经济生活中基本活动部分的内容和规模日益增长,这个城市就将会势不可挡地要快速发展;反之如果一个城市的基本活动部分由于某种原因而衰落(例如矿业城市由于矿产资源枯竭,港口城市由于港湾淤塞或者腹地丧失,加工工业城市由于输出产品丧失竞争能力等等),与此同时新的基本活动却没有发展起来,那么这个城市就将会无可挽回地趋向衰落。如果当城市的各种条件发生变化,从而促进新的基本部分开始萌发时,衰落的城市还将会重新复兴;这是理解一切城市成长与发展机制的关键钥匙,这就是城市经济基础理论。

目前在研究中主要利用区位商法和最小需要量法这两种方法对城市的基本与非基本经济活动进行划分。

(一)区位商法

区位商法由马蒂拉(J. M. Mattila)与汤普森(W. R. Thompson)首先提出,这种方法的实质是假定全国行业的部门结构就是能够满足全国人口需要的结构,因此各个城市必须有类似的劳动力行业结构才能满足当地的需要。如果低于这一比重的部门,则城市需从外地输入相应产品或者取得相应服务;而当城市某部门比重大于全国比重时,则可以认为此部门除了能够满足本市需要以外还存在有基本活动部分;那么大于全国比重的差额即该部门基本活动部分的比重,将各部门与全国平均比重的正差额进行累加,就能够得到城市总的基本部分。

区位商法的数学模型如公式 4-1 所示:

$$L_i = \frac{e_i/e_t}{E_i/E_t}, i=1,2,\cdots,n \tag{4-1}$$

式中:e_i 表示城市 i 部门的职工人数,e_t 表示城市中职工总人数,E_i 表示全国 i 部门职工人数,E_t 表示全国职工总数。

L_i 为区位商,则 L_i 大于 1 的部门可以被认为是具有基本活动部分的部门。

B_i 为剩余职工指数,若 B_i 小于 0,则可以认为此部门只为本地服务;若 B_i 大于 0,则可以认为 B_i 为 i 部门从事基本活动的职工数,其数学模型如公式 4-2、4-3 所示:

$$B_i = e_i - \frac{E_i}{E_t} \cdot e_t, i=1,2,\cdots,n \tag{4-2}$$

$$B = \sum_{i=1}^{n} B_i, B_i > 0 \tag{4-3}$$

如公式 4-3 所示,B 为城市中从事基本活动的总职工数。

利用区位商法进行研究大大简化了对城市基本和非基本部分进行区分的复杂过程,因而在关于城市经济结构的研究中被广泛采用。

但是区位商法的假设中暗藏了一些前提条件,即国家没有外贸出口,并且全国各城市都有相同的生产率和消费结构。如果对于重要的出口部门也采用全国比重对城市满足本地需要的部分进行衡量,则标准就会显然偏高;除此以外城市之间在同一部门生产率的实际差别与各地域居民消费习惯的差异也会在某种程度上影响最终计算的准确性。整体上来说,以上这些缺陷并不影响区位商法的应用价值。

(二)最小需要量法

与区位商法不同,乌尔曼(E. L. Ullman)和达西(M. F. Dacey)于1960年提出了另外一种划分基本/非基本部分的方法,称为最小需要量法,主要在以下几个方面与区位商法存在差异:

(1)若假定城市经济的存在对各部门的需要存在有一个最小劳动力的比例,并且这个比例近似于城市本身的服务需求,那么一个城市超过这个最小需要比例的部分就可以视为近似于城市的基本部分。

(2)将不同城市按照规模大小进行分组,并分别找出每一规模分组城市中各部门的最小职工比重,然后将这一比重视为这一规模组所有城市对该部门的最小需要量;则一城市某部门实际职工比重与最小需要量之间的差,即为一城市的基本活动部分,将城市各部门的基本部分进行加总,就可以得到整个城市的基本部分。

在实证研究中,用最小需要量法对美国城市的经济基础进行分析,最终得出的结论也证实了城市的非基本部分将会随着城市规模的增大而提高。

乌尔曼和达西按城市规模进行分组来对城市经济的基本/非基本部分进行确定,取得了一定的进步,但是该理论本身还存在需要进一步完善的地方。

在乌尔曼和达西研究的基础上,穆尔(C. L. Moore)对这种方法做了进一步改进,他将城市按规模大小分成连续的14个等级,然后从每一个规模级的城市样本中找出每个部门的最小职工比重和中位城市的规模,利用回归进行分析,最后利用回归方程就能够求得任一个规模城市的某部门所对应的最小需要量,其数学模型如公式4-4所示:

$$E_i = a_i + b_i \lg P \qquad (4-4)$$

E_i是i部门P规模城市的最小需要量,a_i和b_i是参数,a_i,b_i可用公式4-5求得:

$$E_{ij} = a_i + b_i \lg P_j \qquad (4-5)$$

E_{ij}是第j规模级别城市中第i部门实际能够找到的最小职工比重,P_j是第j规模级城市的人口中位数。

穆尔于1970年采用这种方法对美国的333个城市进行了研究与分析,其结果表明除了零售业、建筑业、健康服务业和农业等行业以外,大多数部门的城市规模级别与最小需要量之间存在有很高的正相关关系,并且所有部门都表现出最小需要量随着城市人口增加而上升的趋势,其中以耐用品制造业最为显著。①

二、中原城市群城市经济活动分析

虽然中原城市群区域城市的形成与发展已经有上千年的历史,但是由于各种原因,与沿海地区的发达城市群相比,中原城市群还显得比较落后,主要表现在第二产业比重过高,第三产业发展滞后。而我国沿海地区的发达城市群,尤其是长三角和珠三角城市群,第三产业发展迅速,其比重已经大大超过第二产业,产业结构高级化的趋势十分明显;以上海为例,其金融、保险、信息、高科技、现代服务业等职能大大强化,而作为制造业中心,尤其是传统产业生产基地的地位已经明显有所下降。

考虑到本书主要对中原城市群各城市的主导产业进行研究,因此选择采用区位商法来确定各城市的主导产业。

(一)中原城市群各城市分行业就业现状

按照统计年鉴的分类方法,扣除农林牧渔业,2008年中原城市群各城市分行业在岗职工人数如表4-1所示。

表4-1　2008年中原城市群各市分行业在岗职工

单位:万人

	郑州	开封	洛阳	平顶山	新乡	焦作	许昌	漯河	济源	平均值	标准差
采矿业	7.28		1.51	11.71	0.26	2.89	1.85	0.03	0.35	2.88	4.03
制造业	18.23	6.81	15	10.44	12.6	10.51	7.37	8.78	2.52	10.25	4.66
电力、燃气及水的生产和供应业	2.91	0.73	3.4	1.02	1	1.23	0.74	0.29	0.22	1.28	1.12

---

① 许学强、周一星、宁越敏编著:《城市地理学》,高等教育出版社2009年版,第132~139页。

续表

	郑州	开封	洛阳	平顶山	新乡	焦作	许昌	漯河	济源	平均值	标准差
建筑业	16.41	2	3.24	2.71	4.3	1.66	1.81	1.81	0.25	3.80	4.86
交通运输、仓储及邮政业	2.88	0.26	1.57	1.14	0.97	0.6	0.6	0.39	0.17	0.95	0.85
信息传输、计算机服务和软件业	0.76	0.03	0.18	0.16	0.21	0.19	0.23	0.11	0.03	0.21	0.22
批发和零售业	5.23	1.92	1.95	2.01	2.81	1.12	1.01	0.76	0.25	1.90	1.47
住宿、餐饮业	2.24	0.41	0.72	0.52	0.39	0.3	0.33	0.07	0.11	0.57	0.66
金融业	3.18	0.41	1.31	0.93	0.86	0.8	0.69	0.48	0.12	0.98	0.89
房地产业	2.11	0.27	0.37	0.29	0.39	0.1	0.21	0.21	0.04	0.44	0.64
租赁和商业服务	1.79	0.35	0.79	1.22	0.33	0.23	0.14	0.44	0.07	0.60	0.57
科研、技术服务和地质勘查业	3.2	0.24	2.17	0.36	0.75	0.27	0.32	0.13	0.08	0.84	1.10
水利、环境和公共设施管理业	1.42	0.39	0.93	0.79	0.63	0.65	0.56	0.36	0.22	0.66	0.36
居民服务和其他服务业	0.16	0.16	0.2	0.06	0.2	0.03	0.03	0.02	0.01	0.10	0.08
教育业	11.14	4.67	6.82	5.23	6.43	4	4.75	2.84	0.79	5.19	2.88
卫生、社会保障和社会福利业	4.34	1.81	2.58	1.65	2.43	1.56	1.49	1.09	0.28	1.91	1.14
文化、体育和娱乐业	2.31	0.2	0.43	0.28	0.34	0.25	0.22	0.17	0.04	0.47	0.70
公共管理和社会组织	11.08	4.79	6.5	5.68	5.81	4.18	4.85	2.75	0.57	5.13	2.86
总就业人数	97.06	25.65	49.92	46.38	41.45	30.94	27.39	20.76	6.17	38.41	25.83

注:1. 从业人数为年底数;

2. 数据来源:《河南统计年鉴2009》。

对相关数据进行处理,得到中原城市群各城市分行业职工比重如表4-2所示。

表4-2 2008年中原城市群各市分行业职工比重

单位:%

	郑州	开封	洛阳	平顶山	新乡	焦作	许昌	漯河	济源	平均值	标准差
采矿业	7.50		3.02	25.25	0.63	9.34	6.75	0.14	5.67	6.48	7.83
制造业	18.78	26.55	30.05	22.51	30.40	33.97	26.91	42.29	40.84	30.26	7.81
电力、燃气及水的生产和供应业	3.00	2.85	6.81	2.20	2.41	3.98	2.70	1.40	3.57	3.21	1.54
建筑业	16.91	7.80	6.49	5.84	10.37	5.37	6.61	8.72	4.05	8.02	3.82
交通运输、仓储及邮政业	2.97	1.01	3.15	2.46	2.34	1.94	2.19	1.88	2.76	2.30	0.65
信息传输、计算机服务和软件业	0.78	0.12	0.36	0.34	0.51	0.61	0.84	0.53	0.49	0.51	0.22
批发和零售业	5.39	7.49	3.91	4.33	6.78	3.62	3.69	3.66	4.05	4.77	1.46
住宿、餐饮业	2.31	1.60	1.44	1.12	0.94	0.97	1.20	0.34	1.78	1.30	0.57
金融业	3.28	1.60	2.62	2.01	2.07	2.59	2.52	2.31	1.94	2.33	0.49
房地产业	2.17	1.05	0.74	0.63	0.94	0.32	0.77	1.01	0.65	0.92	0.52
租赁和商业服务	1.84	1.36	1.58	2.63	0.80	0.74	0.51	2.12	1.13	1.41	0.70
科研、技术服务和地质勘查业	3.30	0.94	4.35	0.78	1.81	0.87	1.17	0.63	1.30	1.68	1.29
水利、环境和公共设施管理业	1.46	1.52	1.86	1.70	1.52	2.10	2.04	1.73	3.57	1.95	0.65
居民服务和其他服务业	0.16	0.62	0.40	0.13	0.48	0.10	0.11	0.10	0.16	0.25	0.20
教育业	11.48	18.21	13.66	11.28	15.51	12.93	17.34	13.68	12.80	14.10	2.44
卫生、社会保障和社会福利业	4.47	7.06	5.17	3.56	5.86	5.04	5.44	5.25	4.54	5.15	0.98
文化、体育和娱乐业	2.38	0.78	0.86	0.60	0.82	0.81	0.80	0.82	0.65	0.95	0.54
公共管理和社会组织	11.42	18.67	13.02	12.25	14.02	13.51	17.71	13.25	9.24	13.68	2.93

(二)中原城市群各城市经济活动分析

根据公式4-1,代入相关数据进行计算,得出2008年中原城市群各城市区位商,如表4-3所示。

表4-3　2008年中原城市群各城市区位商

	郑州	开封	洛阳	平顶山	新乡	焦作	许昌	漯河	济源
采矿业	1.64		0.66	5.53	0.14	2.05	1.48	0.03	1.24
制造业	0.65	0.92	1.04	0.78	1.05	1.17	0.93	1.46	1.41
电力、燃气及水的生产和供应业	1.16	1.10	2.64	0.85	0.94	1.54	1.05	0.54	1.38
建筑业	2.00	0.92	0.77	0.69	1.23	0.64	0.78	1.03	0.48
交通运输、仓储及邮政业	0.59	0.20	0.62	0.49	0.46	0.38	0.43	0.37	0.54
信息传输、计算机服务和软件业	0.63	0.09	0.29	0.28	0.40	0.49	0.67	0.42	0.39
批发和零售业	1.27	1.77	0.92	1.02	1.60	0.86	0.87	0.87	0.96
住宿、餐饮业	1.49	1.03	0.93	0.72	0.61	0.63	0.78	0.22	1.15
金融业	1.16	0.56	0.93	0.71	0.73	0.91	0.89	0.82	0.69
房地产业	1.59	0.77	0.54	0.46	0.69	0.24	0.56	0.74	0.48
租赁和商业服务业	0.86	0.64	0.74	1.23	0.37	0.35	0.24	0.99	0.53
科研、技术服务和地质勘查业	1.58	0.45	2.08	0.37	0.87	0.42	0.56	0.30	0.62
水利、环境和公共设施管理业	0.94	0.98	1.20	1.09	0.98	1.35	1.31	1.11	2.29
居民服务和其他服务业	0.38	1.43	0.92	0.30	1.11	0.22	0.25	0.22	0.37
教育业	0.89	1.41	1.06	0.87	1.20	1.00	1.34	1.06	0.99
卫生、社会保障和社会福利业	0.96	1.52	1.11	0.76	1.26	1.08	1.17	1.13	0.97
文化、体育和娱乐业	2.30	0.75	0.83	0.58	0.79	0.78	0.78	0.79	0.63
公共管理和社会组织	1.02	1.66	1.16	1.09	1.25	1.20	1.58	1.18	0.82

利用公式4-2,进一步进行计算,得到中原城市群各城市剩余职工指数,如表4-4所示。

表 4-4 2008 年中原城市群各市剩余职工指数

单位：万人

	郑州	开封	洛阳	平顶山	新乡	焦作	许昌	漯河	济源
采矿业	0.214			2.422		0.138	0.041		0.004
制造业			0.170		0.187	0.531		1.175	0.301
电力、燃气及水的生产和供应业	0.012	0.002	0.144			0.017	0.001		0.002
建筑业	1.390				0.083		0.005		
交通运输、仓储及邮政业									
信息传输、计算机服务和软件业									
批发和零售业	0.061	0.063		0.002	0.072				
住宿、餐饮业	0.017	0.0002						0.0003	
金融业	0.014								
房地产业	0.017								
租赁和商业服务				0.006					
科研、技术服务和地质勘查业	0.039		0.049						
水利、环境和公共设施管理业			0.003	0.001		0.004	0.003	0.001	0.004
居民服务和其他服务业		0.0003			0.0001				
教育业		0.246	0.049		0.165		0.209	0.021	
卫生、社会保障和社会福利业		0.043	0.013		0.029	0.006	0.012	0.006	
文化、体育和娱乐业	0.031								
公共管理和社会组织	0.022	0.357	0.117	0.058	0.163	0.096	0.315	0.056	
从事基本活动总职工数	1.817	0.711	0.545	2.490	0.699	0.792	0.579	1.264	0.311
占总就业数比例	1.87%	2.77%	1.09%	5.37%	1.69%	2.56%	2.12%	6.09%	5.05%

(三) 中原城市群各城市主导产业分析

根据表 4-4 相关数据，得到中原城市群各城市主导产业，如表 4-5 所示。

表 4-5　2008 年中原城市群各城市主导产业

城市	主导产业
郑州市	采矿业,电力、燃气及水的生产和供应业,建筑业,批发和零售业,住宿、餐饮业,金融业,房地产业,科研、技术服务和地质勘查业,文化、体育和娱乐业,公共管理和社会组织
开封市	电力、燃气及水的生产和供应业,批发和零售业,住宿、餐饮业,居民服务和其他服务业,教育业,卫生、社会保障和社会福利业,公共管理和社会组织
洛阳市	制造业,电力、燃气及水的生产和供应业,科研、技术服务和地质勘查业,水利、环境和公共设施管理业,教育业,卫生、社会保障和社会福利业,公共管理和社会组织
平顶山市	采矿业,批发和零售业,租赁和商业服务,水利、环境和公共设施管理业,公共管理和社会组织
新乡市	制造业,建筑业,批发和零售业,居民服务和其他服务业,教育业,卫生、社会保障和社会福利业,公共管理和社会组织
焦作市	采矿业,制造业,电力、燃气及水的生产和供应业,水利、环境和公共设施管理业,卫生、社会保障和社会福利业,公共管理和社会组织
许昌市	采矿业,电力、燃气及水的生产和供应业,水利、环境和公共设施管理业,教育业,卫生、社会保障和社会福利业,公共管理和社会组织
漯河市	制造业,建筑业,水利、环境和公共设施管理业,教育业,卫生、社会保障和社会福利业,公共管理和社会组织
济源市	采矿业,制造业,电力、燃气及水的生产和供应业,住宿、餐饮业,水利、环境和公共设施管理业

根据表 4-5 的相关结论,中原城市群各城市主导产业呈现出如下特征:

1. 主导产业区位商偏低

分行业来看,公共管理和社会组织有 8 个城市将其作为主导产业;电力、燃气及水的生产和供应业,水利、环境和公共设施管理业,卫生、社会保障和社会福利业这三个行业分别有 6 个城市将其作为主导产业;采矿业,制造业和教育业等三个行业分别有 5 个城市将其作为主导产业。这些产业是中原城市群各城市主要的主导产业,优势相对比较突出。

但是从绝对数值上看,多数主导产业的区位商偏低,最高的是平顶山市的采矿业,为5.53。郑州市的建筑业,文化、体育和娱乐业区位商大于2;洛阳市的电力、燃气及水的生产和供应业,科研、技术服务和地质勘查业区位商大于2;平顶山市和焦作市的采矿业区位商大于2,济源的水利、环境和公共设施管理业区位商大于2,其他城市没有区位商大于2的主导产业。

2. 部分产业发展水平低下

交通运输、仓储及邮政业,信息传输、计算机服务和软件业等两个行业没有一个城市将其作为主导产业;金融业,房地产业,租赁和商业服务业,文化、体育和娱乐业等四个行业则分别只有一个城市将其作为主导产业;科研、技术服务和地质勘查业,居民服务和其他服务业这两个行业分别只有2个城市将其作为主导产业。这些产业是中原城市群区域发展比较薄弱的产业,需要以后在发展中重点予以扶持,加速其发展。

3. 各城市主导产业数量差距较大,剩余职工指数偏小

分城市来看,在列入统计的18个行业中,郑州市有10个行业为主导产业,具有一定的优势,开封、洛阳和新乡分别有7个行业为主导产业,焦作、许昌和漯河分别有6个行业为主导产业,平顶山和济源则只有5个行业为主导产业。

从剩余职工指数来看,中原城市群各城市剩余职工指数普遍不大。其中剩余职工占总就业数比例最高的漯河市,为6.09%;其次是新乡市,为5.37%;最低的洛阳市,仅为1.09%。

第三节　中原城市群城市职能分析

一、城市职能相关理论

城市职能是城市科学研究领域内的专门术语,是指某城市在国家或者区域中所起的作用和所承担的分工。在城市职能的各种分类方法中,为了避免一般描述方法主观性与随意性较大等缺点,目前在研究中应用相对比较广泛的主要是统计分析方法和城市经济基础研究的方法。

(一)统计分析方法

为了能够用一种相对比较客观的统计参数来代替人为确定的数量指标对城市主导职能进行衡量,在研究中首先使用了平均值,然后采用了标准差等参数。纳尔逊(H. J. Nelson)于1955年对美国城市进行了职能分类研究,具有十分深远的影响,纳尔逊试图提出一种比较客观与统一的、并且能够被他人检查与理解的衡量方法,来确定城市所承担的足以高出常态的主导职能。纳尔逊研究的特点主要有如下几个方面:

第一,将美国国情普查中24个行业进行归并,分成9种经济活动,作为对城市职能类别进行划分的基础。

第二,分别计算这9种活动的城镇劳动力结构百分比,并且绘制了9个部门劳动力结构百分比的城镇频率分布曲线,结果发现曲线中普遍有峰值出现。

第三,计算所有每种活动的城镇职工百分比的算术平均值(M)和标准差($S.D$),并且以高于平均值加一个标准差作为确定城镇主导职能的标准,以高于平均值以上多少个标准差来作为表示该职能的强度。

第四,按照上述标准来对城市的主导职能进行确定,并对城市主导职能进行分类。

第五,用代号将每个城市的职能类别列出,并且对每一类城市的地理分布进行简要的说明。

纳尔逊的研究方法主要有以下几个优点:

第一,建立在相对比较客观、统一的统计推导方法论基础之上。

第二,一个城市可以有若干个主导职能,属于若干个城市类,比较能够反映城市职能的客观实际状况。

第三,能够对城市主导职能的专门化程度进行反映。

但是纳尔逊的方法也存在一定的缺陷,如实际上并没有对城市职能的相似性和差异性进行比较完全的分类;此外采用平均值加一个标准差的分类标准有些过高,而且并未考虑到城市的规模因素影响。

针对上述的第三点不足,罗伯特(C. A. Robert)采取先将所有城市按规模进行分组,然后在各个规模的分组内部再应用平均值和标准差进行分类。

(二)城市经济基础研究方法

阿列克山德逊则认为城市职能分类应该在扣除掉城市非基本部分以后,在城市基本部分的结构基础上来进行分析,他采取如下的分类步骤:

第一,根据美国864个城市36个行业的职工百分比数据,按照行业将全部城市的职工比重依照从小到大进行排列,并且画出累计分配曲线。

第二,从这中间找出第五个百分位的城市的职工比重作为这一行业的 K 值,某城市大于 K 值的部门即是该城市的形成部门,也即是基本部门;

第三,将超过 K 值标准5~10个百分点的城市称为C类型城市,将超过 K 值标准10~20个百分点的城市称为B类型城市,将超过 K 值标准20个以上百分点的城市称为A类型城市。

第四,一个城市可以有一个或者若干个基本部门。

按照这种方法,阿列克山德逊对每个城市的基本部门的类型进行了分析,如表4-6所示:

表4-6 城市经济基础法城市分类

城市	类型	基本部门
匹兹堡	B	冶金工业
纽约	C	缝纫工业、金融业
普林斯顿	A	教育业
	C	仆役、职业性服务

麦克斯韦尔(J. W. Maxwell)在对加拿大的城市进行分类时做出了创新性的成果,他采用了如下的研究方法:

首先用厄尔曼和达西的最小需要量法对加拿大80个城市13个经济部门职工的最小需要量进行计算,然后在总职工结构中将城市的非基本职工扣除,得到每个城市基本部分的职工结构;最后从这一套资料中演变出三个指标来对城市的职能特点进行分析:

第一,城市的优势职能(dominant function),根据城市基本职工构成中比重最大的部门来确定。他在优势职能的研究中发现在加拿大80个城市中就有 61 个城市的优势职能是制造业,如果单纯采用优势职能进行分类,则必然会掩盖同样以制造业为主的大量城市之间的职能差异,因而又提出一个指标来加以补充和完善。

第二,突出职能(distinctive function),借用纳尔逊的平均职工比重加标准差的方法来对突出职能进行分析。在分析中发现,加拿大城市的突出职能的差异与批发业的比重有着比较大的关系。

第三,城市的专业化指数,主要使用了乌尔曼和达西建立的专业化指数公式来确定,如公式 4-6 所示:

$$S = \sum_{i=1}^{n} \left[\frac{(P_i - M_i)^2}{M_i} \right] / \left[(\sum_{i=1}^{n} P_i - \sum_{i=1}^{n} M_i)^2 / \sum_{i=1}^{n} M_i \right] \quad (4-6)$$

式中:i 为各经济活动部门;P_i 为 i 部门职工在总职工中的百分比;M_i 为 i 部门的最小需要量。

通过采用上面三个指标进行分析,麦克斯韦尔选择城市制造业的基本职工百分比、批发业基本职工百分比、专业化指数和人口规模等四个要素,将所有城市都标在同一幅坐标图上,然后根据这些要素的特点将加拿大的城市分成了五个职能类型:

第一,专业化的制造业城市,专门化指数比较高,制造业的比重比较大,而批发业的比重则比较低。

第二,区域首府(类型1),专业化指数相对不高,制造业相对并不重要,然而批发业比重却比较高,其主要职能是作为地区性的集散中心。

第三,专业城市,专业化指数极高,加工工业与批发业的比重都比较小。

第四,大都市中心,制造业和批发业都比较发达,从而反映了作为综合性大都市的职能特征。

第五,区域首府(类型2),制造业相对而言比较重要,但是在其他职能特征方面则各不相同,因此可以将其看作第一、二、三这几类城市的过渡类型。

虽然麦克斯韦尔用于分类的资料基本上与前人一样,但是在对这些资料进行处理和运用时能够博采众长,突破单个要素的束缚,利用多个指标进行分析,并且初步考虑了城市规模大小不同的因素,表达方法也显得相对比较新颖与直观,本书在研究中就采用了这种方法。①

二、中原城市群各城市职能结构特征

本书主要应用城市经济基础研究方法,同时结合统计分析方法中的职能强度来确定中原城市群各城市的职能结构。将占各城市就业比重最大的部门确定为该城市的优势职能;以高于城市群平均值加一个标准差作为城市主导职能的标准,以高于平均值以上几个标准差来表示该职能的强度。

根据表4-3、表4-4与表4-5的计算结果,同时找出城市群城市中各部门的最小职工比重,以这个比重值作为城市群所有城市对该部门的最小需要量,利用公式(4-6)计算专业化指数,可以得到中原城市群各城市职能结构特征,如表4-7所示。

表4-7 中原城市群各城市职能结构特征

	优势职能	突出职能	职能强度	专业化指数
郑州市	制造业	建筑业	1.325	16.57
		交通运输、仓储及邮政业	0.031	
		信息传输、计算机服务和软件业	0.226	
		住宿、餐饮业	0.779	
		金融业	0.929	
		房地产业	1.406	
		科研、技术服务和地质勘查业	0.254	
		文化、体育和娱乐业	1.634	
开封市	制造业	批发和零售业	0.866	1.46
		居民服务和其他服务业	0.881	
		教育业	0.683	
		卫生、社会保障和社会福利业	0.949	

---

① 许学强、周一星、宁越敏编著:《城市地理学》,高等教育出版社2009年版,第144~151页。

续表

	优势职能	突出职能	职能强度	专业化指数
洛阳市	制造业	公共管理和社会组织	0.704	
		电力、燃气及水的生产和供应业	1.332	4.42
		交通运输、仓储及邮政业	0.305	
		科研、技术服务和地质勘查业	1.069	
平顶山市	采矿业	租赁和商业服务业	0.738	154.12
新乡市	制造业	批发和零售业	0.381	1.40
		居民服务和其他服务业	0.167	
焦作市	制造业			22.38
许昌市	制造业	信息传输、计算机服务和软件业	0.480	11.82
		教育业	0.329	
		公共管理和社会组织	0.375	
漯河市	制造业	租赁和商业服务业	0.008	1.64
济源市	制造业	水利、环境和公共设施管理业	1.498	9.22

根据表 4-7 可以看出,中原城市群各城市职能结构特征主要有以下几个方面:

(一) 优势职能以制造业为主,职能结构趋同现象严重

从整个城市群职能结构特征来看,优势职能主要以制造业为主。在制造业中从业人员比例最高的漯河市为 42.29%,最低的郑州市为 18.78%,平均比例为 30.26%。

在优势职能中除了平顶山市为采矿业以外,其余 8 个城市均以制造业为优势职能。这说明中原城市群各城市的产业结构趋同现象严重。

(二) 城市职能单一,职能强度不高

除郑州、开封、洛阳以外,其他城市仅有少数几项突出职能,其中焦作市没有突出职能。

郑州市有 3 项产业的职能强度大于 1,洛阳市与济源市分别有 2 项和 1 项产业的职能强度大于 1,其余各市的突出职能强度普遍不高,均不大于 1。其中职能强度最高的是郑州的文化体育和娱乐业,职能强度为 1.634;最低的漯河市租赁和商业服务业职能强度仅为 0.008。

(三) 专业化指数不大

各城市的专业化指数普遍不高,传统能源城市平顶山由于情况特殊,其专业化指数高达 154.12,其余各城市中专业化指数最低的新乡市仅为 1.40。只有郑州、平顶山、焦作、许昌等 4 个城市的专业化指数大于 10。

第五章 中原城市群规模结构分析

第一节 规模分布相关理论

一、城市首位律

马克·杰斐逊对51个国家（其中有6个国家为两个不同时段）的情况进行了分析，并将每个国家前三位城市的人口规模与比例关系列出，发现其中有28个国家的最大城市的人口规模是其第二位城市人口规模的两倍以上；有18个国家的最大城市的人口规模大于第二位城市人口规模三倍以上。杰斐逊认为这种现象已经构成了一种规律性的关系，并把这种在人口规模上与第二位城市保持着非常巨大的差距，吸引了全国城市人口的很大一部分，并且在整个国家的政治、经济、社会、文化生活中占据非常明显优势的城市定义为首位城市（primate city）。基于观察到这种比较普遍存在的现象，他提出了城市首位律（law of the primate city），即一个国家的"首位城市"的人口规模总是要比这个国家的第二位城市（更不用说其他城市）大得异乎寻常，而且不仅如此，这个城市还体现了整个国家和民族的智能与情感，在国家经济与社会发展中有着非常突出的影响。

杰斐逊的观察和发现对现代城市地理学做出了非常重要的贡献，目前首位城市的概念已经被广泛使用。在实际研究中人们常采用一定区域内最大城市与第二位城市人口的比值，即城市首位度，也称为二城市指数（S_2），来作为一种对区域内城市规模分布状况进行衡量的常用指标，首位度比较大的城市规模分布,就称为首位分布,如公式5-1所示。

$$S_2 = P_1/P_2 \qquad (5-1)$$

首位度在一定程度上代表了一个城市体系中的城市人口在其最大城市的集中程度,但是在实际应用中未免会出现以偏概全的现象,为了避免首位度二城市指数过于简单化,有人对此进行了改进,提出了4城市指数和11城市指数。

4城市指数如公式5-2所示:

$$S_4 = P_1/(P_2 + P_3 + P_4) \qquad (5-2)$$

11城市指数如公式5-3所示:

$$S_{11} = 2P_1 / \sum_{n=2}^{11} P_n \qquad (5-3)$$

式中,$P_1,P_2,\cdots,P_n$ 为按城市规模从大到小进行排序以后,人口规模排在第 n 位城市的人口规模。

根据首位度的相关理论,正常的2城市指数值为2,4城市指数和11城市指数值为1。由于这三者都关注于第一大城市与其他城市的比例关系,因此被统称为首位度指数。[①]

二、城市金字塔

如果将一个国家或者区域中许多大小不等的城市,按照规模大小进行分等,就会出现一种普遍存在的规律性现象,即在城市规模越大的等级中的城市数量就会越少;而规模越小的城市等级中的城市数量就会越多。把这种城市数量随着规模等级不同而变动的关系用图表的方式表示出来,就形成了城市等级规模金字塔,城市金字塔的基础是大量的小城市,金字塔的顶端则是一个或少数几个大城市,不同规模等级的城市数量之间的相对关系可以采用每一个规模等级的城市数量与其上一规模等级的城市数量相除的商(K值)来进行表示。

城市金字塔只是给我们提供了一种分析城市规模分布的简易途径,

---

① 许学强、周一星、宁越敏编著:《城市地理学》,高等教育出版社2009年版,第163~164页。

如果在研究中注意采用同样的等级标准进行划分,则采用这种方法对不同国家、不同省区或不同时段的城市规模等级体系进行对比分析与研究,还是比较有效的,能够从中发现城市规模等级体系的特点、变化趋势以及存在的问题。

需要强调和注意的是上述"头轻脚重"状的金字塔形结构,是专指城市数量多少随着规模等级大小而变化的一般规律,虽然不同规模等级的城市人口数量结构也可以采取类似的方法来进行分析,但是并不存在随规模等级而呈"头轻脚重"这样一种递变规律。

戴维斯(K. Davis)将城市金字塔的规模等级边界规范化后进行研究,发现如果当城市规模按照倍数进行分级(例如:10万～20万、20万～40万、40万～80万……),则世界大国的城市体系发育基本上符合各个规模等级城市的数目会随着规模等级的降低而成倍增加这一规律。[①]

三、位序－规模法则

与首位律的研究角度不同,位序－规模法则主要是从城市的规模与规模位序关系的研究角度来考察一个城市体系的规模分布。

奥尔巴克(F. Auerbach)早在1913年就已经发现有五个欧洲国家和美国的城市人口资料符合如公式5－4所示的关系:

$$P_i R_i = K \quad (5-4)$$

式中:P_i是一国的城市按照人口规模从大到小进行排序以后第i位城市的人口数量;R_i是第i位城市的位序;K为常数。

罗特卡(A. J. Lotka)在1925年对美国进行研究中发现其符合如下规律:

$$P_i R_i^{0.93} = 5000000 \quad (5-5)$$

因此他给出了一个能够比奥尔巴克的约束性方程更好地对美国1920年的100个最大城市进行拟合的模式,罗特卡研究的主要贡献在于

[①] 许学强、周一星、宁越敏编著:《城市地理学》,高等教育出版社2009年版,第164～165页。

对位序变量允许有一个指数。

辛格(H. W. Singer)在1936年研究中得到了一般性的转换公式,如公式5-6所示:

$$\lg R_i = \lg K - q\lg P_i \tag{5-6}$$

则公式(5-6)就相当于:

$$P_i R_i^q = K \tag{5-7}$$

齐夫(G. K. Zipf)于1949年提出,在经济发达国家里,一体化城市体系的规模分布可以一个比较简单的公式来进行表达,如公式5-8所示:

$$P_r = P_1/R \tag{5-8}$$

式中:P_r是规模第r位城市的人口数量;P_1是最大城市的人口数量;r是城市的位序。

因此一个国家规模第二位城市的人口是最大规模城市人口的一半,规模第三位城市的人口是最大规模城市人口的1/3,以此类推。将这样的位序-规模分布的图解点表示在双对数坐标图上,就会形成一条直线。假若一个国家有着比较强的首位度,则其城市规模分布曲线就会明显偏离位序-规模法则,在强大的首位城市以下缺少位于中间等级的城市。

齐夫的模式并不具有比较普遍的意义,但是作为一种比较理想的均衡状态被很多人接受,目前应用比较广泛的公式实质上是罗特卡模式的一般化,如公式5-9所示:

$$P_i = P_1/R_i^q \text{ 或 } P_i = P_1 \cdot R_i^{-q} \tag{5-9}$$

这里,P_i是第i位规模城市的人口;P_1是规模最大的城市人口;R_i是第i位规模城市的位序;q是常数。

齐夫模式则可以被视为是当$q=1$时的特例。

将(5-9)式进行对数变换,得到公式如下:

$$\lg P_i = \lg P_1 - q\lg R_i \tag{5-10}$$

对于概括国家和区域的城市规模分布来说,公式(5-9)和(5-10)具有相当的普遍性,因而在实际研究中有着比较广泛的应用。如果将研究区域城市体系中的每个城市按照位序和规模表示在双对数坐标图上,就可以利用散点图对城市的规模等级进行比较客观的划分。

对数据进行"$y = a + bx$"形式的一元线性回归分析,如果通过回归分析所得到的相关系数比较大,就表明该城市体系比较符合位序-规模法则;反之则很有可能是首位分布或者其他比较特殊的类型。

a 值的大小显示在坐标图上是回归线的截距,反映了第一位城市的规模。

b 值是回归线的斜率,如果 $|b|$ 值比较接近于 1,则说明规模分布接近于齐夫的理想状态;如果 $|b|$ 值大于 1,则说明规模分布相对比较集中,大城市相对比较突出,而中小城市发育则相对不够成熟,首位度显得比较高;如果 $|b|$ 值小于 1,则说明城市人口相对比较分散,分布在各个等级规模的城市里,高位次城市的规模显得不是很突出,而中小城市的发育则相对显得比较成熟。

如果对多年数据进行对比时 $|b|$ 值变大,则说明城市体系的规模分布趋向于集中的力量要大于趋向于分散的力量;如果 $|b|$ 值变小,则说明趋向于分散的力量要大于趋向于集中的力量。[①]

第二节 中原城市群规模结构分析

一、中原城市群人口规模分布

中原城市群共有 23 个设市城市,其中有 9 个地级以上城市,14 个县级市,按 2008 年相关数据,中原城市群市区非农业人口排序如表 5-1 所示。

表 5-1 中原城市群各城市人口规模分布(2008 年)

位序	城市	市区非农业人口/万人	市区总人口/万人	城市化率
1	郑州市	207.42	276.75	74.95%
2	洛阳市	113.69	158.36	71.79%

---

① 许学强、周一星、宁越敏编著:《城市地理学》,高等教育出版社 2009 年版,第 165~166 页。

续表

位序	城市	市区非农业人口/万人	市区总人口/万人	城市化率
3	平顶山市	77.73	100.71	77.19%
4	新乡市	73.58	100.68	73.08%
5	焦作市	64.76	82.88	78.14%
6	开封市	59.72	84.80	70.43%
7	漯河市	46.14	137.25	33.62%
8	许昌市	40.81	40.81	100.00%
9	辉县市	37.73	80.95	46.61%
10	济源市	25.57	67.96	37.63%
11	登封市	20.16	67.63	29.81%
12	禹州市	19.86	123.88	16.03%
13	新密市	18.80	85.80	21.92%
14	长葛市	16.16	75.10	21.52%
15	新郑市	16.06	67.44	23.82%
16	巩义市	15.89	81.27	19.55%
17	卫辉市	12.06	49.45	24.39%
18	汝州市	11.18	102.63	10.89%
19	荥阳市	11.13	64.00	17.38%
20	偃师市	10.70	85.72	12.48%
21	舞钢市	10.13	32.97	30.74%
22	沁阳市	9.41	48.88	19.25%
23	孟州市	5.83	37.74	15.44%
	合计	924.52	2053.66	45.02%

注：1. 人口为年末数；

2. 地级以上城市为市区人口数，县级市为全部人口数；

3. 资料来源：《中国人口统计年鉴2009》。

二、基于首位律的中原城市群规模结构分析

（一）中原城市群城市首位度现状

按照城市首位度的公式(5-1)、(5-2)和(5-3)，根据表5-1相关

数据,可计算出 2008 年中原城市群的 2 城市指数、4 城市指数和 11 城市指数分别为:

$S_2 = 1.82$

$S_4 = 0.78$

$S_4 = 0.74$

根据首位度的一般规律,在成熟的城市体系中正常的 2 城市指数值为 2,4 城市指数和 11 城市指数值为 1。由以上三个指数可以看出,中原城市群距离成熟的城市体系尚有一定的差距,说明中原城市群仍处于发展完善阶段。

(二)中原城市群城市首位度演化

为了更好地了解中原城市群城市规模结构演化情况,下面对中原城市群的城市首位度指数变化趋势进行分析,中原城市群城市首位度指数变化如表 5-2 所示。

表 5-2 中原城市群城市指数历史演化

年份	1997	1998	1999	2000	2001	2002	2003	2004	2005	2006	2007
S_2	1.463	1.462	1.493	1.536	1.622	1.671	1.670	1.741	1.768	1.757	1.820
S_4	0.666	0.664	0.677	0.693	0.723	0.739	0.732	0.751	0.757	0.755	0.778
S_{11}	0.666	0.665	0.677	0.707	0.737	0.755	0.732	0.745	0.735	0.742	0.737

根据表 5-2,可得到中原城市群的城市指数曲线变化图,如图 5-1、图 5-2 和图 5-3 所示。

从图 5-1、图 5-2 和图 5-3 可以看出,中原城市群的首位度指数呈逐年递增趋势。中原城市群的 2 城市指数从 1997 年的 1.463 增加到 2008 年的 1.824,增长幅度为 24.68%;4 城市指数从 1997 年的 0.666 增加到 2008 年的 0.783,增长幅度为 17.57%;11 城市指数从 1997 年的 0.666 增加到 2008 年的 0.741,增长幅度为 11.26%。

从不同指数的增长幅度情况来看,2 城市指数的增长幅度最高,4 城市指数次之,11 城市指数最低。

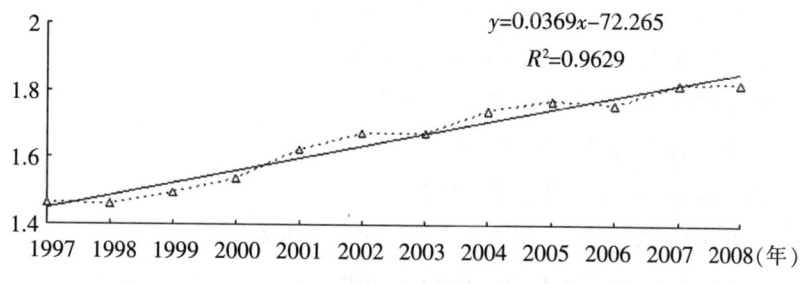

图 5-1 中原城市群 2 城市指数历史演化

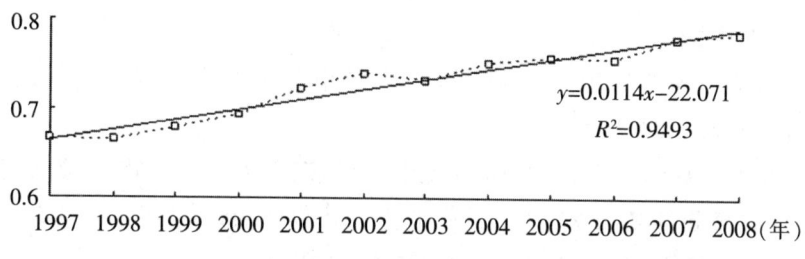

图 5-2 中原城市群 4 城市指数历史演化

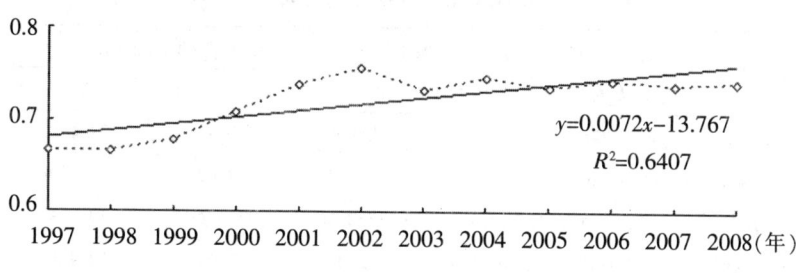

图 5-3 中原城市群 11 城市指数历史演化

三、基于城市金字塔的中原城市群城市规模结构

（一）中原城市群各级别城市构成

按照《中国城市统计年鉴》中我国现行的城市统计分组标准，根据城市市区非农业人口数量对城市规模进行分组：

①超大城市：人口规模在 200 万以上；
②特大城市：人口规模在 100 万至 200 万；
③大城市：人口规模在 50 万至 100 万；
④中等城市：人口规模在 20 万至 50 万；
⑤小城市：人口规模在 20 万以下。

截至 2008 年年底，中原城市群 23 个城市规模构成如下：

①人口规模在 200 万以上的超大城市 1 座：中心城市郑州市；
②人口规模在 100 万 ~200 万的特大城市 1 座：洛阳市；
③人口规模在 50 万 ~100 万的大城市有 4 座：平顶山市、新乡市、焦作市和开封市；
④人口规模在 20 万 ~50 万的中等城市有 5 座：漯河市、许昌市、辉县市、济源市和登封市；
⑤人口规模在 20 万以下的小城市有 12 座：禹州市、新密市、新郑市、巩义市、长葛市、卫辉市、荥阳市、汝州市、偃师市、舞钢市、沁阳市、孟州市。

2008 年中原城市群规模结构如表 5 – 3 所示。

表 5 – 3 中原城市群规模级别构成（2008 年）

城市级别	划分标准（万人）	城市		非农业人口	
		数量（个）	比例（%）	数量（万人）	比例（%）
超大城市	>200	1	4.35%	207.42	22.44%
特大城市	100 ~200	1	4.35%	113.69	12.30%
大城市	50 ~100	4	17.39%	275.79	29.83%
中等城市	20 ~50	5	21.74%	170.41	18.43%
小城市	<20	12	52.17%	157.21	17.00%

（二）中原城市群城市金字塔

从中原城市群城市规模构成数量上来看，超大城市和特大城市各有 1 个，各占 4.35%；大城市有 4 个，占 17.39%；中等城市有 5 个，占 21.74%；小城市有 12 个，占 52.17%。城市规模结构发育程度不良，中等城市数量偏少，小城市数量太多，规模结构整体上呈现出不规则的塔状,如图 5-4 所示。

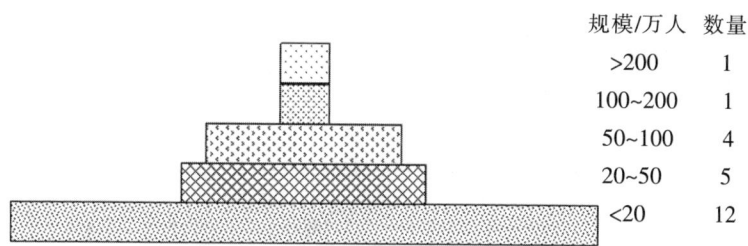

图 5-4 2008 年中原城市群城市金字塔

从中原城市群各级别城市人口数量上来看,2008 年在中原城市群 23 个城市中,大城市、特大城市和超大城市共有 6 座,数量仅占城市总数的 26.09%,但是非农业人口占整个城市群的 64.57%,其中仅郑州和洛阳两市的非农业人口就占到整个城市群的 34.74%;而小城市数量虽然占总数的 52.17%,但是非农业人口仅占整个城市群的 17%。

从城市金字塔上看,中原城市群城市规模结构不合理,中小城市发育不够完善,从目前发展趋势来看,中原城市群规模结构的不规则金字塔结构还将继续相当长时间。

四、基于位序-规模法则的规模结构特征

(一)中原城市群 2008 年位序-规模分布

根据位序-规模法则和表 5-1 的相关数据,作出中原城市群 2008 年所有城市的人口规模和位序的双对数坐标图,如图 5-5 所示。

对相关数据进行回归分析可得回归方程:

$y = -1.0919x + 2.4734, R^2 = 0.9487$

由于回归线的斜率 b 值为 -1.0919,其绝对值大于 1,说明目前中原城市群的规模分布趋势比较集中,人口向大城市集聚的趋势比较明显。

(二)1997~2008 年中原城市群位序-规模分布演化

将 1997~2008 年中原城市群相关数据代入,可以得到中原城市群回归线斜率的变动趋势如表 5-4 和图 5-6 所示。

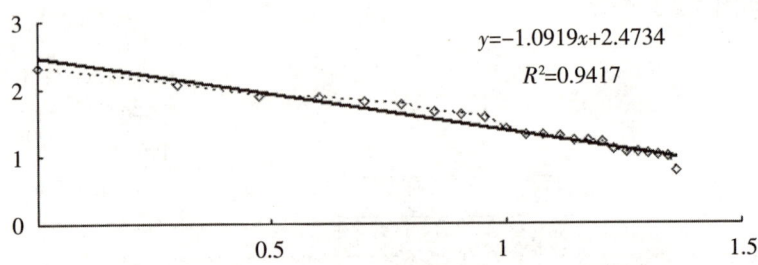

图 5-5 2008 年中原城市群城市位序 - 规模法则分布

表 5-4 中原城市群回归线斜率历史演化

年份	1997	1998	1999	2000	2001	2002
斜率绝对值	1.1	1.0487	1.0459	1.0504	1.0489	1.0948
年份	2003	2004	2005	2006	2007	2008
斜率绝对值	1.0914	1.0945	1.0838	1.0991	1.0853	1.0919

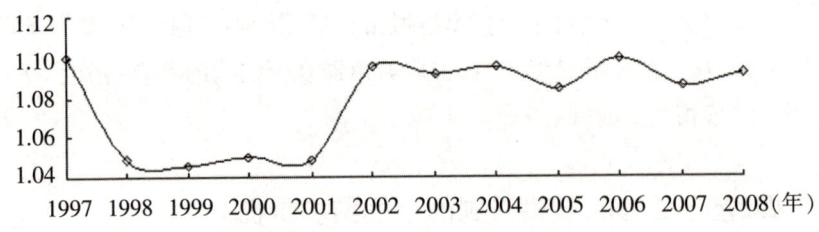

图 5-6 中原城市群回归线斜率变化趋势

从表 5-4 和图 5-6 可以看出,1997~2008 年中原城市群城市规模分布可以分三个阶段:

第一,1998 年以前,趋于均衡发展阶段。

这期间,斜率绝对值从 1997 年的 1.1 降低到 1998 年的 1.0487,城市规模的首位性有所降低,城市规模分布趋于均衡。这一阶段,中原城市群人口分散的力量要大于集中的力量。

第二,1998~2001 年,稳定发展阶段。

这期间,斜率绝对值从 1998 年的 1.0487 到 2001 年的 1.0489,基本保持稳定,城市规模的首位性保持较均衡状态。

第三,2002~2008年,高位稳定阶段。

这期间,斜率绝对值从2001年的1.0489激增到2002年的1.0948,进而增加到2008年的1.0919,城市规模的首位性有所提高,并保持稳定趋势。这一阶段,中原城市群人口集中的力量要大于分散的力量。

从斜率变化可以看出,中原城市群目前中小城市发育不够的问题仍将保持一段时间。

第三节 中原城市群规模结构特征

一、城市首位度低,核心城市不强

一方面说明中原城市群的中心城市郑州还不能充分发挥龙头作用;另一方面也说明中原城市群区域发展仍处于集聚过程中,对区域经济的扩散作用相对不强。

城市首位度在一定程度上反映了核心城市在城市群内的地位,为了能够更好地了解中原城市群首位度状况,现将中原城市群与国内主要城市群的2城市指数做一个横向比较,如表5-5所示。

表5-5 国内主要城市群的2城市指数(2008年)

城市群	指数	城市群	指数
长三角城市群	2.43	川渝城市群	1.58
珠三角城市群	2.83	关中-天水经济区	5.18
京津冀城市群	1.66	武汉城市群	7.61
辽中南城市群	1.58	长株潭城市群	3.16
山东半岛城市群	1.27	中原城市群	1.82

数据来源:《中国城市统计年鉴2009》。

在选取的国内主要的十大城市群中,中原城市群的2城市指数处于第6位,排名比较靠后,落后于中部地区的武汉与长沙,与国内发达的长三角、珠三角等城市群还有很大差距,这说明郑州市远远落后于全国性中心城市,距离地区性中心城市的要求还有较大差距,科技、金融、人才、信息等要素市场体系还需要进一步完善与发展,对区域产业分工与协作的影响力较弱,对城市群地区的吸引与辐射作用并不强,难以独自起到城市群核心的作用,与中部地区的武汉、长沙等城市的集聚与辐射能力相比,还有着不小的差距。

二、人口集中趋势明显,中小城市发育程度不足

目前中原城市群区域内中等城市仅有 5 座,从 2003 年到现在仅增加了 3 座;而小城市数量从 1998 年之后就没有增加。目前中原城市群城市呈现出不规范的金字塔结构。

从 2008 年中原城市群位序 – 规模法则回归线的斜率来看,中原城市群的规模分布趋势比较集中,中小城市发育不够成熟。在进行多年数据分析时发现,最近几年,人口向大城市集聚的趋势比较明显。从斜率变化可以看出,中原城市群目前中小城市发育不够的问题仍将保持一段时间。

从 1998 年到 2008 年,中原城市群各级别城市的数量基本上变化不大,除郑州从特大城市进入超大城市之外,中等城市数量与小城市数量均保持不变,但各个等级城市人口数量增长差异较大,如表 5 – 6 所示。

表 5 – 6　各级别城市人口数量增长情况(1998~2008)

年份		特大及超大城市	大城市	中等城市	小城市
1998	人口	246.72	23.84	82.37	139.41
	比例	34.48%	32.26%	11.51%	19.48%
2008	人口	321.11	275.79	170.41	157.21
	比例	34.73%	29.83%	18.43%	17.0%

如表 5 – 6 所示,从 1998 年到 2008 年,特大城市及超大城市非农业人口占中原城市群比例从 34.48% 略微增长到 34.73%,比例变化不大;大城市非农业人口占中原城市群比例从 32.26% 降低到 29.83%,下降了 2.43%;中等城市非农业人口占中原城市群比例从 11.51% 增加到

18.43%,增长了6.92%;而小城市非农业人口占中原城市群比例从19.48%降低到17.0%,下降了2.48%。

从增长速度上来看,中等城市人口比例占整个城市群体系的比例有较大幅度的增长,这说明在过去一段时期,人口向中等城市集聚的速度要超过向其他规模城市集聚的速度。而小城市人口比例占整个城市群体系的比例有所下降,说明人口向小城市集聚的速度比较慢。

第六章　中原城市群空间结构分析

第一节　基于分形理论空间结构分析

一、分形理论概述

分形理论（Fractal Theory）是美国数学家曼德布罗特（Mandelbrot）于20世纪70年代中期创立的一种数学方法。分形的本意为破碎和不规则，指那些与整体以某种方式相似的部分组成的一类形体，城市地理学的分形研究开始于分形理论的创始人，同时也是城市地理分形研究的奠基人——曼德布罗特所开展的城市规模分布研究。

城镇区域的城市在空间分布上具有比较强的无标度性，因此显示出非常显著的统计分形（fractal）特征。[①] 城市体系的自相似性（self-similarity）意味着人文地理系统的自组织演化受到某种隐含规则的支配，具有优化趋向，因而揭示城镇体系的分形几何特征及其支配法则有着非常重大的理论意义与实践价值。分形理论的引入给城市地理学的理论探讨带来了生机与活力，并由此形成了全新的理论体系。国内学者刘继生等较早地对城镇体系空间结构分形维数的测算方法进行了研究，并对国内相关

[①] 陈涛、陈彦光、刘继生：《城市体系分形特征的初步研究》，载《人文地理》1994年第1期。

城市群的空间结构分形特征进行了分析。① 利用分析理论对城市群的空间结构特征进行描述,主要有如下三种基本分维数②:

(1)聚集维数,从密度的一点相关出发,主要描述系统要素围绕核心聚集的形态,在测算时主要借助回转半径,因而也有人将其命名为半径维数。

(2)网格维数,直接从要素分布出发,主要描述系统的空间构造特征,在测算时主要利用区域的网格化方法进行,主要应用于区域城镇空间分布的均衡性研究。

(3)关联维数,从多点密度出发,主要描述系统要素的相对分布状态,利用城镇之间的欧氏距离来进行测算。

分形理论主要以追求体系和系统结构优化为目的,而城镇体系的分形特征则主要是自然优化的结果。③

目前在传统城镇空间结构研究中应用的归纳方法,将城市空间分布归纳为规则的或不规则的分布,聚集的、随机的或均匀的分布④;然而采用分形理论则能够更加精确地对城市空间分布进行描述。为了确切描述中原城市群空间结构的基本特征量,在此分别利用聚集维数、网格维数、关联维数等三种分维数对中原城市群的空间分布进行研究分析。

二、中原城市群空间结构的聚集维数分析

(一)聚集维数的基本模型

假定城镇体系各要素按照某种自相似规则围绕中心城市(一般是等级体系中的首位城市)呈凝聚态分布,并且分形体呈现各向均匀变化,则可以借助几何测度关系确定半径为 r 的圆周内的城镇("粒子")数目

---

① 刘继生、陈涛:《东北地区城市体系空间结构的分形研究》,载《地理科学》1995 年第 2 期。
② 王良健、周克刚、许抄军等:《基于分形理论的长株潭城市群空间结构特征研究》,载《地理与地理信息科学》2005 年第 6 期。
③ 刘继生、陈彦光:《城镇体系空间结构的分形维数及其测算方法》,载《地理研究》1999 年第 2 期。
④ 许学强、周一星、宁越敏编著:《城市地理学》,高等教育出版社 2009 年版,第 226 页。

$N(r)$ 与相应半径的关系,即有:

$$N(r) \propto r^{D_f} \tag{6-1}$$

与 Hausdorff 维数公式进行类比可知,公式(6-1)中 D_f 为分维。这就表明如果假设正确,则可以利用回转半径法测算城镇体系空间聚集的分维数。现在已经证明上述假设成立,考虑到半径 r 的单位取值会影响分维的数值,可将其转化为平均半径①,若定义平均半径为:

$$R_S \equiv \left\langle \left(\frac{1}{2}\sum_{i=1}^{S} r_i^2\right)^{1/2} \right\rangle \tag{6-2}$$

则一般有如下的分维关系:

$$R_S \propto S^{1/D} \tag{6-3}$$

式中:R_S 为平均半径,r_i 为第 i 个城镇到中心城市的欧氏距离(称重心距),S 为城镇个数,$\langle\cdots\rangle$ 表示平均,D 为分维。

由于这里的 D 反映的是城镇围绕中心城市随机聚集的特征,因此可将其称为聚集维数,可以将其纳入广义的半径维数之列,目前半径维数已经成为一个泛意的概念。②

(二)聚集维数的地理意义

城镇体系的半径维数主要反映出城镇分布从中心城市向周围腹地的密度衰减特征,从公式(6-1)可以引出关系:

$$\rho(r) \propto r^{D_f - d} \tag{6-4}$$

式中:$\rho(r)$ 为城镇体系的空间分布密度,欧氏维数取 $d=2$。

当 $D_f < 2$ 时,$D_f - d < 0$,此时城镇体系的要素空间分布从中心向四周是密度衰减的,空间分布呈集聚态分布,并且如果 D 值越小,则其城镇空间分布的集聚程度就越大;

当 $D_f = 2$ 时,$D_f - d = 0$,$\rho(r)$ 为常数,此时城镇体系的要素分布在半径方向上是均匀变化的,则整个城镇空间分布呈现出均匀分布;

当 $D_f > 2$ 时,$D_f - d > 0$,此时城镇体系的要素分布从中心向四周是密

---

① 陈涛、陈彦光:《城镇体系随机聚集的分形研究》,载《科技通报》1995 年第 2 期。
② 刘继生、陈彦光:《城镇体系空间结构的分形维数及其测算方法》,载《地理研究》1999 年第 2 期。

度递增的,城镇空间分布呈漏斗离散态分布,这是一种非正常的情况。①

以上是就一般半径维数而言,聚集维数的地理意义与此近似,对于分维来说,更深刻的含义主要体现在城镇体系的比较和优化研究方面。②

(三) 中原城市群空间结构的聚集维数测算

利用公式(6-1)、公式(6-2)及公式(6-3)可以比较方便地对城镇体系空间结构的分维进行计算,但是由于研究目的各不相同,因此有着不同的数据处理方法。对于系统分析来说,可以测算整个体系的聚集维数,也可以基于分形体的自相似性进行"窗口"分析,即只测算中心城市周围一定半径范围内城镇分布的分维数。

以郑州为中心来对中原城市群城镇体系的聚集维数进行测算,首先选取比例尺为1:80万的河南省地图进行扫描,然后利用 GIS 软件 Mapinfo 进行地理坐标配准;以郑州市为中心分别测量中原城市群各城市到郑州市的距离r_i,然后将其转换成平均半径R_S,如表6-1所示。

表6-1 中原城市群地区各城市到郑州的距离(r_i)和平均半径(R_S)

城市	郑州市	荥阳市	新密市	新郑市	长葛市	开封市	新乡市	巩义市
r_i(km)	0	28.8	39.2	40	60	63.2	64	64
S	1	2	3	4	5	6	7	8
R_S(km)	0	20.364	28.083	31.488	38.9	43.894	47.292	49.689
城市	焦作市	登封市	禹州市	沁阳市	辉县市	偃师市	孟州市	许昌市
r_i(km)	67.2	67.2	68.0	72.8	78.4	80.8	81.6	82.4
S	9	10	11	12	13	14	15	16
R_S(km)	51.927	53.650	55.109	56.794	58.739	60.582	62.204	63.655
城市	卫辉市	汝州市	济源市	洛阳市	平顶山	漯河市	舞钢市	
r_i(km)	83.2	100.8	104.8	117.6	117.6	134.4	162.4	
S	17	18	19	20	21	22	23	
R_S(km)	64.967	67.459	69.923	73.050	75.768	79.378	84.697	

---

① 尚正永、白永平:《丘陵山区城镇体系的分形特征》,载《山地学报》2007年第2期。
② 刘继生、陈涛:《东北地区城市体系空间结构的分形研究》,载《地理科学》1995年第2期。

数据来源:《中原城市群地区城市体系结构与功能优化研究》①。

将点(R_S,R)作双对数散点图$\ln R_S - \ln S$,对点对$(\ln R_S,\ln S)$利用一元回归进行分析,如图6-1所示。

如果平均半径R_S与城市数S能够满足公式(6-3),则表明中原城市群城镇体系空间结构具有分形特征,其中D即为中原城市群的聚集维数。

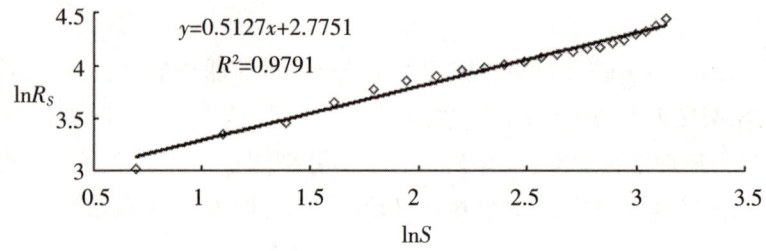

图6-1　中原城市群空间分布结构随机集聚特征

由图6-1可以看出,以郑州为中心对中原城市群空间结构的聚集维数进行测算时,中原城市群地区城市体系空间分布具有比较明显的分形几何特征。

经过计算得出中原城市群区域城市空间分布的聚集维数$D=0.5127$,测定系数$R^2=0.9791$。

这里与长三角城市群进行对比,其聚集维数$D=0.9561$,中原城市群区域的聚集维数要大于长三角城市群。

聚集维数主要说明城镇体系随机分布的向心性,通过中原城市群聚集维数的分析,说明中原城市群区域城市体系空间分布集中程度较高,城市体系的地域分布属集聚型。②

郑州在中原城市群中具有非常突出的中心地位,对周边城市具有较

---

① 郭志富:《中原城市群地区城市体系结构与功能优化研究》,河南大学2005年硕士学位论文,第47~48页。
② 刘晓丽、方创琳、王发曾等:《中原城市群空间组合特征与整合模式研究》,载《和谐城市规划——2007中国城市规划年会论文集》2007年,第55~65页。

强的辐射作用,并且具有较大的辐射范围。但是郑州对周边城市的吸引力向四周逐渐衰减,并且越靠近周边、离郑州越远的城市,其吸引力衰减速度则越快。

三、中原城市群空间结构的网格维数分析

(一)网格维数的基本模型

为了考察中原城市群空间分布的集聚程度,现利用网格维数进行分析。由于绝大多数地理现象(包括城镇)的空间分布具有无标度的分形性质,因此当网格的尺寸改变时所测得的信息量也随之产生变化,此时就可以将其转化为信息维。[①]

对中原城市群区域进行网格化处理,考察被城镇占据的网格数 $N(\varepsilon)$,显然网格数 $N(\varepsilon)$ 将会随着网格尺寸 ε 变化而变化,若城镇分布具有无标度性,则应有:

$$N(\lambda\varepsilon) \propto \lambda^{-\alpha} N(\varepsilon) \quad (6-5)$$

从而有:

$$N(\varepsilon) \propto \varepsilon^{-\alpha} \quad (6-6)$$

与 Hausdorff 维数公式进行类比可知, $\alpha = D_0$ 为分维(称容量维),这里假定城市体系是一个比较均匀的分形体,没有将各个网格中的"镇点"数的差别考虑在内。观察行号为 i、列号为 j 的网格,假设其中"镇点"数目为 N_{ij},整个区域的"镇点"总数为 N,则可近似地定义概率为 $P_{ij} = N_{ij}/N$,于是则有信息量:

$$I(\varepsilon) = -\sum_{i}^{k}\sum_{j}^{k} P_{ij}(\varepsilon) \ln P_{ij}(\varepsilon) \quad (6-7)$$

式中: $K = 1/\varepsilon$ 为区域各边的分段数目,如果城镇体系是分形的,则应有:

$$I(\varepsilon) = I_0 - D_1 \ln\varepsilon \quad (6-8)$$

式中: I_0 为常数, D_1 为分维(称信息维)。

[①] 陈涛:《豫北地区城镇体系的分形研究》,东北师范大学 1995 年硕士学位论文。

据此可以进一步引申出广义维,从而得到多分维谱 D_q。[①]

上述各种维数均系借助网格化测得,因而可以将其统称为网格维数。

(二)网格维数的地理意义

区域城镇空间分布的聚散程度通过网格维数 D_1 的大小来进行反映,从理论上来说网格维数值变化介于 0~2 之间,它反映了一个区域城镇体系分布的均衡性。

当 $D_1=0$ 时,表明此时所有的城镇集中于一点,区域中只有一个城市,这种情况在现实中一般不会出现;

当 $D_1=d=2$ 时,表明此时区域中城镇呈均匀分布,标准的中心地模型即属于这种情况。[②]

一般情况下城镇体系空间结构网格维数 D_1 的取值范围为[1,2],当网格维数 D_1 趋近于 1 时,表明城镇体系均匀地集中于一条线上;当网格维数等于 2 时,则表明区域城镇均匀分布,属于标准的中心地理想模型。

(三)中原城市群空间结构的网格维数测算

网格维数的测算方法类似于聚集维数,既可以对整个区域进行测算,也可以对部分区域作"窗口"分析。现以中原城市群区域为研究区域,考察其城镇体系分布状况。

网格维数的计算是通过将区域内城镇的分布进行网格化来实现,其中包括容积维和信息维两种维数。利用地图截取中原城市群所在的区域,其范围大致为:33.2°N~35.4°N,111.5°E~114.8°E,在统计区域内共有 57 个城镇(包括县城在内),其中开封市和开封县、新乡市和新乡县、许昌市和许昌县由于在地域上连成一片,因此可以分别将其视为一个点,所以合计共有 54 个镇点,即 $N=54$。

将矩形区的边长视为 1 单位(长边与宽边可取不同单位),将中原城市群所在区域的长边与宽边分别平分为 k 等份,则整个研究区域被分成 k^2 个小区域,每一个小区域的尺寸为:

[①] 陈彦光、罗静:《城镇体系空间结构的信息维分析》,载《信阳师范学院学报》(自然科学版)1997 年第 1 期。

[②] Arlinghaus S L: *Fractals Take a Central Place*, *Geografiska Annaler*(Series B): *Human Geography*,1985,Vol. 67,No. 2.:83-88.

$$\varepsilon = 1/k \qquad (6-9)$$

首先统计被分形点(即城镇)所占据的网格数,记为 $N(\varepsilon)$,$N(\varepsilon)$ 将会随着网格尺寸 ε 而变化;其次统计每个网格中的"镇点"的数目 $N_{ij}(\varepsilon)$,则概率 $P_{ij}(\varepsilon)$ 为:

$$P_{ij}(\varepsilon) = N_{ij}(\varepsilon)/N(i,j=1,2,3,\cdots,N) \qquad (6-10)$$

这里 $P_{ij}(\varepsilon)$ 可以近似地被视为城镇落入某个小矩形区内的概率,然后根据公式(6-7)计算相应的信息量 $I(\varepsilon)$,通过改变 ε 从而得到不同的 $N(\varepsilon)$ 和 $I(\varepsilon)$,如表6-2所示。

表6-2 中原城市群区域城镇网格处理空间分布

k	2	3	4	5	6	7	8	9
$N(\varepsilon)$	4	9	14	19	25	33	39	43
$I(\varepsilon)$	1.304	2.074	2.488	2.820	2.820	3.385	3.569	3.707
k	10	11	12	13	14	15	16	…
$N(\varepsilon)$	43	47	50	52	52	53	53	…
$I(\varepsilon)$	3.697	3.809	3.886	3.938	3.912	3.963	3.963	…

数据来源:《中原城市群城镇体系空间结构分形特征及优化启示》[1]

测算分维数一般应结合 ln-ln 双对数坐标图进行,依次取 $k=2,3,4,\cdots,16,\cdots$,从而得到一系列的点对 $[I(\varepsilon),\ln(1/\varepsilon)]$ 和点对 $[\ln N(\varepsilon)-\ln(1/\varepsilon)]$,然后以 $I(\varepsilon)$ 和 $\ln N(\varepsilon)$ 为纵坐标,以 $\ln(1/\varepsilon)$ 为横坐标,画出双对数坐标图,如图6-2所示。

图6-2中间直线部分的斜率即为所求的信息维数和容量维数,相应的范围则为无标度区(scaling range)。

经过计算得到中原城市群区域容量维 $D_0=1.187$,测定系数 $R^2=0.936$;信息维 $D_1=1.342$,测定系数 $R^2=0.906$。

网格维数主要说明了区域内城镇空间分布的均衡性,通过对中原城

---

[1] 杨尚、王发曾:《中原城市群城镇体系空间结构分形特征及优化启示》,载《河南科学》2007年第5期。

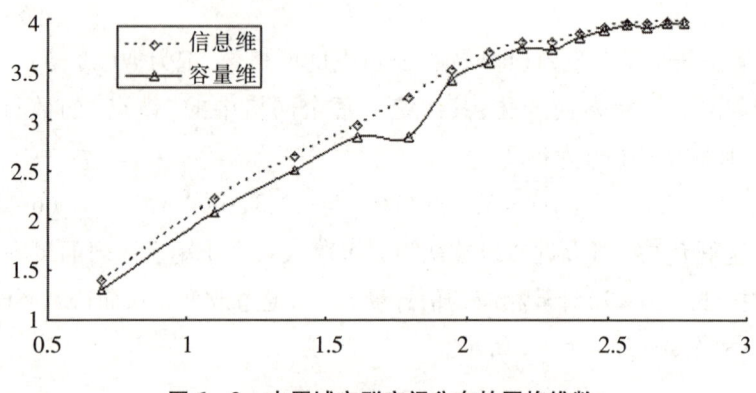

图6-2 中原城市群空间分布的网格维数

市群区域容积维数和信息维数的研究,可以判断出中原城市群区域的城镇集中呈线状分布,这种城镇分布特征主要与农业时期的黄河文明以及工业时期的铁路与交通有很大关系。[①]

目前中原城市群9个主要中心城市均位于铁路线上,其中郑州位于京广与陇海两大铁路干线的交会处,洛阳位于洛湛与陇海两大铁路干线的交会处,新乡则位于京广、新焦与新菏铁路交会处。

从纵向看可以将中原城市群划分为两大城镇密集带,即新郑许漯(新乡、郑州、许昌、漯河)和焦济洛平(焦作、济源、洛阳、平顶山)城镇密集带。

从横向看可以从北到南将中原城市群分为济焦新(济源、焦作、新乡)、郑汴洛(郑州、开封、洛阳)和许平漯(许昌、平顶山、漯河)这三条城镇密集带。

四、中原城市群空间结构的关联维数分析

研究城镇体系的空间结构,不仅要研究中心城市与非中心城市之间的关系,还要研究各个城市之间空间相互作用的规律性及城镇体系空间

---

① 杨尚、王发曾:《中原城市群城镇体系空间结构分形特征及优化启示》,载《河南科学》2007年第5期。

分布特征,城镇体系的空间相关性的分形特征一般用空间关联维数来标度。

(一)关联维数的基本模型

定义城镇体系的空间关联函数为:

$$C(r) = \frac{1}{N^2}\sum_{i=1}^{N}\sum_{j=1}^{N}\theta(r-d_{ij}), i \neq j \qquad (6-11)$$

式中:r 为给定的距离单位码尺(yardstick),d_{ij} 为 i、j 两城镇的欧氏距离,即乌鸦距离(crow distance)①,θ 为 Heaviside 阶跃函数,并具有如下性质:

$$\theta(r-d_{ij}) = \begin{cases} 1, \text{当 } d_{ij} \leq r \text{ 时} \\ 0, \text{当 } d_{ij} > r \text{ 时} \end{cases} \qquad (6-12)$$

其中 $i,j(i,j=1,2,3,\cdots,n)$ 为城市数目。

计算 r 的值,首先要计算 R_s 的值,计算方法如公式(6-2)所示。

如果城镇体系的空间分布是分形的,则其应该具有标度不变性,即有:

$$C(\lambda r) \propto \lambda^{\alpha} C(r) \qquad (6-13)$$

从而有:

$$C(r) \propto r^{\alpha} \qquad (6-14)$$

这里 $\alpha = D$ 即是分维,可将其称为空间关联维数。

对公式(6-14)两边取对数容易得到:

$$\ln C(r) = A + D\ln r \qquad (6-15)$$

式中,A 为常数,D 为空间分维。②

(二)关联维数的地理意义

空间关联维数反映了城镇之间的通达性,从而表示了区域内城市之间的关联性,反映了区域城镇体系空间布局的均衡性。

一般情况下,空间关联维数取值在 0~2 之间,其数值越小,则表示城镇之间联系越紧密,城镇分布高度集中于一地;其数值越大,则表示城镇

---

① [加拿大]Kaye B. H. 著,徐新阳、康雁、陈旭等译:《分形漫步》(*A Random Walk through Fractal Dimensions*),东北大学出版社 1994 年版。
② 刘继生、陈彦光:《城镇体系空间结构的分形维数及其测算方法》,载《地理研究》1999 年第 2 期。

之间相互联系越弱,城镇布局就越均匀。①

在式(6-12)中,如果将 d_{ij} 改为实际的交通里程,即乳牛距离(cow distance),则利用式(6-16)可以得交通网络的关联维数 D',从而可定义牛鸦维数比为:

$$\rho = D'/D \qquad (6-16)$$

ρ 越接近于1,则表明城市之间交通网络通达性越好,从而城镇体系各要素的关联度就越高。②

(三)中原城市群空间结构的关联维数测算

选取中原城市群地区23个城市中心点之间的空间距离,计算中原城市群地区城市体系的空间相关性,以测度中原城市群城市的空间分布状况。

首先经过计算,获得平均距离 $R_s = 11.3214$,作为距离标度 r,选取 $\Delta r = 1.13214$ 作为步长,进一步得到点列 $[r, C(r)]$,如表6-3所示。

表6-3 中原城市群的标度 r 及其对应的关联函数 $C(r)$ 矩阵

序号	1	2	3	4	5	6
r	1.13214	2.26428	3.39643	4.52857	5.66071	6.79286
$C(r)$	23.0	25.0	49.0	83.0	111.0	161.0
序号	7	8	9	10	11	12
r	7.92501	9.05715	10.18929	11.32144	12.45358	13.58573
$C(r)$	197.0	245.0	283.0	319.0	355.0	389.0
序号	13	14	15	16	17	18
r	14.71787	15.85001	16.98210	18.11430	19.24645	20.37859
$C(r)$	421.0	447.0	467.0	487.0	497.0	503.0
序号	19	20	21	22	23	
r	21.51073	22.64288	23.77502	24.90716	26.03931	
$C(r)$	511.0	519.0	525.0	525.0	529.0	

---

① 凌怡莹、徐建华、岳文泽等:《长江三角洲地区城镇体系的分形研究》,载《华东师范大学学报》(自然科学版)2004年第3期。
② 刘继生、陈彦光:《城镇体系空间结构的分形维数及其测算方法》,载《地理研究》1999年第2期。

数据来源:《当代城市化背景下的中原城市群经济整合研究》。①

根据表6-3中标度 r 及其对应的关联函数 $C(r)$,以 $\ln r$ 为横坐标,$\ln C(r)$ 为纵坐标,做它们分布的散点图,如图6-3所示。

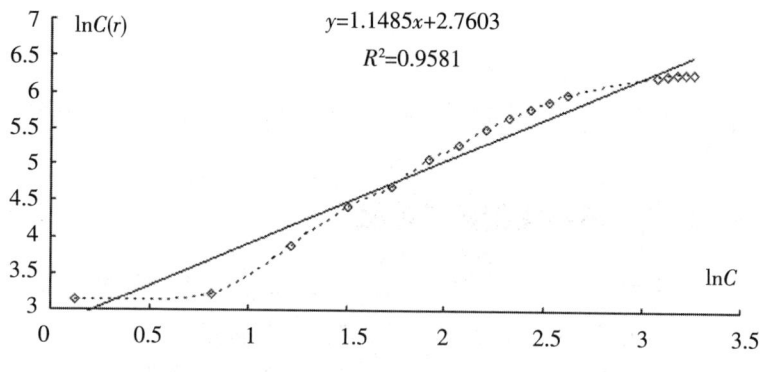

图6-3 中原城市群城市空间分布的关联维数

对表6-3中数据进行线性回归拟合,得到线性回归方程如下:
$\ln C(r) = 1.1485\ln r + 2.7603$

其中,相关系数 $R^2 = 0.9581$,空间关联维数 $D = 1.1485$,大于1但是远远小于2,这说明中原城市群地区城市的空间分布相对集中,空间相互作用比较强,城市空间联系显得较为密切。

若以中原城市群23个城市间的交通距离为矩阵,以步长 $\Delta r = 25\text{km}$ 为距离标度 r,测量计算得到点列 $[r, C(r)]$,以 $\ln r$ 为横坐标,$\ln C(r)$ 为纵坐标,作出散点图,确定分形无标度区,并对其进行线性回归拟合。根据苏朝阳、苗长虹、赵俊远等人的研究成果,交通距离意义下的空间关联维数 $D' = 1.2997$,测定系数 $R^2 = 0.9566$,由此可得出空间关联维数比为:
$\rho = D'/D = 1.2997/1.1485 = 1.1316$

综合以上研究可知,中原城市群空间结构属于局部分形结构,表现为无标度区较窄,城市体系空间结构的分形特征发育不够完全,这说明了城

---

① 刘静玉:《当代城市化背景下的中原城市群经济整合研究》,河南大学2006年博士学位论文,第292~294页。

市与交通网络之间还不是很协调。

其次,无标度区内的分维数比 $\rho = 1.1316$,这说明中原城市群交通网络的通达性比较好,城市体系各要素关联度比较高,城市间联系比较紧密,从而为中原城市群城市间物资、信息、人员等的大规模、高效率的流动与联系提供了比较便利的条件。[①]

第二节 基于城镇化不平衡指数空间结构分析

一、城镇化不平衡指数模型概述

为了解中原城市群不同地区城镇化水平的空间差异程度,了解空间要素的分布情况,引入城镇化不平衡指数这一指标进行分析。

城镇化不平衡指数 I 是衡量一个国家或地区城镇化差异程度的指标,其计算公式为:

$$I = \sqrt{\frac{\sum_{i=1}^{n}\left[\frac{\sqrt{2}}{2}(Y_i - X_i)^2\right]}{n}} = \sqrt{\frac{\sum_{i=1}^{n}d_i^2}{n}}, i = 1,2,3,\cdots,n \quad (6-17)$$

式中:n 为区域个数,X_i 和 Y_i 为相互比较的两组指标。如果 X_i 和 Y_i 差异较小,那么 I 的值就较小,这就反映出这两组指标相对较为平衡;反之,如果两者的值相差比较大,那么 I 的值就会比较大,这就表明相互比较的两组指标不平衡性较为突出。如果将 X_i 和 Y_i 在直角坐标系中进行表示,则离对角线越远的点,其相关两组指标之间的差距就越大;而离对角线越近的点,其相关两组指标之间的差距就越小;而在对角线附近的点,则表示其相关两组指标间差距不大,相对比较均衡。

点到对角线的垂直距离 d_i 为:

$$d_i = \frac{\sqrt{2}}{2}(Y_i - X_i), i = 1,2,3,\cdots,n \quad (6-18)$$

[①] 苏朝阳、苗长虹、赵俊远:《中原城市群地区城市规模结构与空间结构分析》,载《河南科学》2008 年第 4 期。

其绝对值越小,就表明相比较的两组指标差异越小;反之则表示相比较的两组指标差异越大。[①]

在本文中,Y_i 为 i 城市城镇人口占区域城镇人口的比重,X_i 为 i 城市面积占区域面积的比重。I 值越大,就说明中原城市群城镇分布的区域差异越显著;当 I 趋于 0 时,则表明中原城市群城镇呈均衡分布。

二、中原城市群整体城镇化不平衡指数分析

(一)中原城市群城镇人口分布

中原城市群 9 城市面积占全省的 35.18%,但 2008 年城镇人口却占到全省的 49.03%,2008 年中原城市群各市城镇人口与面积如表 6-4 所示。

表 6-4 中原城市群各市城镇人口与土地面积(2008 年)

城市	辖区		城镇人口		总人口		城镇化水平/%	人口密度/人/km²
	面积/km²	比例/%	总量/万人	比例/%	总量/万人	比例/%		
郑州	7446	12.67	413	23.57	663	16.61	62.29	890
开封	6444	10.97	183	10.45	484	12.13	37.81	751
洛阳	15200	25.87	279	15.92	654	16.39	42.66	430
平顶山	7882	13.41	201	11.47	501	12.55	40.12	636
新乡	8169	13.90	220	12.56	561	14.06	39.22	687
焦作	4071	6.93	157	8.96	347	8.69	45.24	852
许昌	4996	8.50	171	9.76	456	11.43	37.50	913
漯河	2617	4.45	96	5.48	257	6.44	37.35	982
济源	1931	3.29	32	1.83	68	1.70	47.06	352
城市群	58756	100	1752	100	3991.00	100	43.90	679

---

① 杨中标、石培基、程红芳:《甘肃省城镇化地域差异研究》,载《干旱区资源与环境》2008 年第 1 期。

(二)中原城市群整体城镇化不平衡指数分析

根据相关数据,代入公式(6-17)进行计算,得到 2008 年中原城市群城镇不平衡指数 $I=4.2737$。

2008 年中原城市群各市土地面积与城镇人口散点图如图 6-4 所示。

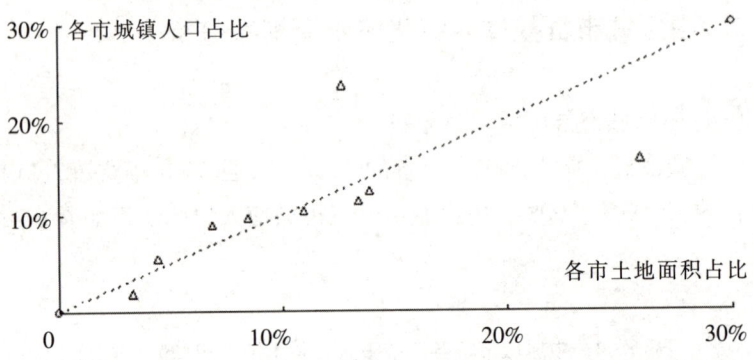

图 6-4　2008 年中原城市群各市土地面积 - 城镇人口散点图

为更好地了解中原城市群区域城镇不平衡指数的变化趋势,现将中原城市群区域各城市 1997~2008 年相关数据代入公式(6-17),得到中原城市群城市不平衡指数的历史演化情况,如表 6-5 和图 6-5 所示。

表 6-5　1997~2008 年中原城市群城镇不平衡指数历史演化

年份	1997	1998	1999	2000	2001	2002
城镇不平衡指数	4.1495	4.1385	4.2095	4.2926	4.4177	4.5176
年份	2003	2004	2005	2006	2007	2008
城镇不平衡指数	4.4367	4.9041	4.6346	4.4975	4.3770	4.2737

通过表 6-5 和图 6-5 可以看出,中原城市群区域城镇不平衡指数的变化大致可以分为两个时期:

第一,不平衡指数增长时期:1997~2004 年。

这期间,除 2003 年有所波动外,不平衡指数一直呈现出增长趋势,到 2004 年达到顶峰。

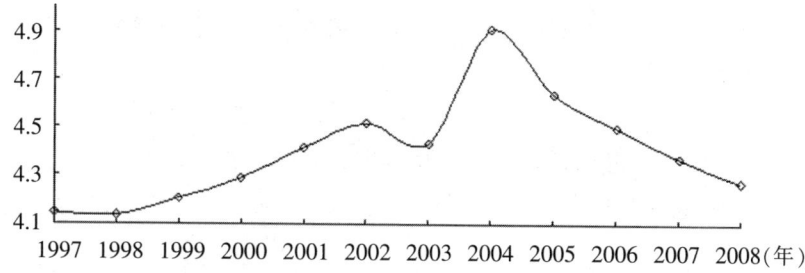

图6-5 中原城市群城镇不平衡指数变化趋势

第二,不平衡指数下降时期:从2004年到现在。

这期间,中原城市群区域城镇不平衡指数一直呈现出平稳下降趋势。

通过中原城市群区域整体城镇不平衡指数变化趋势可以看出,中原城市群空间要素分布很不平衡,城镇化水平参差不齐,但是近年来城镇化不平衡指数呈现出趋于均衡发展的态势。

(三)中原城市群各城镇密集带城镇不平衡指数分析

中原城市群区域城市沿交通线指向性非常明显,其中郑州与洛阳分别位于京广铁路与陇海铁路、洛湛铁路与陇海铁路的交叉点上。

从横向联系看,形成了从北到南"济-焦-新"、"郑-汴-洛"和"平-许-漯"等三条城镇密集带;从纵向联系看,形成了"新-郑-许-漯"、"焦-济-洛-平"这两条城镇密集带,这里运用城镇不平衡指数进一步对这几条城镇密集带的城镇集聚程度进行计算,如表6-6所示。

表6-6 2008年中原城市群城镇密集带城镇人口与土地面积

城镇密集带	土地面积		城镇人口		人口密度	城镇化	城镇化不
	面积/km²	比例/%	人口/万人	比例/%	(人/km²)	水平/%	平衡系数
济-焦-新	14171	24.12	409	23.34	689	41.91	5.7818
郑-汴-洛	29090	49.51	875	49.94	619	48.58	14.4267
平-许-漯	15495	26.37	468	26.71	783	38.55	4.7145
新-郑-许-漯	23228	39.53	900	51.37	834	46.46	7.4386
焦-济-洛-平	29084	49.50	669	38.18	540	42.61	6.1403
中原城市群	58756	100	1752	100	679	43.90	4.2737

从表6-6中几条城镇密集带的相关数据可以看出,在横向三条城镇密集带中,沿陇海线的"郑-汴-洛"城镇密集带城镇人口占了整个城市群的将近一半,城镇化水平最高,超过城市群平均水平,为48.58%,其城镇化不平衡指数也最高;这三个城市中,城镇化水平最高的郑州市为62.29%,最低的开封市仅为37.81%,比郑州市低了24.48%,相差比较悬殊。

南部的"平-许-漯"城镇密集带人口密度较高,但城镇化水平却仅为38.55%,比城市群平均水平低5.35%,是横向三条城镇密集带中最低的;其城镇化不平衡系数也最低,城镇化水平最高的平顶山市为40.12%,最低的漯河市为37.35%,相差2.77%,两者差距不大,这三个城市的城镇化水平均低于城市群平均水平,比较落后。

北部"济-焦-新"城镇密集带,各项指标均居中间,城镇化水平略低于城市群平均水平;这三个城市中,城镇化水平最高的济源市为47.06%,最低的新乡市为39.22%,相差7.84%。

在纵向的两条城镇密集带中,沿京广线"新-郑-许-漯"的城镇人口占了城市群总城镇人口的51.37%,其人口密度比另一条纵向分布的"焦-济-洛-平"城镇密集带高54.44%,也是横向与纵向的城镇密集带中人口密度最高的,其城镇化水平与城镇化不平衡系数也比较高。

从这些不同的城镇密集带相关数据来看,沿京广线与陇海线分布的城镇密集带城镇化水平分别是纵向与横向中最高的,其中沿京广线的"新-郑-许-漯"城镇密集带人口密度最高,发展速度较快。南部的"平-许-漯"城镇密集带城镇化水平最低,发展潜力巨大。

第三节　中原城市群空间结构特征

分别基于分形理论和城镇不平衡指数两种方法对中原城市群空间结构进行分析,发现中原城市群空间结构呈现出如下几个特征:

一、城镇体系具有很强的向心分布特征

通过中原城市群聚集维数的分析,发现中原城市群具有很强的向心分布特征,城市群空间分布集中程度较高。郑州在整个中原城市群中具有比较突出的中心地位,对周边城市辐射作用较强,并且具有较大的辐射范围,但是其吸引力向四周逐渐衰减的速度比较快。

二、城镇体系沿交通线呈线性分布

通过对中原城市群区域网格维数的分析,发现中原城市群区域的城镇集中沿交通线呈线状分布。从纵向可以将中原城市群划分为"新－郑－许－漯"和"焦－济－洛－平"两大城镇密集带,从横向可以分为"济－焦－新"、"郑－汴－洛"和"许－平－漯"这三条城镇密集带。

三、城市与交通网络不协调,交通网络通达性好

中原城市群地区城市的空间分布相对集中,空间相互作用比较强,城市空间联系较为密切。但是无标度区较窄,城市体系空间结构的分形特征发育不够完全,城市与交通网络之间还不是很协调。

中原城市群内交通网络的通达性较好,从而为中原城市群城市间物资、信息、人员等的大规模高效率流动提供了良好的条件。

四、非农人口空间分布与城镇密集带发展水平不平衡

通过中原城市群区域整体城镇不平衡指数可以看出,非农业人口在不同城市密集带分布很不平衡,城镇化水平参差不齐。沿京广线与陇海线分布的城镇密集带城镇化水平分别是纵向与横向中最高的,其中沿京广线的"新－郑－许－漯"城镇密集带人口密度最高,发展速度较快,

今后要着重加强沿交通线的经济带建设。南部的"平－许－漯"城镇密集带城镇化水平最低，具有很大的发展潜力。

第七章　中原城市群空间经济联系

第一节　空间经济联系研究框架

一、经济联系内涵

经济联系是城市群空间联系的重要组成部分,区域经济联系主要表现为经济实体区域间相互作用和关系。进入信息时代以后,随着通信与交通等设施的日益发达,市场化、全球化的快速推进,城市群区域社会与经济的快速发展,城市在区域发展中的地位与作用显得日益重要,城市群区域内部和城市群区域之间的社会联系与经济联系也更加密切与复杂。

交通运输网络与城市群空间网络紧密相关,交通运输网络是形成城市群网络系统的物质条件和必要前提,良好的交通连接与国家、区域和全球层次城市群的空间整合有着密切的联系。在内陆地区的城市群中,高速公路对城市群区域通达性的影响比较显著,而通达性则体现出交通网络中各节点相互作用的机会大小。

城市群内部的经济联系是一个整体概念,从微观方面可以将其进一步细分为人流的相互联系、物流的相互联系、资金流的相互联系、信息流的相互联系等方面,城市群经济联系强度的大小,可以直观地用人流、物流、资金流、信息流等联系数量的大小来表征。[1]

---

[1]　虞蔚:《我国重要城市间信息作用的系统分析》,载《地理学报》1988 年第 2 期。

二、中原城市群经济联系研究框架

对于中原城市群内部的经济联系主要采用节点分析、线路分析与联系作用量分析等方法确定。其中节点分析主要是通过研究中原城市群区域内各节点的经济规模或实力,对联系的节点——中原城市群各城市进行等级划分,从而为城市群区域经济联系研究奠定基础;线路分析则主要是通过分析城市群区域内现有交通网络的特征,对城市群各节点(城市)间的相对可达性进行分析;在节点分析与线路分析的基础上,利用联系作用量模型与隶属度分析中原城市群各城市的空间经济联系及其作用范围。

中原城市群经济联系研究框架如图 7-1 所示。

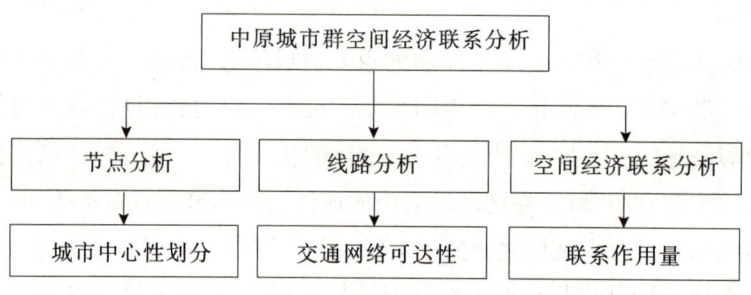

图 7-1 空间经济联系研究框架

第二节 中原城市群中心城市等级划分

一、中心性指数理论内涵

随着城市经济实力和规模大小的变化,其产生的区域经济联系的推动力与潜在的可能性也会随之相应变化。因此对中原城市群各城市进行等级划分很有必要,这里主要采用中心性指数这一量化指标对中原城市群各城市进行等级划分。

中心性(centrality)作为城市地理学中的一个重要概念,又称为"中心度",克里斯塔勒(W. Christaller)于1933年发表了《德国南部的中心地》一书,系统地阐明了中心地的数量、规模与分布模式,初步建立了中心地理论。在克里斯塔勒的研究中所提出的中心地(central place),可以表述为向居住在它周围地域(尤指农村地域)的居民提供各种货物和服务的地方;一个地点的中心性可以理解为一个地点对围绕在它周围地区的相对意义的总和,简而言之,就是中心地所起的中心职能作用的大小,在克里斯塔勒的研究中衡量中心性的主要指标采用城镇的电话门数来衡量。[1]

鉴于中心城市的吸引、辐射和服务等功能具有复杂性与综合性等特点,因此采用单一指标的测度方法并不能全面而准确地反映中心性的内涵,所以在克里斯塔勒研究的基础上,许多学者做了进一步研究,通过采用零售业和服务业销售额、城镇间实际交互作用等多种指标来对中心性进行度量。

在继承和发展克里斯塔勒研究思想的基础上,国内学者也展开了大量关于城市中心性的研究,并且结合了我国城市发展的实际情况,在具体指标选取上做了一系列改进。

陈田(1987)认为城市经济影响能力主要取决于城市投资集聚能力、市场集聚规模和技术、经济的水平状况,在对15个经济变量进行分析研究后得出结论,认为我国城市经济活动的差异主要受到城市经济活动规模的制约,并提出我国已形成了5级区域经济影响中心,7个一级城市经济影响区域。[2]

宁越敏(1993)对20世纪80年代以来我国中心城市的发展及空间扩散进行了理论探讨,并采用市区非农业人口、全市工业总产值和市区邮电业务总量等3个经济指标对全国符合标准的35个主要城市的中心性指数进行了计算与排序,指出我国中心城市的发展具有空间不平衡的特点,

---

[1] 许学强、周一星、宁越敏编著:《城市地理学》,高等教育出版社2009年版,第204~205页。
[2] 陈田:《我国城市经济影响区域系统的初步分析》,载《地理学报》1987年第4期。

各中心城市的空间扩散效应也各不相同,在两者之间存在着一定联系。①

薛东前(2000)分析了省会城市作为省内综合性、单一中心进行建设的弊端,诸如条块分割、资源浪费和产业结构趋同等,同时指出了省会城市职能类型分离和转移的方法及步骤,并且采用与此相类似的指标对我国省会城市职能进行了界定,对各省的中心城市进行了判别,在此基础上提出了改善我国省会城市职能结构的建设与配置思路。②

林涛(2000)根据最新的城市统计资料,选取了6个认为比较能够反映城市经济实力、物质实力和社会实力的代表性指标,对1996年我国大城市的实力指数进行了分析评价。③

周一星(2001)认为城市中心性是指一个城市为它以外地方服务的相对重要性,用以衡量一个城市中心地位高低的重要指标;在回顾了国内外中心性相关研究的基础上,根据城市统计资料,采用最小需要量和主成分分析等方法,对1997年全国223个地级以上城市的中心性等级体系进行了实证研究,并且根据城市中心性指数的大小将我国城市划分成五级体系。④

此外,顾朝林(2001)⑤、张志斌(2005)⑥等人也在城市中心性这方面做了大量研究。

二、中心性指数指标选取与模型构建

(一) 中心性指数指标选取

根据前人的研究成果,结合中原城市群的发展现状,本文选取了以下

---

① 宁越敏、严重敏:《我国中心城市的不平衡发展及空间扩散的研究》,载《地理学报》1993年第2期。
② 薛东前、姚士谋、李波:《我国省会城市职能类型的分离与职能优化配置》,载《地理科学进展》2000年第2期。
③ 林涛、刘君德:《我国中心城市的近今发展》,载《城市规划》2000年第3期。
④ 周一星、张莉、武悦:《城市中心性与我国城市中心性的等级体系》,载《地域研究与开发》2001年第4期。
⑤ 顾朝林、柴彦威:《中国城市地理》,商务印书馆2002年版,第244~312页。
⑥ 张志斌、靳美娟:《中国西部省会城市中心性分析》,载《人文地理》2005年第1期。

5 项指标来对中原城市群各城市中心性进行测度:

(1)非农业人口——城市的重要特征就是非农业人口的聚集,非农业人口的数量反映了城市的集聚能力。

(2)GDP 总量——全面反映城市的经济实力与物质基础。

(3)固定资产投资——反映城市的投资规模。

(4)社会消费品零售总额——反映城市的集散能力和市场发展水平。

(5)科技人员数量——反映一个城市科技发展水平的重要指标。

(二)中心性指数模型构建

中心性指数计算方法如下:

假设对 n 个城市的 m 项指标进行综合评价,其指标集矩阵为 X_{ij}(其中 $i=1,2,\cdots,n;j=1,2,\cdots,m$),则第 i 个城市的第 j 项指标中心性 C_{ij} 如下:

$$C_{ij} = X_{ij} \bigg/ \frac{1}{n}\sum_{i=1}^{n} X_{ij} \tag{7-1}$$

在分别计算以上 m 项指标的基础上,进一步计算第 i 个城市的中心性 C_i 如下:

$$C_i = \frac{1}{m}\sum_{j=1}^{m} C_{ij} \tag{7-2}$$

三、中原城市群各市中心性指数计算

(一)中原城市群各市相关数据

根据河南省统计局所编《河南统计年鉴2009》,中原城市群各市非农业人口等 5 项相关指标如表 7-1 所示。

表 7-1 中原城市群相关数据(2008 年)

	郑州	开封	洛阳	平顶山	新乡	焦作	许昌	漯河	济源
非农人口/万人	413	183	279	201	220	157	171	96	32
GDP 总量/亿元	3003.99	689.37	1919.64	1067.7	949.49	1031.59	1062.05	550.26	288.35

续表

	郑州	开封	洛阳	平顶山	新乡	焦作	许昌	漯河	济源
固定资产投资/亿元	1770.64	303.85	1100.61	421.21	772.78	636.14	521.72	246.55	134.91
消费品零售额/万元	12062520	2585532	5770830	2457981	2777914	2217815	2485749	1571238	501969
科技人员数/人	54854	5879	24146	16767	15571	13660	10796	3777	4100

(二) 中原城市群各城市中心性指数计算

按照公式进行计算,求得中原城市群各城市所有指标的得分和,以下是中原城市群各城市中心性指数,如表7-2所示。

表7-2 2008年中原城市群各城市中心性指数

	郑州	开封	洛阳	平顶山	新乡	焦作	许昌	漯河	济源
C_i	2.81	0.61	1.56	0.86	0.96	0.82	0.78	0.40	0.20

(三) 中原城市群各城市中心性指数排序

按照中原城市群各城市的中心性指数进行排序,对中原城市群各城市的中心性进行了等级划分,如表7-3所示。

表7-3 中原城市群各城市等级划分

等级	C_i	城市
一级中心	$C_i \geq 2.5$	郑州
二级中心	$1.5 \leq C_i < 2.5$	洛阳
三级中心	$0.8 \leq C_i < 1.5$	平顶山、新乡、焦作
四级中心	$C_i < 0.8$	开封、许昌、漯河、济源

中原城市群9个中心城市可以分为四个级别的中心:

一级中心:郑州市;

二级中心:洛阳市;

三级中心:平顶山市、新乡市和焦作市;

四级中心:开封市、许昌市、漯河市和济源市。

第三节 中原城市群各城市可达性分析

一、中原城市群高速公路网络发展现状

自1994年12月郑州—开封高速公路建成通车以来,中原城市群区域的高速公路建设事业飞速发展,至2008年年底,中原城市群区域已建成高速公路里程达2280km。目前,中原城市群区域已基本建成由国道主干线和国家重点干线组成的三纵三横高速公路大通道,形成了以两条国道主干线、七条国家重点干线和四条省干线为依托,以省会郑州为中心,连接各个地市的高速公路网,中原城市群区域高速公路网络现状如表7-4所示。

表7-4 中原城市群高速公路网络现状

城市	面积/km²	人口总量/万人	GDP/亿元	高速公路里程/km	高速公路密度	
					km/百 km²	km/百万人
郑州	7446	663	3003.99	408.8	5.49	61.66
开封	6444	484	689.37	264.6	4.11	54.67
洛阳	15200	654	1919.64	246.5	1.62	37.69
平顶山	7882	501	1067.7	343.2	4.35	68.50
新乡	8169	561	949.49	283.2	3.47	50.48
焦作	4071	347	1031.59	193.4	4.75	55.73
许昌	4996	456	1062.05	263.6	5.28	57.81
漯河	2617	257	550.26	110.4	4.22	42.96
济源	1931	68	288.35	166.4	8.62	244.71
合计	58756	3991	10562.44	2280.1	3.88	57.13

高速公路网络是中原城市群空间经济联系的重要载体,同时也是中原城市群一体化发展的必要条件,便捷、快速的高速公路在中原城市群的形成与发育过程中起到了重要作用。

通达性是中原城市群区域经济一体化联系与发展的先决条件,下面根据中原城市群区域高等级公路网络的连接矩阵和最短路矩阵,对中原城市群各城市的可达性进行评价。

二、中原城市群城市间连接矩阵与最短路径矩阵

(一)中原城市群城市间连接矩阵

如果以两城市之间直接相连计为1,两城市之间不直接相连计为0,根据中原城市群高速公路拓扑网络图相应地可以作出中原城市群区域城市间的连接矩阵 $T = (C_{ij})_{20 \times 20} (i,j = 1,2,\cdots,n \text{ 且 } i \neq j)$,此处 $n = 20$。如表7-5所示(由于舞钢市、辉县市、孟州市等城市没有高速公路与任何城市相通,因此没有列入表内进行计算)。

表7-5 中原城市群高速公路网络连接矩阵

	郑州	巩义	新密	荥阳	新郑	登封	开封	洛阳	偃师	平顶山	汝州	新乡	卫辉	焦作	沁阳	许昌	禹州	长葛	漯河	济源
郑州	—	0	1	1	1	0	1	0	0	0	0	1	0	1	0	0	0	0	0	0
巩义	0	—	0	1	0	0	0	1	0	0	0	0	0	0	0	0	0	0	0	0
新密	1	0	—	0	1	1	0	0	0	0	0	0	0	0	0	0	0	0	0	0
荥阳	1	1	0	—	0	0	0	0	0	0	0	0	0	0	0	0	0	0	0	0
新郑	1	0	1	0	—	0	0	0	0	0	0	0	0	0	0	0	1	0	0	0
登封	0	0	1	0	0	—	0	1	0	0	0	0	0	0	0	1	0	0	0	0
开封	1	0	0	0	0	0	—	0	0	0	0	0	0	0	0	1	0	0	0	0
洛阳	0	0	0	0	0	1	0	—	1	0	1	0	0	0	0	0	0	0	0	1
偃师	0	0	0	0	0	0	0	1	—	0	0	0	0	0	0	0	0	0	0	0
平顶山	0	0	0	0	0	0	0	0	0	—	1	0	0	0	0	1	1	0	1	0
汝州	0	0	0	0	0	0	0	1	0	1	—	0	0	0	0	0	0	0	0	0
新乡	1	0	0	0	0	0	0	0	0	0	0	—	1	1	0	0	0	0	0	0
卫辉	0	0	0	0	0	0	0	0	0	0	0	1	—	0	0	0	0	0	0	0
焦作	1	0	0	0	0	0	0	0	0	0	0	1	0	—	1	0	0	0	0	0
沁阳	0	0	0	0	0	0	0	0	0	0	0	0	0	1	—	0	0	0	0	1

续表

	郑州	巩义	新密	荥阳	新郑	登封	开封	洛阳	偃师	平顶山	汝州	新乡	卫辉	焦作	沁阳	许昌	禹州	长葛	漯河	济源
许昌	0	0	0	0	0	0	1	0	0	1	0	0	0	0	0	—	1	1	1	0
禹州	0	0	0	0	0	1	0	0	0	1	0	0	0	0	0	1	—	1	0	0
长葛	0	0	0	0	1	0	0	0	0	0	0	0	0	0	0	1	1	—	0	0
漯河	0	0	0	0	0	0	0	0	0	1	0	0	0	0	0	1	0	0	—	0
济源	0	0	0	0	0	0	0	1	0	0	0	0	0	1	0	0	0	0	0	—

(二)中原城市群最短路径矩阵

从城市i到城市j需要的最短路径数所形成的矩阵称为最短路径矩阵。连接矩阵的平方$T^2 = C_{ij}$表示从城市i到城市j通过1个城市而不直接相连的全部方法,则其最短路径数为2,T^3则表示通过2个城市而不直接相连的全部方法,则其最短路径数为3;以此类推直到T^n,此时所有节点均直接或间接相连,即整个矩阵中没有0元素出现,则此时的最短路径数为n。

中原城市群的连接性矩阵在经过6次运算之后,得到了其最短路径矩阵$T^6 = (S_{ij})_{20 \times 20}(i,j=1,2,\cdots,20)$,如表7-6所示。

表7-6 中原城市群高速公路网络最短路径矩阵

	郑州	巩义	新密	荥阳	新郑	登封	开封	洛阳	偃师	平顶山	汝州	新乡	卫辉	焦作	沁阳	许昌	禹州	长葛	漯河	济源	合计
郑州	—	2	1	1	1	2	1	3	3	4	4	1	2	1	2	3	3	2	4	3	43
巩义	2	—	3	1	3	3	3	2	1	4	3	3	4	3	4	5	4	4	5	3	60
新密	1	3	—	2	1	1	2	3	3	3	3	2	3	2	3	2	2	3	4	3	46
荥阳	1	1	2	—	2	3	2	2	5	2	3	4	5	4	5	4	3	3	3	1	55
新郑	1	3	1	2	—	2	2	3	4	3	4	2	3	2	3	2	2	1	3	4	47
登封	2	3	1	3	2	—	3	2	2	2	2	3	4	2	1	2	1	2	2	4	45
开封	1	3	2	2	2	3	—	4	4	3	4	2	3	2	3	1	2	2	2	4	47
洛阳	3	2	2	2	3	2	4	—	1	2	1	4	5	3	2	5	3	2	3	1	48

续表

	郑州	巩义	新密	荥阳	新郑	登封	开封	洛阳	偃师	平顶山	汝州	新乡	卫辉	焦作	沁阳	许昌	禹州	长葛	漯河	济源	合计
偃师	3	1	3	2	4	2	4	1	—	3	2	4	5	4	3	4	3	4	4	2	58
平顶山	4	4	3	5	3	2	2	2	3	—	1	5	6	5	4	1	1	2	1	3	57
汝州	4	3	3	4	2	3	1	2	1	4	—	5	6	4	3	2	2	3	2	2	56
新乡	1	3	2	2	3	2	4	4	5	5	5	—	1	1	2	4	3	4	5	3	56
卫辉	2	4	3	3	4	3	5	5	6	6	1	2	—	2	3	5	5	4	6	4	74
焦作	1	3	2	2	3	2	3	4	5	4	2	3	1	—	1	4	4	3	5	2	53
沁阳	2	4	3	3	4	3	4	3	2	4	3	2	3	1	—	5	4	4	5	2	59
许昌	3	5	4	4	3	4	2	1	4	4	4	1	4	5	4	—	1	1	1	2	55
禹州	4	2	4	2	1	2	3	1	2	4	2	4	5	4	4	1	—	1	2	3	50
长葛	2	4	3	3	1	2	1	3	4	2	3	4	3	4	3	1	1	—	2	4	51
漯河	4	5	4	5	3	3	2	3	4	1	2	5	6	6	5	5	1	2	—	4	66
济源	3	3	3	4	2	4	1	2	3	2	1	4	3	2	1	4	3	4	4	—	56

矩阵中的元素 S_{ij} 表示 i 和 j 两城市间最短路径的线路数目,反映了两个城市之间的特定连接关系,其数值越小,则反映两个城市之间交通越便捷,反之则表示交通不便。[①]

三、可达性评价指标

(一) 连接程度评价指标

连接程度主要采用通达指数和通达率指标这两个指标进行评价。

最短路矩阵中第 i 行元素之和 E_i 即为城市 i 的通达指数。通达指数 E_i 是指在整个高速公路网络中,从 i 城市到其他所有城市的最短路径经过线路数目的总和,如公式(7-3)所示。

$$E_i = \sum_{i=1}^{n}\{S_{ij}\}, i,j = 1,2,\cdots,n \qquad (7-3)$$

---

① 李红、张平宇:《辽宁中部城市群高等级公路网络发育程度评价》,载《城市发展研究》2009 年第 7 期。

矩阵中第 i 行最短路径数目之和(E_i)除以节点数(N)即为 i 城市的通达率(β_i),反映了 i 城市平均连接的线路数。通达率 β_i 反映了城市 i 在整个网络中的通达性状况,其数值越小,则表明城市 i 在网络中的通达性越好;反之则表明城市 i 在网络中的通达性越差,如公式(7-4)所示。

$$\beta_i = E_i/n, 0 \leq \beta \leq (n-1)/2 \qquad (7-4)$$

(二)伸展程度评价指标

伸展程度评价指标主要包括伸展指数(D)、网络直径(δ)和"点对"间平均线路数(A)等三个指标。

伸展指数(分散指数)D 是用来衡量高速公路网络中总通达程度与联系水平的指标,表示各个城市最短路径矩阵元素之和,反映出城市群交通网络的扩展规模。其数值越小则说明网络内部的联系程度越高,通达性越好,如公式(7-5)所示。

$$D = \sum_{i=1}^{n}\sum_{j=1}^{n}\{S_{ij}\}, n(n-1) \leq D \leq n^2(n-1)/2 \qquad (7-5)$$

矩阵中所有最短路径数目之和除以城市的节点数即为区域通达性,即 D/n 反映了整个网络的通达程度;在城市个数相同条件下其数值越小,表明整个高速公路网络的通达性越好,网络越完善;反之,则表明整个高速公路网络的通达性越差,网络越不完善。

网络直径 δ 表示网络最短路径矩阵元素 S_{ij} 中的最大值,反映了高速公路网络中最远的两个城市之间最短路径的线路数,如公式(7-6)所示。

$$\delta = \max\{S_{ij}\}, 1 \leq \delta \leq n-1 \qquad (7-6)$$

"点对"间平均线路数 A 表示网络最短路径矩阵元素的总和 S_{ij} 与城市"点对"数的比值,反映了对偶两城市间线路数的平均值,如公式(7-7)所示。

$$A = \sum_{i=1}^{n}\sum_{j=1}^{n}\{S_{ij}\}/n(n-1), 1 \leq A \leq n/2 \qquad (7-7)$$

(三)城市群区域各城市网络支配能力评价指标

城市群区域各城市的网络支配能力主要通过趋中率(Z)来进行评价。趋中率是度量 i 城市在网络中所处位置的指标,其数值为网络中最大通达指数与 i 城市通达指数之差,除以网络中最大通达指数与最小通达指数之差的比值。其值越大,则表明 i 城市就越接近于网络的交通中心,如公式 7-8 所示。①

$$Z_i = \frac{\max(E) - E_i}{\max(E) - \min(E)} \qquad (7-8)$$

四、中原城市群整体可达性计算

(一)中原城市群高速公路网络连接程度

中原城市群高速公路网络的通达指数空间差异明显,如表 7-7、图 7-2 所示。

表 7-7 中原城市群各市高速公路网络通达指数与通达率

	郑州	巩义	新密	荥阳	新郑	登封	开封	洛阳	偃师	平顶山
通达指数	43	60	46	55	47	45	47	48	58	57
通达率	2.15	3	2.3	2.75	2.35	2.25	2.35	2.4	2.9	2.85
	汝州	新乡	卫辉	焦作	沁阳	许昌	禹州	长葛	漯河	济源
通达指数	56	56	74	53	59	55	50	51	66	56
通达率	2.8	2.8	3.7	2.65	2.95	2.75	2.5	2.55	3.3	2.8

1. 通达指数

通达指数的平均值为 54.1,高于此值的城市数为 11 个;通达指数排在前五位的城市为郑州、登封、新密、新郑、开封,通达指数分别为 43、45、46、47、47,均为郑州周边城市;通达指数排在后五位的城市为卫辉、漯河、巩义、沁阳、偃师,通达指数分别为 74、66、60、59、58,主要为周边城市;通达指数最高值与最低值之差为 31。

2. 通达率

通达率排在前五位的城市为郑州、登封、新密、新郑、开封,通达率分别为 2.15、2.25、2.3、2.35、2.35;通达率排在后五位的城市为卫辉、漯

---

① 程连生:《中国新城在城市网络中的地位分析》,载《地理学报》1998 年第 6 期。

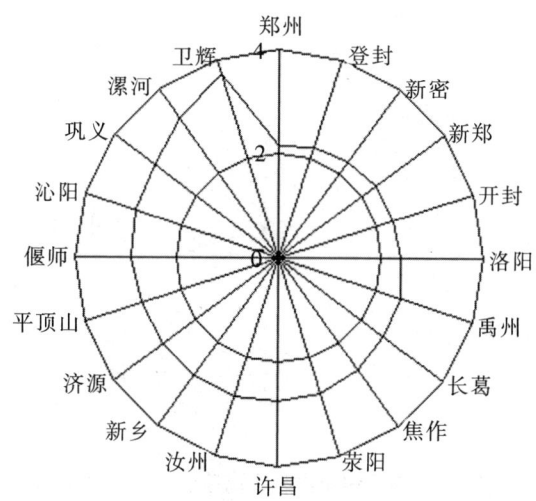

图7-2 中原城市群各市高速公路网络通达率

河、巩义、沁阳、偃师,通达率分别为3.7、3.3、3.0、2.95、2.9;通达率最高值与最低值之差为1.55。

(二)中原城市群高速公路网络伸展性

中原城市群高速公路网络的伸展指数 D 为1082,区域通达性指数为54.1;城市群区域网络直径 δ 为6;"点对"间平均线路数 A 为2.85。

从整体上来看中原城市群区域高速公路网络的伸展性较好,高速公路网络基本形成,但是还有待于进一步完善。

(三)中原城市群各城市支配能力

根据公式(7-8),计算出中原城市群区域各城市的趋中率,如表7-8和图7-3所示。

表7-8 中原城市群各市高速公路网络趋中率

城市	郑州	巩义	新密	荥阳	新郑	登封	开封	洛阳	偃师	平顶山
趋中率	1	0.45	0.9	0.61	0.87	0.94	0.87	0.84	0.52	0.55
城市	汝州	新乡	卫辉	焦作	沁阳	许昌	禹州	长葛	漯河	济源
趋中率	0.58	0.58	0	0.68	0.48	0.61	0.77	0.74	0.26	0.58

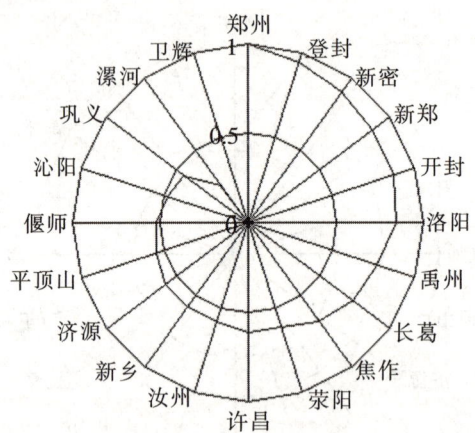

图 7-3 中原城市群各市高速公路网络趋中率

从表 7-8 和图 7-3 可以看出,趋中率排在前几名的城市依次是郑州、登封、新密、新郑、开封等城市,与通达性较好城市的次序完全吻合。

五、中原城市群可达性分析评价

(一)网络通达性整体较好,部分地区存在空白

中原城市群区域高速公路网络发育程度较好,高速公路网络基本形成,与国内其他城市群相比,高速公路网络整体上通达性比较完善。但中原城市群区域高速公路网络还需要完善,横向联系有待于进一步加强。如北部的辉县市、孟州市,南部的舞钢市,没有高速公路通过,网络存在空白。

(二)通达性呈现明显的"核心-外围"特点

中原城市群高速公路网络通达性呈现明显的"核心-外围"特点,郑州市位于中心位置,位于核心圈的郑州、登封等五个城市通达指数平均值为 45.6,路网结合程度较高,高速公路网络发育较好。处于外围圈层城市的高速公路网络发育程度较低,路网扩展潜力巨大。

(三)不同方向城际路网连接水平有一定差异

不同方向城际路网连接水平有一定差异。东西向最远两城市最短路

径数为 4,南北向最远两城市的最短路径数为 6,说明整个城市群区域高速公路网络建设存在一定的不均衡。

(四)城市中心等级与可达性不匹配

中原城市群各中心城市通达指数、通达率与趋中率如表 7-9 所示。

表 7-9 中原城市群各中心城市可达性排序

等级	城市	通达指数	通达率	趋中率	可达性排序
一级中心	郑州	43	2.15	1	1
二级中心	洛阳	48	2.4	0.84	3
三级中心	平顶山	57	2.85	0.55	8
	新乡	56	2.8	0.58	6
	焦作	53	2.65	0.68	4
四级中心	开封	47	2.35	0.87	2
	许昌	55	2.75	0.61	5
	漯河	66	3.3	0.26	9
	济源	56	2.8	0.58	6

从表 7-9 中可以看出,郑州市的通达指数与通达率最低,说明郑州在整个城市群交通网络中通达性最好,其趋中率为 1,说明郑州位于整个交通网络的中心,这对于强化其核心地位非常有利。

而在其他等级城市中,可达性排序与城市中心性等级并不完全吻合,如二级中心洛阳市的可达性综合排名第 3,而四级中心开封市的可达性则排名第 2,三级中心平顶山市的可达性则排名第 8,仅比四级中心漯河市的可达性稍好。

高速公路网络的发育程度对未来区域经济、社会发展以及城市群一体化进程具有重要影响。为了更好地发挥各级中心城市的核心作用,需要在进行高速公路网络规划与建设时,向高等级中心倾斜,提高其可达性水平,更好地发挥其在区域经济联系中的作用。[①]

---

① 本节部分内容发表于《西南交通大学学报》(社会科学版)2010 年第 1 期,题名:《中原城市群高速公路网络发育程度评价》。

第四节　中原城市群空间经济联系分析

一、引力模型理论内涵

城市作为一个巨大的物质实体,在相互之间必定存在着某种物理引力,从而可以借助牛顿万有引力公式近似地计算它们之间经济联系的力量。英国人口统计学家雷文茨坦(E. G. Ravenstein)于1880年首开了将牛顿引力模型应用于社会科学研究的先河。[①] 美国学者威廉·J. 雷利(W. J. Reilly)利用三年时间调查了美国150个城市,并根据牛顿力学的万有引力理论于1931年提出了"零售引力规律",总结出都市人口与零售引力之间的相互关系,被称为"雷利法则"或"雷利零售引力法则",从而为区域空间联系研究提供了可供借鉴的定量分析工具,其公式如下所示[②]:

$$\frac{T_A}{T_B} = \frac{P_A}{P_B}\left(\frac{d_B}{d_A}\right)^2 \qquad (7-9)$$

式中: T_A, T_B 分别代表某中间城市被吸引到 A 城和 B 城的贸易额;

P_A, P_B 分别代表 A 城和 B 城的人口;

d_A, d_B 分别代表 A 城和 B 城到中间城市的距离。

根据这个规律,一个城市对其周围地区的吸引力与其规模大小成正比,与距离的平方成反比。

Zipf于1946年对这一模型做了进一步的研究与理论阐释,在他所著的 The $P_1 \times P_2 / D$ Hypothesis: on the Intercity Movement of Persons 中对两城市间空间相互作用水平进行了分析研究,并在运算上采用铁路运输量、电话通话量,以及相似的社会或经济交流形式的数量来进行定义,并提出了公式 $(P_1 \times P_2)/D$,即两城市人口的积,除以它们之间的距离。Zipf利用这一公式计算了他所研究区域内所有"城市对"的数据,并且将其画在双

[①] 谢文蕙、邓卫编著:《城市经济学》,清华大学出版社2008年版,第89~90页。
[②] Reilly W J: *The Law of Retail Gravitation*, The Knickerbocker Press, 1931.

对数纸上,由此发现了两个城市间的相互作用水平将会随着距离的变化而呈现出一种线性关系。[1]

康弗斯(P. D. Converse)进一步发展了赖利的理论,并于 1949 年提出了"断裂点"(Breaking Point)的概念,即两个城市间的分界点(断裂点)可以用下列公式求出:

$$d_A = \frac{d_{AB}}{1 + \sqrt{P_B/P_A}} \qquad (7-10)$$

式中:d_A 为从断裂点到 A 城的距离;

d_{AB} 为 A 和 B 两个城市间的距离;

P_B 为较小城市 B 城的人口;

P_A 为较大城市 A 城的人口。

根据这一公式,A 城由于规模比较大,因此其吸引区也比较大,所以将会把断裂点推向更靠近 B 城的地方。

断裂点公式在实际运用中存在着相当大的局限性,因为城市人口规模并不能完全反映城市的实际吸引力,如果能够根据本地区的具体情况,选择出若干比较具有代表性的指标来确定城市吸引区的边界,将会更加符合这个城市的实际情况。[2]

20 世纪 90 年代以来,国内一些学者开始将引力模型应用于区域经济联系的定量研究中,例如王德忠和庄仁兴等对上海与苏锡常地区经济联系的研究[3],李国平等人对深圳与珠江三角洲区域经济联系的测度与分析。[4] 在郑国等人所做的研究中应用了空间相互作用的引力模型,主要从城际联系、省际联系和外向性联系等 3 个不同的层面上对山东半岛

---

[1] Zipf G K: The $P_1 \times P_2/D$ Hypothesis: on the Intercity Movement of Persons, American Sociological Review, 1946, Vol. 11, No. 6.

[2] 许学强、周一星、宁越敏编著:《城市地理学》,高等教育出版社 2009 年版,第 194～196 页。

[3] 王德忠、庄仁兴:《区域经济联系定量分析初探——以上海与苏锡常地区经济联系为例》,载《地理科学》1996 年第 1 期。

[4] 李国平、王立明、杨开忠:《深圳与珠江三角洲区域经济联系的测度及分析》,载《经济地理》2001 年第 1 期。

6个城市的经济联系方向进行了研究。①

二、引力模型构建

(一)城市个体间的经济联系量

经济联系量,也称为空间交互作用量,是衡量区域间经济联系强度大小的指标,它既能够反映经济中心城市对周围地区的辐射能力,也能够反映周围地区对经济中心辐射能力的接受程度。由于本论文的研究对象主要是中原城市群区域中的城市经济联系,因此根据已有的研究成果采用如下的引力模型:

$$E_{ij} = \sqrt{P_i G_i \times P_j G_j}/D_{ij}^2 (i,j=1,2,\cdots,n \text{ 且 } i \neq j) \quad (7-11)$$

式中:E_{ij}表示两个城市经济联系的强度;P_i,P_j为两城市市区非农业人口数;G_i,G_j为两城市市区的GDP;D_{ij}为两城市之间的距离。

通过计算每个城市和其他各个城市的引力值E_{ij},可以得到引力矩阵T_{ij}。

(二)城市群经济作用总强度

SE为城市群体经济作用的总强度,则有公式:

$$SE = \sum_{i=1}^{n}\sum_{j=1}^{n} E_{ij} (i,j=1,2,\cdots,n \text{ 且 } i \neq j) \quad (7-12)$$

(三)城市对外经济联系总强度

E_j为城市j对外经济联系总强度,则有公式:

$$E_j = \sum_{i=1}^{n} E_{ij} (i,j=1,2,\cdots,n \text{ 且 } i \neq j) \quad (7-13)$$

(四)经济联系隶属度矩阵

$$G_{ij} = E_{ij}/E_j \quad (7-14)$$

G_{ij}为城市i与城市j间经济联系强度占城市j对外经济联系强度总和的比例,即经济联系隶属度,采用矩阵形式表示。

---

① 郑国、赵群毅:《山东半岛城市群主要经济联系方向研究》,载《地域研究与开发》2004年第5期。

(五)城市群相互经济联系熵

由于城市群经济作用强度大小并不能反映城市群数量多少、规模大小以及所构成的复杂程度等相关内容,因此将热力学中"熵"的概念引入,对城市群结构进行近似描述。熵可以作为系统混乱程度或者复杂程度的度量,熵值越大,则反映城市数量越多,规模悬殊差距越大,因此定义城市群相互经济联系熵为 HE[①]:

$$HE = -\sum_{i=1}^{n}\sum_{j=1}^{n} G_{ij} \lg G_{ij} \qquad (7-15)$$

三、中原城市群空间经济联系

(一)中原城市群相关数据

1. 中原城市群各城市人口与GDP

中原城市群各城市人口和GDP数据来源于《中国城市统计年鉴2009》,中原城市群各城市相关指标如表7-10所示。

表7-10　2008年中原城市群各市市区非农业人口与GDP

	郑州	开封	洛阳	平顶山	新乡	焦作	许昌	漯河	济源
非农业人口/万人	207.42	59.72	113.69	77.73	73.58	64.76	40.81	46.14	25.57
GDP/亿元	1276.3	167.9	623.45	379.4	278.5	201.5	133.5	320.6	288

2. 中原城市群城市间距离矩阵

考虑到城市群的各城市之间主要以公路联系为主,因此采用公路里程作为经济距离,相关里程数据通过电子地图软件测量而得,中原城市群城市间距离矩阵如表7-11所示。

---

① 谢文蕙、邓卫编著:《城市经济学》,清华大学出版社2008年版,第89~90页。

表 7-11　中原城市群城市间距离矩阵

单位:km

	郑州	开封	洛阳	平顶山	新乡	焦作	许昌	漯河	济源
郑州									
开封	78								
洛阳	148	219							
平顶山	170	187	167						
新乡	72	97	182	215					
焦作	105	176	118	255	66				
许昌	90	117	217	70	162	194			
漯河	155	157	245	95	227	251	65		
济源	159	188	72	201	153	79	233	282	

(二)中原城市群相关数据计算

1. 中原城市群城市间引力矩阵

根据公式(7-11),代入相关数据进行计算,得到 2008 年中原城市群城市间引力矩阵 T_{ij},如表 7-12 所示。

表 7-12　中原城市群城市间引力矩阵(2008 年)

单位:亿元·万人/km²

	郑州	开封	洛阳	平顶山	新乡	焦作	许昌	漯河	济源
郑州		8.47	6.25	3.06	14.21	5.33	4.69	2.60	1.75
开封	8.47		0.56	0.49	1.52	0.37	0.54	0.49	0.24
洛阳	6.25	0.56		1.64	1.15	2.18	0.42	0.54	4.41
平顶山	3.06	0.49	1.64		0.53	0.30	2.59	2.31	0.36
新乡	14.21	1.52	1.15	0.53		3.75	0.40	0.34	0.52
焦作	5.33	0.37	2.18	0.30	3.75		0.22	0.22	1.57
许昌	4.69	0.54	0.42	2.59	0.40	0.22		2.12	0.12
漯河	2.60	0.49	0.54	2.31	0.34	0.22	2.12		0.13
济源	1.75	0.24	4.41	0.36	0.52	1.57	0.12	0.13	

根据表 7-12 相关数据,将城市间引力排名前 10 位的城市对选出,如表 7-13 所示。

表 7-13 相互引力作用排前 10 位的城市对(2008 年)

单位:亿元·万人/km²

排序	城市对	数值	排序	城市对	数值
1	郑州-新乡	14.21	6	洛阳-济源	4.41
2	郑州-开封	8.47	7	焦作-新乡	3.75
3	郑州-洛阳	6.25	8	郑州-平顶山	3.06
4	郑州-焦作	5.33	9	郑州-漯河	2.60
5	郑州-许昌	4.69	10	许昌-平顶山	2.59

从表 7-13 可以看出,郑州-新乡、郑州-开封和郑州-洛阳这几组城市对之间的引力值最高,且在地理上相邻,因此应着重考虑这几个城市对之间的一体化发展。

2. 中原城市群经济作用总强度

根据公式(7-12),代入数据进行计算,得到中原城市群群体间相互作用总强度 SE 为:

$SE = 152.84$(亿元·万人/km²)

为了解中原城市群经济作用总强度的演化趋势,进一步对 2001~2008 年中原城市群经济作用作了分析,如表 7-14 所示。

表 7-14 2001~2008 年中原城市群城市作用总强度变化

单位:亿元·万人/km²

	2001	2002	2003	2004	2005	2006	2007	2008
SE	39.99	46.51	55.83	75.31	83.81	102.64	121.50	152.84

从 2001 年到 2008 年,中原城市群城市作用总强度从 39.99 亿元·万人/km² 增长到 152.84 亿元·万人/km²,增长了 2.82 倍,年均增长幅度约为 16%,如图 7-4 所示。

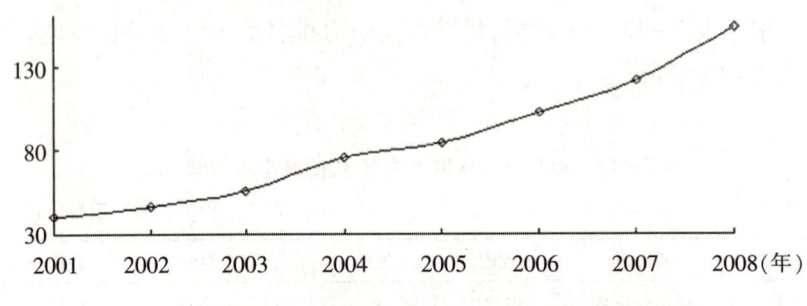

图 7-4 2001~2008 年中原城市群城市作用强度增长趋势

3. 各城市对外经济联系总强度

根据公式(7-13),代入数据进行计算,得到中原城市群各城市对外经济联系总强度,如表 7-15 所示。

表 7-15 中原城市群各城市对外经济联系总强度

单位:亿元·万人/km²

	郑州	开封	洛阳	平顶山	新乡	焦作	许昌	漯河	济源	合计
E_j	46.36	12.69	17.15	11.29	22.43	13.96	11.10	8.77	9.11	152.84
占比	30.33%	8.30%	11.22%	7.39%	14.68%	9.13%	7.26%	5.74%	5.96%	100%
排名	1	5	3	6	2	4	7	9	8	

从对外联系总强度上看,郑州对外联系总强度占城市群的 30.33%,排名第 1;新乡对外联系总强度占城市群的 14.68%,排名第 2;而副中心洛阳市对外联系总强度仅占城市群的 11.22%,排名第 3。

4. 中原城市群各城市间对外经济联系隶属度矩阵

根据公式(7-14),代入数据进行计算,得到中原城市群各城市间经济联系隶属度矩阵,如表 7-16 所示。

表7-16　中原城市群经济联系隶属度矩阵

		郑州	开封	洛阳	平顶山	新乡	焦作	许昌	漯河	济源
联系城市	郑州		66.75%	36.47%	27.09%	63.33%	38.20%	42.24%	29.71%	19.18%
	开封	18.27%		3.24%	4.36%	6.79%	2.65%	4.86%	5.64%	2.67%
	洛阳	13.49%	4.38%		14.52%	5.13%	15.65%	3.76%	6.15%	48.40%
	平顶山	6.60%	3.88%	9.56%		2.37%	2.16%	23.30%	26.40%	4.01%
	新乡	30.65%	12.01%	6.71%	4.71%		26.90%	3.63%	3.85%	5.76%
	焦作	11.50%	2.91%	12.74%	2.67%	16.73%		2.02%	2.52%	17.25%
	许昌	10.11%	4.26%	2.43%	22.92%	1.79%	1.61%		24.24%	1.28%
	漯河	5.62%	3.89%	3.15%	20.50%	1.51%	1.58%	19.14%		1.44%
	济源	3.77%	1.92%	25.70%	3.23%	2.34%	11.26%	1.05%	1.50%	

根据表7-12和表7-16相关数据可以看出,虽然两城市间经济联系强度相同,但是在两城市总的对外经济联系强度中所占的比重则不同。以郑州与开封之间的经济联系为例,在表7-16中,郑州与开封之间经济联系强度占郑州对外总经济联系强度的18.27%,但是在开封对外总经济联系强度中却占到了66.72%,占据将近2/3的比例。

根据以占某城市总经济联系比重大小的不同,将排在前三位的城市称为第一、第二、第三联系城市,如表7-17所示。

表7-17　中原城市群各城市对外经济联系前三位的城市

	郑州	开封	洛阳	平顶山	新乡	焦作	许昌	漯河	济源
第一联系城市	新乡	郑州	郑州	郑州	郑州	郑州	郑州	郑州	洛阳
第二联系城市	开封	新乡	济源	许昌	焦作	新乡	平顶山	平顶山	郑州
第三联系城市	洛阳	洛阳	焦作	漯河	开封	洛阳	漯河	许昌	焦作

从表7-17中可以看出,有7个城市将郑州作为第一联系城市,1个将其作为第二联系城市;有1个城市将新乡作为第一联系城市,2个将其作为第二联系城市;有1个城市将洛阳作为第一联系城市,3个将其作为第三联系城市。各城市对外联系情况如表7-18、图7-5所示。

表 7-18 中原城市群各城市对外联系情况

	郑州	开封	洛阳	平顶山	新乡	焦作	许昌	漯河	济源
第一联系城市数量	7		1		1				
第二联系城市数量	1	1		2	2	1	1		1
第三联系城市数量		1	3			2	1	2	

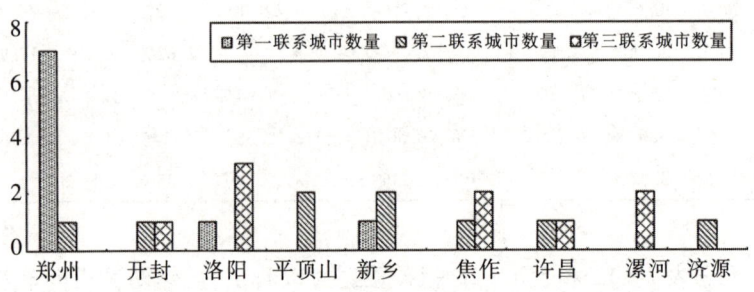

图 7-5 中原城市群各城市对外联系城市数量

5. 中原城市群相互经济联系熵

根据公式(7-15),代入数据进行计算,得到中原城市群相互经济联系熵为:

$$HE = 2.781$$

从相互联系熵可以看出,中原城市群构成的复杂度较高,进一步发展潜力很大。

为了解中原城市群构成的复杂度演化趋势,进一步对 2001~2008 年中原城市群相互经济联系熵进行了分析,如表 7-19 所示。

表 7-19 2001~2008 年中原城市群城市相互作用联系熵变化

	2001	2002	2003	2004	2005	2006	2007	2008
HE	2.6736	2.6714	2.6700	2.6716	2.7458	2.7644	2.7616	2.7810

从 2001 年到 2008 年,中原城市群城市相互作用联系熵从 2.6736 增长到 2.7810,这说明中原城市群构成的复杂程度在增加,如图 7-6 所示。

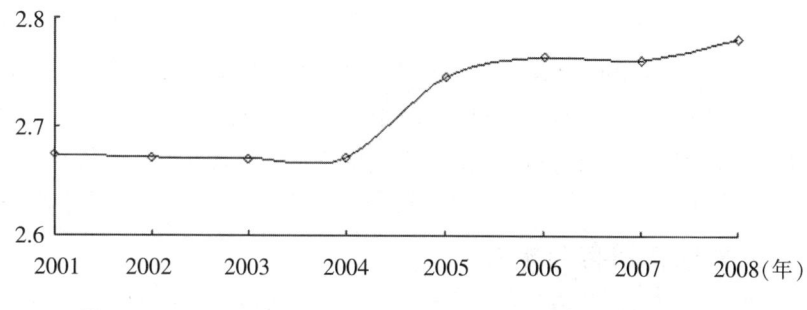

图 7-6　2001~2008 年中原城市群城市相互作用联系熵增长趋势

第五节　中原城市群经济联系特征

一、中原城市群可以分为四个级别的经济中心

根据城市中心性等级划分,目前中原城市群 9 城市可以大致分为四个级别的经济中心:一级中心郑州;二级中心洛阳;三级中心平顶山、新乡、焦作;四级中心许昌、开封、漯河、济源。

二、高速公路网络尚待完善

中原城市群区域高速公路网络发育程度较好,整体上通达性比较完善,但网络存在空白,横向联系有待于进一步加强,北部的辉县市、孟州市,南部的舞钢市,没有高速公路通过。高速公路网络通达性呈现明显的"核心－外围"特点,位于核心圈的郑州、登封等五个城市通达指数平均值为 45.6,路网结合程度较高;处于外围圈层城市的高速公路网络发育程度较低,路网扩展潜力巨大。不同方向城际路网连接水平有一定差异。东西向最远两城市最短路径数为 4,南北向最远两城市的最短路径数为 6,说明整个城市群区域高速公路网络建设存在一定的不均衡。

郑州在整个城市群交通网络中通达性最好,其趋中率为 1,位于整个交通网络的中心,非常有利于强化其核心地位。而在其他等级城市中,可达性排序与城市中心性等级并不完全吻合,二级中心洛阳市的可达性综合排名第3,三级中心平顶山市的可达性则排名第8,仅比四级中心漯河市的可达性稍好。为更好地发挥各级中心城市的核心作用,在进行高速公路网络规划与建设时,需要向高等级中心倾斜,提高其可达性水平。

三、双核作用有待加强

郑州在空间上和功能上均位于中原城市群的核心地位,与其余8个城市间的平均距离为122km,具有突出的经济地位和区位优势,其余8个城市中有7个将其作为第一联系城市,郑州市的经济联系量占了整个城市群的30.33%,将近1/3;从比例关系上来看,开封对郑州的经济联系隶属度最大,为66.75%;从绝对数值上看新乡与郑州的经济联系最强,联系强度达14.21亿元·万人/km^2。

二级中心洛阳市对外经济联系总量在中原城市群中排名第3,与其在中原城市群区域内的地位与作用并不相符,主要原因在于洛阳市与其他城市之间的经济联系需要克服较大的空间阻力,洛阳市与其余8个城市间的平均距离为171km,仅小于漯河市与其他城市间的平均距离185km,远大于许昌的144km和新乡的147km。城市综合实力并非是决定城市对外经济联系总量的唯一因素,还与距离等其他因素有关,城市间主要经济联系方向的主要决定因素是空间距离阻力小。[①] 因此洛阳虽然具有较强的综合实力,在规划中洛阳被定位为中原城市群的副中心,但在实际中其核心地位能否充分发挥,还有待于进一步研究和探讨。

新乡市对外联系总强度占城市群的14.68%,排名第2;在对外联系城市方面,新乡也超过了洛阳。有1个城市将新乡作为第一联系城市,2个将其作为第二联系城市;而洛阳则仅有1个城市将其作为第一联系城市,没有城市将其作为第二联系城市。因此,在城市群经济联系方面,新乡具有一定的优势,随着今后经济的发展,新乡的地位将越来越显得重

[①] 向清华、赵建吉:《基于区域经济联系的中原城市群整合发展研究》,载《经济论坛》2010年第1期。

要。

四、主要交通轴线上城镇密集带经济联系比较密切

中原城市群横向的三条城镇密集带与纵向的两条城镇密集带经济联系总量与比例如表7-20所示。

表7-20 各城镇密集带经济联系总量与比例

	济焦新	郑汴洛	平许漯	新郑许漯	焦济洛平
经济联系总量	45.49	76.19	31.16	88.66	51.50
占比	29.77%	49.85%	20.38%	58.01%	33.69%

从各个城镇密集带经济联系总量与比例看,中原城市群各城市之间以陇海线上的"洛阳-郑州-开封"和京广线上的"新乡-郑州-许昌-漯河"为主轴,构成了中原城市群区域"黄金十字",这些在京广、陇海轴线上各中心城市的经济联系强度分别占到了城市群全部经济联系量的49.85%和58.01%,在中原城市群乃至河南省全省中经济地位极为重要,这是中原城市群发展的核心区域与增长轴线。

在实际规划中,要充分认识到这一客观经济规律,沿主要交通轴线建立起产业带,形成符合中原城市群自身特点的点轴式发展模式。

五、经济联系强度较低,发展潜力巨大

从具体经济联系强度数值上看,中原城市群经济与国内发达城市群相比,差距非常悬殊。按照2008年的相关数据,珠三角城市群经济作用总强度为12298.2亿元·万人$/km^2$,中原城市群经济作用总强度为152.84亿元·万人$/km^2$,仅为前者的1.2%,相比之下显得微不足道。

经济联系强度值最高的广州与佛山之间经济作用强度为4107.3亿元·万人$/km^2$,而中原城市群经济联系强度值最高的郑州与新乡之间经济作用强度为14.21亿元·万人$/km^2$,仅相当于前者的0.35%,差距极

其悬殊。

但是在城市群相互经济联系熵方面,中原城市群具有一定的优势。2008年珠三角城市相互经济联系熵为2.14,中原城市群为2.781,且从演化趋势上看,仍在不断增加,这说明中原城市群构成的复杂度较高,具有很大的发展潜力。

第八章 中原城市群空间运输联系

第一节 中原城市群公路网状况

中原城市群位于河南省的中心地带,具有十分明显的交通区位优势,拥有铁路、公路、航空、水运、管道等多种运输方式相结合的综合运输体系。国家规划并正在实施的"五纵七横"十二条国道主干线中的北京至珠海、连云港至霍尔果斯两条高速公路在郑州交会。《国家高速公路网规划》中的三十条国家重点干线公路中有七条从此经过,另外还有九条国道穿越中原地区。近年来,中原城市群区域的交通基础设施建设保持了快速发展的良好态势,路网服务水平、交通运输质量不断提高,从而为城市群区域的国民经济与社会发展提供了有力支撑。

公路运输在中原城市群区域经济的发展中起着极其重要的作用,公路网络的数量、运输能力对运输联系的方向、强度及地域范围有着重要的影响。随着中原城市群区域经济的发展与区域交通基础设施建设的加强,公路网络不断完善,中原城市群区域公路网发展情况如表8-1所示。

表 8-1 2001~2008 年中原城市群公路网状况

			2001	2002	2003	2004	2005	2006	2007	2008
等级公路	里程/km	城市群	26912	28055	29035	29821	31924	61887	64961	66667
		全省	63437	66523	68738	70901	75003	150028	164909	170223
	密度（km/百 km²）	城市群	45.80	47.75	49.42	50.75	54.33	105.33	110.56	113.46
		全省	37.99	39.83	41.16	42.46	44.91	89.84	98.75	101.93
	人均里程（km/万人）	城市群	7.02	7.25	7.45	7.63	8.13	15.67	16.35	16.70
		全省	6.64	6.92	7.11	7.30	7.68	15.28	16.71	17.16
高速公路	里程/km	城市群	540	620	673	887	1484.8	1619.9	2046	2203
		全省	1077	1231	1418	1759	2677.9	3439.4	4556	4841
	密度（km/百 km²）	城市群	0.92	1.06	1.15	1.51	2.53	2.76	3.48	3.75
		全省	0.65	0.74	0.85	1.05	1.60	2.06	2.73	2.90
	人均里程（km/万人）	城市群	0.14	0.16	0.17	0.23	0.38	0.41	0.52	0.55
		全省	0.11	0.13	0.15	0.18	0.27	0.35	0.46	0.49

从 2001 年到 2008 年，中原城市群区域等级公路总里程从 26912km 增长到 66667km，网络密度从 45.8km/百 km² 增长到 113.46km/百 km²，年平均增长幅度为 16.99%；高速公路总里程从 540.1km 增长到 2203km，网络密度从 0.92km/百 km² 增长到 3.75km/百 km²，年平均增长幅度为 23.66%；等级公路人均里程从 7.02km/万人 增长到 16.7km/万人，年平均增长幅度为 16.34%；高速公路人均里程从 0.14km/万人 增长到 0.55km/万人，年平均增长幅度为 22.97%。

2008 年中原城市群各城市公路网发展情况如表 8-2 所示。

表 8-2 2008 年中原城市群各城市公路网状况

单位：亿元·万人/km²

	公路里程/km		公路密度（km/百 km²）		人均里程（km/万人）	
	等级公路	高速公路	等级公路	高速公路	等级公路	高速公路
郑州	9793	409	131.5	5.49	14.77	0.62
开封	6363	265	98.7	4.11	13.15	0.55

续表

	公路里程/km		公路密度(km/百 km²)		人均里程(km/万人)	
	等级公路	高速公路	等级公路	高速公路	等级公路	高速公路
洛阳	12110	247	79.7	1.63	18.52	0.38
平顶山	11889	343	150.8	4.35	23.73	0.68
新乡	9740	283	119.2	3.46	17.36	0.50
焦作	5658	193	139.0	4.74	16.31	0.56
许昌	5696	264	114.0	5.28	12.49	0.58
漯河	3708	110	141.7	4.20	14.43	0.43
济源	1710	89	88.6	4.61	25.15	1.31
城市群	66667	2203	113.5	3.75	16.70	0.55
全省	170223	4841	101.9	2.90	17.16	0.49

以 2008 年年底中原城市群公路网络来进行分析,中原城市群各城市等级公路密度最高的平顶山市,达 150.8km/百 km²,最低的是洛阳市,仅为 79.7km/百 km²;高速公路密度最高的为郑州市,达 5.49km/百 km²,最低的为洛阳市,仅为 1.63km/百 km²。从人均里程来看,等级公路人均里程最高的为济源市,达 25.15km/万人,最低的是许昌市,仅为 12.49km/万人;高速公路人均里程最高的济源市,达 1.31km/万人,最低的洛阳市,仅为 0.38km/万人。

从整个城市群来看,等级公路密度比全省平均水平高 11.3%、高速公路密度比全省平均水平高 29.3%,高速公路人均里程比全省平均水平高 13.1%,仅等级公路人均里程略低于全省平均水平。综合来说,中原城市群公路网络完善程度要高于全省平均水平。

空间运输联系是城市群区域内部、城市群区域内部与外部联系的重要内容,因而也是城市群区域空间联系研究的重要内容之一。城市群区域内部、外部的货物运输联系与旅客运输联系是城市群区域空间运输联系的主要内容,城市群之间与城市群区域内部通过旅客和货物的交流,促进了城市群之间与城市群区域内部的劳动分工与合作,从而影响城市群区域经济增长机制与城市群区域的经济结构。

本章主要利用空间运输联系理论和实证分析方法,对中原城市群区域经济发展过程中各城市间公路运输联系的生成规律、增长规律、分布规律及其特点进行分析,从而为中原城市群区域内交通运输及生产活动的空间布局提供参考。

第二节 中原城市群公路运输联系生成分析

一、中原城市群公路客运联系生成分析

中原城市群公路运输联系的生成分析主要研究中原城市群区域旅客与货物生成的内在机制及其影响因素,以及中原城市群区域运输生成与经济、人口、产业结构之间的关系。

(一)中原城市群公路客运联系生成量

1. 中原城市群客运量与旅客周转量

客运量与旅客周转量是客运生成量的主要指标。[1]

客运量是指运输部门在一定时期内运送旅客数量,2001~2008年中原城市群公路客运量如表8-3所示。

表8-3 2001~2008年中原城市群公路客运量生成状况

单位:万人

年份	郑州	开封	洛阳	平顶山	新乡	焦作	许昌	漯河	济源	合计
2001	9902	2934	10010	4376	2604	2285	3804	2709	1906	40530
2002	10780	3580	8900	4456	2956	2442	3806	3100	1995	42015
2003	9056	3289	7199	3907	3591	2868	2738	2658	1780	37086
2004	10175	3535	7562	4674	3701	3220	2912	3109	2001	40889
2005	10253	4152	8296	5012	4450	3688	2995	3377	2076	44299
2006	11134	5021	9000	5495	4836	4001	3239	3649	2242	48617

---

[1] 张文尝、金凤君、唐秀芳:《空间运输联系的生成与增长规律研究》,载《地理学报》1994年第5期。

续表

年份	郑州	开封	洛阳	平顶山	新乡	焦作	许昌	漯河	济源	合计
2007	13385	5705	9815	6439	5529	4531	3534	3977	2459	55374
2008	15000	6882	12000	6536	6325	5380	3919	4572	2567	63181

注:城市群平均为加权平均值,如无特殊说明,本章各种数据均采用加权平均值。

2008年客运量最高的郑州市达到15000万人,最低的济源市为2567万人。

旅客周转量指一个地域内实际运送旅客数量与其在地域内相应运输距离的乘积之和,是衡量客运联系生成强弱的重要指标,2001~2008年中原城市群旅客周转量如表8-4所示。

表8-4 2001~2008年中原城市群公路旅客周转量生成状况

单位:万人·公里

年份	郑州	开封	洛阳	平顶山	新乡	焦作	许昌	漯河	济源	合计
2001	399001	172000	402000	134060	164328	103140	152204	110196	47500	1684429
2002	460003	241428	357900	138600	168436	111947	152329	110692	50825	1792160
2003	421043	202960	321119	134503	142478	107469	94972	104697	44443	1573684
2004	475975	210241	365594	175120	189643	121547	110193	121386	50900	1820599
2005	498827	260659	391505	205749	227680	138400	117073	130709	52430	2023032
2006	574587	311070	430997	225521	270662	150956	128527	145439	57149	2294908
2007	736362	380645	482157	272352	338331	171934	141500	164151	63660	2751092
2008	960000	497300	590000	330600	400100	203400	158000	190705	68262	3398367

2. 旅客生成密度与客运强度

旅客生成密度是地域客运量与其人口的比值,也即人均旅行次数,简称人均旅次,用人次/人为单位来表示,主要反映居民运输需求的强弱。其变化趋势是随经济发展而呈上升趋势,计算公式如下所示[1]:

---

[1] 张文尝、金凤君、荣朝和:《空间运输联系——理论研究·实证分析·预测方法》,中国铁道出版社1992年版,第74~76页。

$$旅客生成密度 = 客运量/区域人口 \qquad (8-1)$$

2001～2008年中原城市群区域公路旅客生成密度如表8-5所示。

表8-5 2001～2008年中原城市群公路旅客生成密度

单位：人次/人

年份	郑州	开封	洛阳	平顶山	新乡	焦作	许昌	漯河	济源	平均	全省
2001	15.7	6.3	15.9	9.1	4.8	6.9	8.6	11.0	29.8	10.6	8.4
2002	16.7	7.6	14.1	9.2	5.4	7.3	8.6	12.4	30.7	10.9	8.9
2003	14.0	7.0	11.3	8.0	6.6	8.5	6.1	10.6	27.4	9.5	7.9
2004	15.7	7.4	11.9	9.5	6.9	9.5	6.5	12.3	30.3	10.5	8.7
2005	15.7	8.7	12.9	10.2	8.1	10.8	6.6	13.3	31.0	11.3	9.4
2006	16.9	10.5	13.9	11.1	8.7	11.7	7.2	14.4	33.5	12.3	10.3
2007	20.3	11.8	15.1	12.9	9.9	13.1	7.8	15.5	36.2	13.9	11.7
2008	22.6	14.2	18.3	13.0	11.3	15.5	8.6	17.8	37.7	15.8	13.2

中原城市群区域平均公路旅客生成密度一直高于全省平均水平，整体呈上升态势。平均旅客生成密度从2001年的10.6人次/人增长到2008年的15.8人次/人，累计增长幅度为49.06%。2003年受非典因素的影响，旅客生成密度明显下降，从2002年的10.9人次/人降低到9.5人次/人，到了2004年呈恢复上升趋势，2001～2008年中原城市群区域平均公路旅客生成密度增长趋势如图8-1所示。

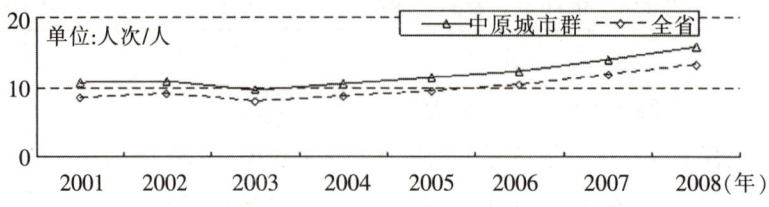

图8-1 2001～2008年中原城市群公路旅客生成密度增长趋势

客运强度为旅客周转量与人口的比值，即人均人·公里/人，反映居

民出行距离的大小,其数值随经济发展而上升,计算公式如下所示①:

$$客运强度 = 旅客周转量/区域总人口 \quad (8-2)$$

2001~2008年中原城市群区域公路旅客客运强度如表8-6所示。

表8-6　2001~2008年中原城市群公路客运强度

单位:人·公里/人

年份	郑州	开封	洛阳	平顶山	新乡	焦作	许昌	漯河	济源	平均	全省
2001	634.3	368.3	640.1	277.6	303.2	309.7	343.6	446.1	742.2	439.1	386.6
2002	714.3	513.7	566.3	285.2	309.1	333.2	342.3	444.5	781.9	462.9	405.7
2003	649.8	429.1	504.9	275.1	260.5	317.0	212.5	417.1	683.7	404.0	362.1
2004	732.3	442.6	573.0	357.4	344.8	357.5	245.4	481.7	771.2	465.6	406.9
2005	763.9	546.5	609.8	417.3	412.5	405.9	259.6	516.6	782.5	514.9	448.2
2006	874.6	648.1	667.2	454.7	487.7	440.1	284.4	572.6	853.0	581.0	501.8
2007	1115.7	789.7	741.8	545.8	606.3	498.4	311.7	641.2	936.2	692.6	609.8
2008	1448.0	1027.5	902.1	659.9	713.2	586.2	346.5	742.0	1003.9	851.5	741.0

与旅客生成密度一样,中原城市群区域平均公路客运强度一直高于全省平均水平,且呈上升态势。2001年中原城市群平均公路客运强度为439.1人·公里/人,2008年增至851.5人·公里/人,累计增长幅度为93.92%,高于同期客运生成密度增长幅度。这反映出随着中原城市群区域公路交通网的不断完善,经济水平的不断提高,社会的不断发展,居民的出行需求逐渐增多、出行范围逐步扩大。公路客运强度除2003年出现下降外,其余年份均呈平稳上升态势,2001~2008年中原城市群区域平均公路客运强度增长趋势如图8-2所示。

(二)中原城市群公路客运联系生成地域类型分析

影响客运联系生成量的增长与变化的因素有很多,但其中区域经济发展水平的高低是主导因素,在进行实证分析时,从指标的可得性来说,经济水平这一定量指标相对比较容易获取。

---

① 张文尝、金凤君、荣朝和:《空间运输联系——理论研究·实证分析·预测方法》,中国铁道出版社1992年版,第74~76页。

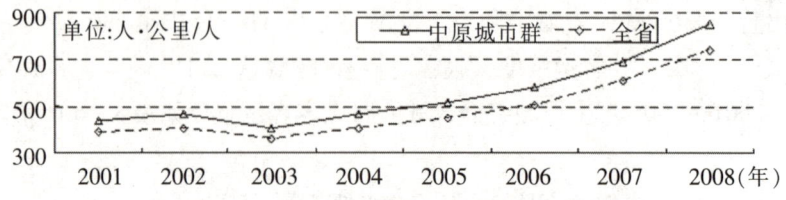

图 8-2　2001~2008 年中原城市群公路客运强度增长趋势

通过选取人均国内生产总值分别与公路生成密度和公路强度这两个指标进行对比分析,即采用二元分类法可将中原城市群的城市划分为四种类型,以此为基本方法可以分别得到 2001~2008 年度中原城市群区域各城市所属类型。

1. 中原城市群区域公路旅客生成密度地域类型

以人均国内生产总值与人均旅行次数两个指标作为 x 轴和 y 轴,以平均值为基准可将中原城市群各城市划分为四种类型:

第 Ⅰ 种类型:高收入多出行;

第 Ⅱ 种类型:低收入多出行;

第 Ⅲ 种类型:低收入少出行;

第 Ⅳ 种类型:高收入少出行。

四种旅客生成密度地域类型如图 8-3 所示。①

2001~2008 年中原城市群各城市公路旅客生成密度与经济水平二元分析结果如表 8-7 所示。

表 8-7　中原城市群公路旅客生成密度与经济发展水平二元分析

年份	郑州	开封	洛阳	平顶山	新乡	焦作	许昌	漯河	济源
2001	Ⅰ	Ⅲ	Ⅱ	Ⅲ	Ⅲ	Ⅲ	Ⅲ	Ⅱ	Ⅰ
2002	Ⅰ	Ⅲ	Ⅱ	Ⅲ	Ⅲ	Ⅳ	Ⅲ	Ⅱ	Ⅰ
2003	Ⅰ	Ⅲ	Ⅰ	Ⅲ	Ⅲ	Ⅳ	Ⅲ	Ⅱ	Ⅰ
2004	Ⅰ	Ⅲ	Ⅰ	Ⅲ	Ⅲ	Ⅳ	Ⅲ	Ⅱ	Ⅰ

---

① 张文尝、金凤君、荣朝和:《空间运输联系——理论研究·实证分析·预测方法》,中国铁道出版社 1992 年版,第 174~175 页。

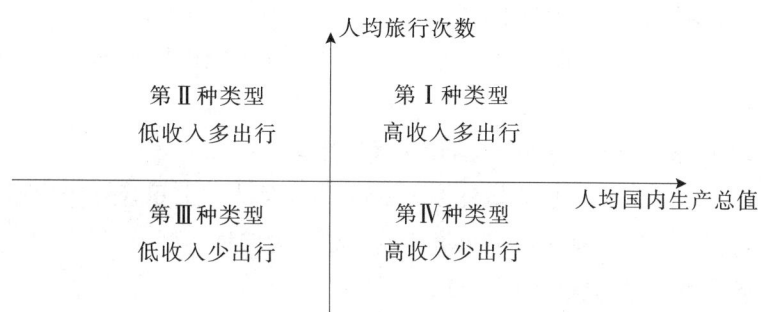

图 8-3 四种旅客生成密度地域类型

续表

年份	郑州	开封	洛阳	平顶山	新乡	焦作	许昌	漯河	济源
2005	I	III	I	III	III	IV	III	II	I
2006	I	III	I	III	III	IV	III	II	I
2007	I	III	I	III	III	IV	III	II	I
2008	I	III	I	III	III	IV	III	II	I

从表 8-7 中可以看出,焦作市从 2002 年开始从第Ⅲ种类型转变为第Ⅳ种类型;洛阳市从 2003 年开始从第Ⅱ种类型转变为第Ⅰ种类型。2003 年以后,中原城市群各城市所属类型基本上开始固定,没有发生变化。

(1)第Ⅰ种类型的城市:郑州、洛阳、济源。

这几个城市属于"高收入多出行",人均 GDP 与旅客生成密度均高于城市群平均水平。

(2)第Ⅱ种类型的城市:漯河。

漯河属于"低收入多出行",人均 GDP 低于城市群平均水平,但旅客生成密度高于城市群平均水平。这其中主要原因在于漯河经济不发达,作为一个劳务输出地,区域内外出打工客流比较多。

(3)第Ⅲ种类型的城市:开封、平顶山、新乡、许昌。

这几个城市属于"低收入少出行",人均 GDP 与旅客生成密度均低于城市群平均水平。

(4)第Ⅳ种类型的城市:焦作。

焦作市属于"高收入少出行",人均 GDP 高于城市群平均水平,但旅客生成密度低于城市群平均水平。

2. 中原城市群区域公路客运强度地域类型

以人均国内生产总值指标作为 x 轴,以人均人·公里指标作为 y 轴,以平均值为基准可将中原城市群各城市划分为四种类型:

第Ⅰ种类型:高收入高强度;

第Ⅱ种类型:低收入高强度;

第Ⅲ种类型:低收入低强度;

第Ⅳ种类型:高收入低强度。

四种客运强度地域类型如图 8-4 所示。①

图 8-4 四种客运强度地域类型

2001~2008 年中原城市群各城市公路客运强度与经济水平二元分析如表 8-8 所示。

表 8-8 中原城市群客运强度与经济发展水平二元分析

年份	郑州	开封	洛阳	平顶山	新乡	焦作	许昌	漯河	济源
2001	Ⅰ	Ⅲ	Ⅱ	Ⅲ	Ⅲ	Ⅲ	Ⅲ	Ⅱ	Ⅰ
2002	Ⅰ	Ⅱ	Ⅱ	Ⅲ	Ⅲ	Ⅳ	Ⅲ	Ⅲ	Ⅰ

---

① 张文尝、金凤君、荣朝和:《空间运输联系——理论研究·实证分析·预测方法》,中国铁道出版社 1992 年版,第 178~179 页。

续表

年份	郑州	开封	洛阳	平顶山	新乡	焦作	许昌	漯河	济源
2003	Ⅰ	Ⅱ	Ⅰ	Ⅲ	Ⅲ	Ⅳ	Ⅲ	Ⅱ	Ⅰ
2004	Ⅰ	Ⅲ	Ⅰ	Ⅲ	Ⅲ	Ⅳ	Ⅲ	Ⅱ	Ⅰ
2005	Ⅰ	Ⅱ	Ⅰ	Ⅲ	Ⅲ	Ⅳ	Ⅲ	Ⅱ	Ⅰ
2006	Ⅰ	Ⅱ	Ⅰ	Ⅲ	Ⅲ	Ⅳ	Ⅲ	Ⅲ	Ⅰ
2007	Ⅰ	Ⅱ	Ⅰ	Ⅲ	Ⅲ	Ⅳ	Ⅲ	Ⅲ	Ⅰ
2008	Ⅰ	Ⅱ	Ⅰ	Ⅲ	Ⅲ	Ⅳ	Ⅲ	Ⅲ	Ⅰ

从表8-8中可以看出,2006年以后,中原城市群各城市基本上开始进入均衡状态,所属类型没有变化。

(1)第Ⅰ种类型的城市:郑州、洛阳、济源。

这几个城市属于"高收入高强度",人均GDP与客运强度均高于城市群平均水平。

(2)第Ⅱ种类型的城市:开封。

开封市属于"低收入高强度",人均GDP低于城市群平均水平,但客运强度高于城市群平均水平。

(3)第Ⅲ种类型的城市:平顶山、新乡、许昌、漯河。

这几个城市属于"低收入低强度",人均GDP与客运强度均低于城市群平均水平。

(4)第Ⅳ种类型的城市:焦作。

焦作市属于"高收入低强度",人均GDP高于城市群平均水平,但客运强度低于城市群平均水平。

其中有变化的城市有:开封、洛阳、焦作与漯河等四个城市,其中又可以细分为三种变化模式。

(1)开封除了2001年和2004年进入"低收入低强度"以外,其他年度均属于"低收入高强度";

(2)洛阳自2003年开始从"低收入高强度"进入"高收入高强度"以后,一直保持不变;

焦作与洛阳相似,自2002年开始从"低收入低强度"进入"高收入低

强度"以后,一直保持不变;

(3)漯河市的变化情况可以分成两个阶段:2001~2005年除2002年进入"低收入低强度"以外,一直属于"低收入高强度";从2006年开始进入"低收入低强度"行列。

3. 中原城市群区域公路客运联系生成地域类型综合分析

将公路旅客生成密度与客运强度同中原城市群区域各城市的社会经济发展水平相结合进行分析,可以得到中原城市群各城市所属的5种综合类型(以2008年相关指标为基准):

(1)Ⅰ-Ⅰ:高收入多出行高强度:郑州、洛阳、济源;
(2)Ⅱ-Ⅲ:低收入多出行低强度:漯河;
(3)Ⅲ-Ⅱ:低收入少出行高强度:开封;
(4)Ⅲ-Ⅲ:低收入少出行低强度:平顶山、新乡、许昌;
(5)Ⅳ-Ⅳ:高收入少出行低强度:焦作。

这其中Ⅰ-Ⅰ和Ⅲ-Ⅲ比较符合一般的出行规律,经济水平发达地区居民出行频率与出行强度均比较大,而经济欠发达地区则刚好相反。

对于不符合一般规律的城市分析如下:

(1)漯河属于低收入多出行低强度,这其中一个主要原因在于漯河经济发展水平相对较低,因此是区内劳动力输出的主要来源地之一,因而导致了较多的旅客出行。

(2)开封属于低收入少出行高强度,这主要是因为开封工业不发达,因此商务旅行人数较少,但旅游业比较发达,因此造成了统计上显示开封出行强度较高。

(3)焦作虽然经济比较发达,但由于是以重化工业为主导,对人员流动的要求不高,因此造成了焦作这种高收入少出行低强度的特征。

(三)中原城市群区域公路客运生成与经济发展水平相关综合分析

将2001~2008年中原城市群各城市旅客生成密度、客运强度分别与其人均国内生产总值作相关分析,结果如表8-9所示。

表 8-9　中原城市群客运联系与经济发展水平二元分析

年份	旅客生成密度(y_1)		客运强度(y_2)	
	相关式	相关系数(R^2)	相关式	相关系数(R^2)
2001	$y_1 = 0.002x - 3.9602$	0.4208	$y_2 = 0.0512x + 48.99$	0.5236
2002	$y_1 = 0.002x - 4.8594$	0.5415	$y_2 = 0.0491x + 46.185$	0.6099
2003	$y_1 = 0.0013x - 2.1705$	0.5047	$y_2 = 0.0369x + 43.653$	0.6179
2004	$y_1 = 0.0011x - 2.5039$	0.5076	$y_2 = 0.0313x + 77.14$	0.6353
2005	$y_1 = 0.0009x - 0.1674$	0.4415	$y_2 = 0.0215x + 193.73$	0.4909
2006	$y_1 = 0.0009x - 1.5249$	0.4984	$y_2 = 0.0191x + 238.81$	0.3919
2007	$y_1 = 0.0008x - 1.1388$	0.5324	$y_2 = 0.0174x + 304.33$	0.3296
2008	$y_1 = 0.0007x - 1.3178$	0.6187	$y_2 = 0.0156x + 402.31$	0.2262

分析表明：

第一，中原城市群区域各城市的公路旅客生成密度和客运强度与经济水平有一定的相关关系，旅客生成密度各年的相关系数(R^2)在 0.42 ~ 0.62 之间，客运强度各年的相关系数(R^2)在 0.22 ~ 0.64 之间，两者均呈正相关关系。从整体上看旅客生成密度与经济发展的相关性要大于客运强度。

第二，随时间的推移，人均 GDP 对客运生成密度和强度的影响也有所变化。2001 年人均 GDP 每增长 100 元，旅客生成密度增加 0.2 次/人，客运强度增加 5.12 人·公里/人；到 2008 年人均 GDP 每增加 100 元，旅客生成密度仅增加 0.07 次/人，客运强度仅增加 1.56 人·公里/人，分别减少到原来的 35% 和 34.5%。这说明由人均产值增加所导致居民出行需要的增加呈边际递减趋势。

二、中原城市群公路货运联系的生成分析

（一）中原城市群公路货运联系生成量

1. 货运量与货物周转量

货运量与货物周转量是货运联系生成量的主要指标。货运量是指运

输部门在一定时期内所运送的货物吨数,2001~2008年中原城市群区域货运量生成状况如表8-10所示。

表8-10 2001~2008年中原城市群公路货运量生成状况

单位:万吨

年份	郑州	开封	洛阳	平顶山	新乡	焦作	许昌	漯河	济源	合计
2001	5302	3215	4856	2085	3802	3706	1801	1406	1213	27386
2002	5701	3370	5000	2250	3900	3900	1920	1530	1260	28831
2003	5505	3320	5048	2389	4382	3978	1815	1647	1430	29514
2004	6076	3243	5158	2586	4820	4070	1859	1595	1501	30908
2005	6207	3642	5497	2775	5540	4265	1920	1635	1609	33090
2006	6906	4329	5950	3198	5983	4611	2281	1768	1799	36825
2007	8434	5257	6500	3848	6709	5298	2713	1927	2110	42796
2008	9896	6793	8303	6501	7704	6192	3234	2143	2678	53444

货物周转量指一个地域内实际运送的货物吨数与相应运输距离的乘积之和,单位为吨·公里,2001~2008年中原城市群区域货运周转量生成状况如表8-11所示。

表8-11 2001~2008年中原城市群公路货物周转量生成状况

单位:万吨·公里

年份	郑州	开封	洛阳	平顶山	新乡	焦作	许昌	漯河	济源	合计
2001	386028	228000	352000	136075	289590	285900	174692	109722	76400	2038407
2002	413930	238596	350085	159445	309000	308477	174863	119296	84804	2158496
2003	408681	238377	396703	169070	347934	314646	162026	114003	96253	2247693
2004	436102	220116	421856	191049	389686	323140	169332	133583	101066	2385930
2005	468420	280271	451930	222813	448530	338828	174321	136255	112143	2633111
2006	511441	335206	495680	258636	528793	376217	207692	149440	138000	3001105
2007	618698	423081	583280	325405	660570	443863	246031	164384	174995	3640327
2008	720000	589500	760000	409000	814900	537600	294000	187980	225872	4538852

2. 货物生成密度与货运强度

货物生成密度为地域货运量与国民生产总值的比值,以单位产值产生的货物量(吨/万元)来表示。其变化趋势是先升后降,即工业化初期上升,随后下降。计算公式如下所示①:

$$货物生成密度 = 货运量/区域国民生产总值 \qquad (8-3)$$

2001~2008 年中原城市群货物生成密度如表 8-12 所示。

表 8-12　2001~2008 年中原城市群公路货物生成密度

单位:吨/万元

年份	郑州	开封	洛阳	平顶山	新乡	焦作	许昌	漯河	济源	平均	全省
2001	6.4	12.7	10.4	7.1	12.3	14.4	5.5	7.7	18.3	9.2	9.7
2002	6.1	12.5	9.3	7.0	11.5	13.6	5.3	7.6	15.8	8.7	9.2
2003	5.0	11.8	7.4	6.5	11.6	11.7	4.4	7.4	15.2	7.6	8.2
2004	4.4	9.4	5.7	5.5	10.4	8.9	3.6	5.7	12.5	6.3	6.8
2005	3.7	8.9	4.9	4.9	10.2	7.3	3.2	5.1	11.1	5.6	5.9
2006	3.4	9.1	4.5	4.7	9.3	6.6	3.2	4.6	9.9	5.2	5.7
2007	3.4	9.5	4.1	4.7	8.6	6.2	3.2	4.4	9.4	5.0	5.6
2008	3.3	9.9	4.3	6.1	8.1	6.0	3.0	3.9	9.3	5.1	5.3

中原城市群各城市公路货物生成密度差异很大,2008 年货物生成密度最高的开封市为 9.9 吨/万元,最低的许昌市仅为 3.0 吨/万元。

从表 8-12 中可以看出,中原城市群区域平均公路货物生成密度一直低于全省平均水平,且整体呈不断下降态势。中原城市群区域平均公路货物生成密度从 2001 年的 9.2 吨/万元降低到 2008 年的 5.1 吨/万元,仅为 2001 年的 55.4%。中原城市群区域 2001~2008 年平均公路货物生成密度变化趋势如图 8-5 所示。

货运强度是货物周转量与国民生产总值之比,以货物周转量与社会总产值的比值(吨·公里/万元)来表示,反映社会生产对货运方面需求

---

① 张文尝、金凤君、荣朝和:《空间运输联系——理论研究·实证分析·预测方法》,中国铁道出版社 1992 年版,第 75~77 页。

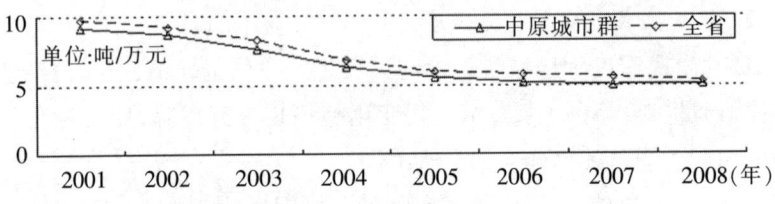

图 8-5　2001~2008 年中原城市群货物生成密度变化趋势

的大小,其基本规律是先升后降。计算公式如下所示①:

$$货运强度 = 货物周转量/区域国民生产总值 \quad (8-4)$$

2001~2008 年中原城市群货运强度如表 8-13 所示。

表 8-13　2001~2008 年中原城市群公路货运强度

单位:吨·公里/万元

年份	郑州	开封	洛阳	平顶山	新乡	焦作	许昌	漯河	济源	平均	全省
2001	466.1	903.5	756.7	460.7	938.1	1113.9	535.6	601.8	1153.5	683.8	679.2
2002	445.9	884.0	654.3	495.9	907.6	1072.5	482.0	594.2	1065.1	649.0	660.9
2003	370.8	845.0	578.0	462.4	918.2	921.6	393.6	514.5	1021.9	578.7	590.0
2004	316.5	636.6	466.0	406.6	844.4	709.1	328.3	477.8	838.4	483.8	493.4
2005	282.1	686.9	406.4	397.2	823.5	580.2	287.9	423.0	777.0	443.1	441.1
2006	254.0	705.3	371.7	382.9	826.3	538.1	289.0	393.0	762.3	421.7	435.8
2007	248.8	761.7	365.4	396.3	847.6	518.5	287.6	376.1	782.1	422.8	454.2
2008	239.7	855.1	395.9	383.1	858.3	521.1	276.8	341.6	783.3	429.7	460.8

中原城市群各城市公路货运强度差异也较大,2008 年货运强度最高的开封市为 855.1 吨·公里/万元,最低的郑州市仅为 239.7 吨·公里/万元。

与货物生成密度一样,中原城市群区域平均货运强度一直低于全省平均水平,且呈平稳下降趋势。2001 年中原城市群区域平均公路货运强度为 683.8 吨·公里/万元,2008 年降低到 429.7 吨·公里/万元,为

---

① 张文尝、金凤君、荣朝和:《空间运输联系——理论研究·实证分析·预测方法》,中国铁道出版社 1992 年版,第 75~77 页。

2001 年水平的 67.84%,低于同期平均货物生成密度降低幅度。这反映出随着中原城市群区域经济的发展,产业的不断升级,创造单位产值的货运需要量不断下降。2001~2008 年客运强度变化趋势如图 8-6 所示。

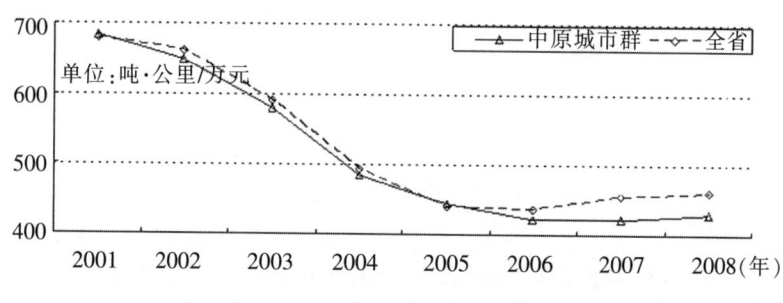

图 8-6 2001~2008 年中原城市群货运强度变化趋势

(二)中原城市群公路货运联系生成地域类型分析

通过对中原城市群区域 9 个城市 2001~2008 年公路货运生成量与经济发展进行对比分析,主要以公路货物生成密度、货运强度这两组指标分别与各城市经济水平和产业结构进行对比,归纳其生成的地域差异与特征。

1. 中原城市群区域货物生成地域类型

以人均国内生产总值与货物生成密度两个指标作为 x 轴和 y 轴,以平均值为基准可将中原城市群各城市划分为四种类型:

第Ⅰ种类型:高产值高密度;

第Ⅱ种类型:低产值高密度;

第Ⅲ种类型:低产值低密度;

第Ⅳ种类型:高产值低密度。

四种货物生成密度地域类型如图 8-7 所示。[1]

2001~2008 年中原城市群区域各城市公路货物生成密度与经济水平二元分析如表 8-14 所示。

---

[1] 张文尝、金凤君、荣朝和:《空间运输联系——理论研究·实证分析·预测方法》,中国铁道出版社 1992 年版,第 200 页。

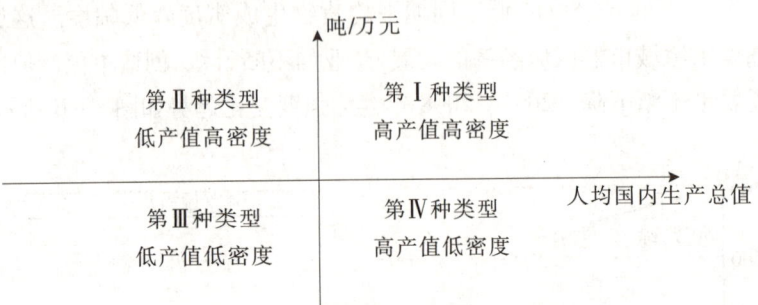

图 8 – 7　四种货物生成密度地域类型

表 8 – 14　中原城市群公路货物生成密度与经济发展水平二元分析

年份	郑州	开封	洛阳	平顶山	新乡	焦作	许昌	漯河	济源
2001	Ⅳ	Ⅱ	Ⅱ	Ⅲ	Ⅱ	Ⅱ	Ⅲ	Ⅲ	Ⅰ
2002	Ⅳ	Ⅱ	Ⅱ	Ⅲ	Ⅱ	Ⅰ	Ⅲ	Ⅲ	Ⅰ
2003	Ⅳ	Ⅱ	Ⅳ	Ⅲ	Ⅱ	Ⅰ	Ⅲ	Ⅲ	Ⅰ
2004	Ⅳ	Ⅱ	Ⅳ	Ⅲ	Ⅱ	Ⅰ	Ⅲ	Ⅲ	Ⅰ
2005	Ⅳ	Ⅱ	Ⅳ	Ⅲ	Ⅱ	Ⅰ	Ⅲ	Ⅲ	Ⅰ
2006	Ⅳ	Ⅱ	Ⅳ	Ⅲ	Ⅱ	Ⅰ	Ⅲ	Ⅲ	Ⅰ
2007	Ⅳ	Ⅱ	Ⅳ	Ⅲ	Ⅱ	Ⅰ	Ⅲ	Ⅲ	Ⅰ
2008	Ⅳ	Ⅱ	Ⅳ	Ⅲ	Ⅱ	Ⅰ	Ⅲ	Ⅲ	Ⅰ

其中焦作市从 2002 年开始从第Ⅱ种类型转变为第Ⅰ种类型；洛阳市从 2003 年开始从第Ⅱ种类型转变成第Ⅳ种类型。从 2003 年以后中原城市群各城市所属类型开始固定，没有变化。

（1）第Ⅰ种类型的城市：焦作、济源。

这两个城市属于"高产值高密度"，人均 GDP 与货物生成密度均高于城市群平均水平。

（2）第Ⅱ种类型的城市：开封、新乡。

这两个城市属于"低产值高密度"，人均 GDP 低于城市群平均水平，但货物生成密度高于城市群平均水平。

（3）第Ⅲ种类型的城市：平顶山、许昌、漯河。

这三个城市属于"低产值低密度",人均 GDP 与货物生成密度均低于城市群平均水平。

(4)第Ⅳ种类型的城市:郑州、洛阳。

这两个城市属于"高产值低密度",人均 GDP 高于城市群平均水平,但货物生成密度低于城市群平均水平。这其中主要原因在于这两个城市的产业层次在整个城市群区域最先进,单位产值产生的货物运输需要相对最小。

2. 中原城市群区域货运强度地域类型

同样以人均国内生产总值指标作为 x 轴,以货运强度指标作为 y 轴,以平均值为基准可以将中原城市群各城市划分为四种类型:

第Ⅰ种类型:高产值高强度;

第Ⅱ种类型:低产值高强度;

第Ⅲ种类型:低产值低强度;

第Ⅳ种类型:高产值低强度。

四种货运强度地域类型如图 8 - 8 所示。[①]

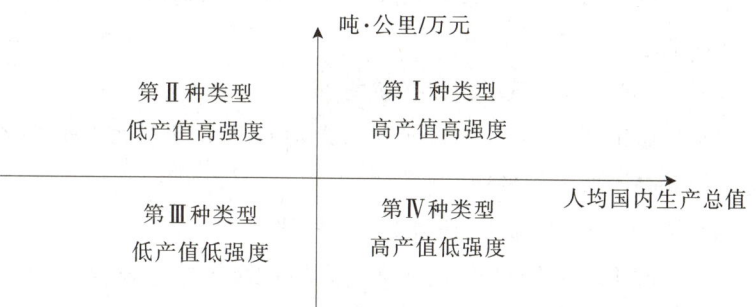

图 8 - 8 四种货运强度地域类型

2001 ~ 2008 年中原城市群各城市公路货运强度与经济水平二元分析如表 8 - 15 所示。

---

① 张文尝、金凤君、荣朝和:《空间运输联系——理论研究·实证分析·预测方法》,中国铁道出版社 1992 年版,第 203 ~ 204 页。

表 8-15　中原城市群公路货运强度与经济发展水平二元分析

年份	郑州	开封	洛阳	平顶山	新乡	焦作	许昌	漯河	济源
2001	Ⅳ	Ⅱ	Ⅱ	Ⅲ	Ⅱ	Ⅱ	Ⅲ	Ⅲ	Ⅰ
2002	Ⅳ	Ⅱ	Ⅱ	Ⅲ	Ⅱ	Ⅰ	Ⅲ	Ⅲ	Ⅰ
2003	Ⅳ	Ⅱ	Ⅳ	Ⅲ	Ⅱ	Ⅰ	Ⅲ	Ⅲ	Ⅰ
2004	Ⅳ	Ⅱ	Ⅳ	Ⅲ	Ⅱ	Ⅰ	Ⅲ	Ⅲ	Ⅰ
2005	Ⅳ	Ⅱ	Ⅳ	Ⅲ	Ⅱ	Ⅰ	Ⅲ	Ⅲ	Ⅰ
2006	Ⅳ	Ⅱ	Ⅳ	Ⅲ	Ⅱ	Ⅰ	Ⅲ	Ⅲ	Ⅰ
2007	Ⅳ	Ⅱ	Ⅳ	Ⅲ	Ⅱ	Ⅰ	Ⅲ	Ⅲ	Ⅰ
2008	Ⅳ	Ⅱ	Ⅳ	Ⅲ	Ⅱ	Ⅰ	Ⅲ	Ⅲ	Ⅰ

与货物生成密度变化相同,焦作市从 2002 年开始从第Ⅱ种类型转变为第Ⅰ种类型;洛阳市从 2003 年开始从第Ⅱ种类型转变为第Ⅳ种类型。从 2003 年以后中原城市群各城市所属类型开始固定,没有变化。

(1)第Ⅰ种类型的城市:焦作、济源。

这两个城市属于"高产值高强度",人均 GDP 与货运强度均高于城市群平均水平。

(2)第Ⅱ种类型的城市:开封、新乡。

这两个城市属于"低产值高强度",人均 GDP 低于城市群平均水平,但货运强度高于城市群平均水平。

(3)第Ⅲ种类型的城市:平顶山、许昌、漯河。

这三个城市属于"低产值低强度",人均 GDP 与货运强度均低于城市群平均水平。

(4)第Ⅳ种类型的城市:郑州、洛阳。

这两个城市属于"高产值低强度",人均 GDP 高于城市群平均水平,但货运强度低于城市群平均水平。

3. 中原城市群区域货运联系生成类型综合分析

从表 8-14、表 8-15 中可以看出,2001~2008 年中原城市群各城市所属货物生成密度与货运强度类型完全一致。其中焦作市从 2002 年开始从第Ⅱ种类型转变为第Ⅰ种类型;洛阳市从 2003 年开始从第Ⅱ种类型转变为第Ⅳ种类型。从 2003 年以后,中原城市群各城市所属类型基本上开始固定,没有变化。将旅客生成密度和客运强度同各城市的社会经济发展水平相结合,分析可得出中原城市群各城市所属的 4 种综合类型(以 2008 年相关指标为基准):

(1) Ⅰ-Ⅰ:高产值高密度高强度:焦作和济源。

这两个城市人均 GDP、单位产值货运量与单位产值货运周转量均高于城市群平均水平。这其中主要原因在于焦作市与济源市这两个城市均属于重化工业发达的城市,运输需求比较高,物流量大。

(2) Ⅱ-Ⅱ:低产值高密度高强度:开封、新乡。

这两个城市人均 GDP 低于城市群平均水平,由于经济发展水平低,因此导致物流量比较大,所以造成了单位产值货运量和货运周转量均高于城市群平均水平。

(3) Ⅲ-Ⅲ:低产值低密度低强度:平顶山、许昌、漯河。

这几个城市人均 GDP、单位产值货运量和货运周转量均低于城市群平均水平。

(4) Ⅳ-Ⅳ:高产值低密度低强度:郑州、洛阳。

这两个城市人均 GDP 高于城市群平均水平,单位产值货运量和货物周转量低于城市群平均水平。

按照货物生成密度的一般规律是随经济水平提高而下降,呈指数函数关系。货运强度与经济发展水平成反比例函数关系,经济水平高的地域货运强度低,经济水平低的地域货运强度高。Ⅰ-Ⅰ与Ⅲ-Ⅲ型均属于不符合这一规律,中原城市群不符合这一规律的城市可以分为两类:

(1) 高产值高密度高强度:焦作、济源。

原因分析:从焦作与济源两市的产业结构来看,两城市的第二产业比重远高于城市群平均水平。其中济源市的第二产业比重在整个城市群中最高,达到 70.3%,焦作市为 66.9%,均远高于城市群平均水平(56.9%)。

(2) 低产值低密度低强度:平顶山、许昌、漯河。

具体来看,平顶山属于资源型城市,有"中原煤都"之称,其煤炭主要通过铁路运输方式,因此公路货运量并不能完全反映出平顶山市的货物生成情况。许昌与漯河两市均位于京广线上,铁路运输条件优越,再加上许昌市的支柱产业以电子工业等对物流量需求相对较小的产业为主,而漯河市支柱产业为食品工业,对于货物运输需求相对较低。

三、中原城市群各城市运输联系生成地域类型

(一)运输生成地域类型划分

综合中原城市群各城市客运生成特征与货运生成特征,根据各城市经济发展对客运与货运需求的不同,将中原城市群各城市分为如下四种运输生成地域类型:

第Ⅰ种类型:客货并重型,经济发展对货运与客运的要求均比较高;
第Ⅱ种类型:货运主导型,经济发展对于货运的要求比较高;
第Ⅲ种类型:客货落后型,经济水平比较低,客运与货运均比较落后;
第Ⅳ种类型:客运主导型,经济发展对客运的要求比较高。
四种运输联系生成地域类型如图8-9所示。

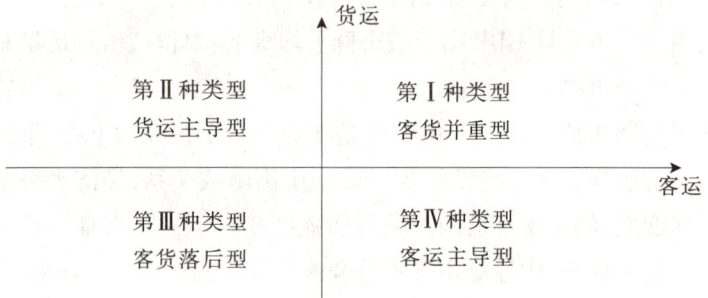

图8-9 四种运输联系生成地域类型

(二)各城市所属运输生成地域类型

根据表8-7、表8-8、表8-14和表8-15的研究结论,中原城市群各城市从2001~2008年的运输联系生成地域类型如表8-16所示。

表 8-16 中原城市群各城市运输联系生成地域类型

年份	郑州	开封	洛阳	平顶山	新乡	焦作	许昌	漯河	济源
2001	Ⅳ	Ⅱ	Ⅱ	Ⅲ	Ⅱ	Ⅲ	Ⅲ	Ⅲ	Ⅰ
2002	Ⅳ	Ⅱ	Ⅱ	Ⅲ	Ⅱ	Ⅱ	Ⅲ	Ⅲ	Ⅰ
2003	Ⅳ	Ⅰ	Ⅳ	Ⅲ	Ⅱ	Ⅱ	Ⅲ	Ⅲ	Ⅰ
2004	Ⅳ	Ⅰ	Ⅳ	Ⅲ	Ⅱ	Ⅱ	Ⅲ	Ⅲ	Ⅰ
2005	Ⅳ	Ⅰ	Ⅳ	Ⅲ	Ⅱ	Ⅱ	Ⅲ	Ⅲ	Ⅰ
2006	Ⅳ	Ⅰ	Ⅳ	Ⅲ	Ⅱ	Ⅱ	Ⅲ	Ⅲ	Ⅰ
2007	Ⅳ	Ⅰ	Ⅳ	Ⅲ	Ⅱ	Ⅱ	Ⅲ	Ⅲ	Ⅰ
2008	Ⅳ	Ⅰ	Ⅳ	Ⅲ	Ⅱ	Ⅱ	Ⅲ	Ⅲ	Ⅰ

如表 8-16 所示,从 2003 年以后中原城市群各城市所属运输联系生成地域类型开始固定,基本没有变化,中原城市群各城市运输生成地域类型如表 8-17 所示。

表 8-17 中原城市群各城市运输生成地域类型

类型		城市
第Ⅰ种	客货并重型	开封、济源
第Ⅱ种	货运主导型	新乡、焦作
第Ⅲ种	客货落后型	平顶山、许昌、漯河
第Ⅳ种	客运主导型	郑州、洛阳

1. 第Ⅰ种客运与货运并重型城市:济源、开封

济源市的人均 GDP、旅客生成密度、客运强度与货物生成密度、货运强度均高于城市群平均水平。

开封的情况有所不同,人均 GDP 低于城市群平均水平,客运强度、货物生成密度与货运强度均高于城市群平均水平,但是旅客生成密度低于城市群平均水平。最近几年开封逐渐向旅游城市与休闲城市发展,客流增长速度比较快,经济发展对客运的需求会越来越大,因此也划入客运与货运并重型的城市。

2. 第Ⅱ种货运主导型城市：新乡、焦作

新乡的人均 GDP、旅客生成密度和客运强度均低于城市群平均水平，但货运强度和货物生成密度高于城市群平均水平；焦作的情况稍有不同，其人均 GDP 高于城市群平均水平，但其他方面与新乡一样，因此也划入货运主导型的城市。

3. 第Ⅲ种客货落后型城市：平顶山、许昌、漯河

这三个城市的人均 GDP、旅客生成密度、客运强度、货物生成密度与货运强度均低于城市群平均水平，属于客货落后型城市，客运与货运生成量小，旅客与货物的交流范围不广，物流不发达。

4. 第Ⅳ种客运主导型城市：郑州、洛阳

这两个城市的人均 GDP、旅客生成密度和客运强度均高于城市群平均水平，但货物生成密度和货运强度低于城市群平均水平，属于客运主导型城市。

这些城市分属不同的运输生成地域类型，经济发展对于客运与货运的要求不同，因此应当采取不同的发展模式，有针对性地侧重于发展货运或客运，或者客运与货运同时并重发展。

第三节　中原城市群公路运输联系增长分析

一、空间运输联系增长分析指标

中原城市群区域空间运输联系增长分析主要在研究中原城市群区域客运与货运在其各自影响因素作用下的时序变化规律，主要采取增长率和弹性系数等方法来研究旅客与货物运输的增长与经济增长的关系。[①]

运输弹性系数是指运输增长速度与经济增长速度之比，用以研究不同历史时期运输业发展与国民经济发展之间的比例关系、变化特征及其规律。一般公式为：

---

① 张文尝、金凤君、唐秀芳：《空间运输联系的生成与增长规律研究》，载《地理学报》1994年第5期。

$$\text{运输弹性系数} = \text{运输增长速度} / \text{经济增长速度} \quad (8-5)$$

分子表示运输增长速度,可分别采用货运量、客运量增长速度等指标。分母表示经济增长速度,可分别采用国内生产总值、工农业总产值等指标。

根据定义计算弹性系数的常用方法主要有几何平均法和算术平均法,本文采用几何平均法,其数学表达式为:

$$E_n = \sqrt[n]{\left(\frac{T_n - T_0}{T_0}\right) \Big/ \left(\frac{G_n - G_0}{G_0}\right)} \quad (8-6)$$

式中:n 为计算年度与基期年度差;

T_n 为第 n 年货运周转量、货运量等交通运输数据;

T_0 为基期货运周转量、货运量等交通运输数据;

G_n 为第 n 年国内生产总值数据;

G_0 为基期国内生产总值数据;

E_n 为第 n 年的运输弹性系数。

$E_n < 0$ 表示交通运输业与经济发展呈相反关系。

$|E_n| > 1$ 称为高弹性,交通运输业增长速度快于国民经济增长速度,表示交通运输业对国民经济变动敏感,或者国民经济发展对交通运输业影响较大。

$|E_n| < 1$ 称为低弹性,交通运输业增长速度慢于国民经济增长速度,表示交通运输业对国民经济变动不敏感,或者国民经济发展对交通运输业影响并不是很大。[1]

二、中原城市群公路客运联系增长分析

(一)中原城市群公路客运联系增长分析

1. 中原城市群公路客运量增长率分析

2002~2008 年中原城市群区域各城市公路客运量增长情况如表 8 –

---

[1] 徐丽华、冯宗宪:《从运输弹性系数看陕西航空运输的发展》,载《统计与决策》2006 年第 1 期。

18所示。

表8-18 2002~2008年中原城市群公路客运量增长情况

基期:2001年

年份	2002	2003	2004	2005	2006	2007	2008	平均
郑州	8.9%	-16.0%	12.4%	0.8%	8.6%	20.2%	12.1%	6.7%
开封	22.0%	-8.1%	7.5%	17.5%	20.9%	13.6%	20.6%	13.4%
洛阳	-11.1%	-19.1%	5.0%	9.7%	8.5%	9.1%	22.3%	3.5%
平顶山	1.8%	-12.3%	19.6%	7.2%	9.6%	17.2%	1.5%	6.4%
新乡	13.5%	21.5%	3.1%	20.2%	8.7%	14.3%	14.4%	13.7%
焦作	6.9%	17.4%	12.3%	14.5%	8.5%	13.2%	18.7%	13.1%
许昌	0.1%	-28.1%	6.4%	2.9%	8.1%	9.1%	10.9%	1.3%
漯河	14.4%	-14.3%	17.0%	8.6%	8.1%	9.0%	15.0%	8.3%
济源	4.7%	-10.8%	12.4%	3.7%	8.0%	9.7%	4.4%	4.6%
城市群	3.7%	-11.7%	10.3%	8.3%	9.7%	13.9%	14.1%	6.9%
全省	6.0%	-10.3%	11.4%	8.1%	10.3%	13.9%	13.7%	7.6%

中原城市群各城市中,客运量年平均增长率最高的新乡市达13.7%,最低的许昌市,仅为1.3%。从整体上看,除少数年份,中原城市群区域公路客运量增长率一直低于全省平均水平,除2003年因受"非典"因素影响外,增长率整体呈上升态势,2007年增长率与全省增长率持平,到2008年增长率超过全省增长率。

中原城市群区域公路客运量年增长率从2002年的3.7%增长到2008年的14.1%,增长幅度明显。2002~2008年中原城市群区域公路客运量增长趋势如图8-10所示。

2. 中原城市群公路旅客周转量增长率分析

2002~2008年中原城市群区域各城市公路旅客周转量增长情况如表8-19所示。

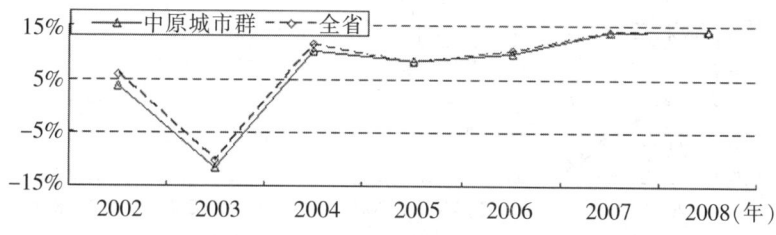

图 8-10　2002~2008 年中原城市群公路客运量增长趋势

表 8-19　2002~2008 年中原城市群公路旅客周转量增长情况

基期:2001 年

年份	2002	2003	2004	2005	2006	2007	2008	平均
郑州	15.3%	-8.5%	13.0%	4.8%	15.2%	28.2%	30.4%	14.1%
开封	40.4%	-15.9%	3.6%	24.0%	19.3%	22.4%	30.6%	17.8%
洛阳	-11.0%	-10.3%	13.9%	7.1%	10.1%	11.9%	22.4%	6.3%
平顶山	3.4%	-3.0%	30.2%	17.5%	9.6%	20.8%	21.4%	14.3%
新乡	2.5%	-15.4%	33.1%	20.1%	18.9%	25.0%	18.3%	14.6%
焦作	8.5%	-4.0%	13.1%	13.9%	9.1%	13.9%	18.3%	10.4%
许昌	0.1%	-37.7%	16.0%	6.2%	9.8%	10.1%	11.7%	2.3%
漯河	0.5%	-5.4%	15.9%	7.7%	11.3%	12.9%	16.2%	8.4%
济源	7.0%	-12.6%	14.5%	3.0%	9.0%	11.4%	7.2%	5.7%
城市群	6.4%	-12.2%	15.7%	11.1%	13.4%	19.9%	23.5%	11.1%
全省	5.6%	-10.3%	13.0%	10.7%	12.5%	22.1%	22.1%	10.8%

中原城市群各城市中旅客周转量年平均增长率最高的开封市达 17.8%,最低的许昌市仅为 2.3%。从整体上看,中原城市群区域客运周转量增长率略高于全省平均水平,除 2003 年因受非典因素影响外,增长率整体呈上升态势。

中原城市群区域客运量年增长率从 2002 年的 6.4% 增长到 2008 年的 23.5%,增长幅度明显。2002~2008 年中原城市群区域公路旅客周转量增长趋势如图 8-11 所示。

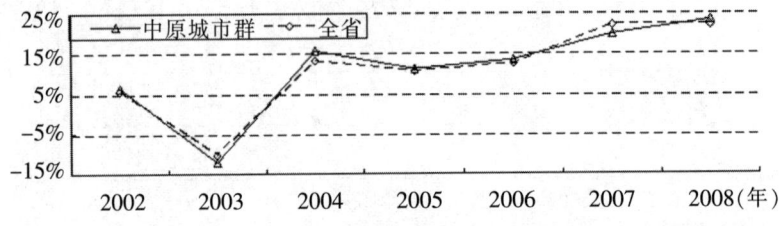

图 8-11　2002~2008 年中原城市群公路旅客周转量增长趋势

(二) 中原城市群公路旅客运输弹性系数分析

1. 中原城市群公路客运量弹性系数分析

2002~2008 年中原城市群区域各城市客运量弹性系数如表 8-20 所示。

表 8-20　2002~2008 年中原城市群客运量弹性系数

基期:2001 年

年份	2002	2003	2004	2005	2006	2007	2008	平均
郑州	0.73	-0.85	0.49	0.04	0.40	0.86	0.58	0.32
开封	3.17	-1.80	0.33	0.97	1.27	0.81	0.86	0.80
洛阳	-0.74	-0.68	0.16	0.42	0.43	0.46	1.10	0.16
平顶山	0.21	-0.90	0.69	0.37	0.47	0.80	0.05	0.24
新乡	1.31	1.90	0.14	1.13	0.49	0.66	0.66	0.90
焦作	0.57	0.93	0.37	0.52	0.43	0.59	0.91	0.62
许昌	0.00	-2.08	0.25	0.16	0.44	0.48	0.45	-0.04
漯河	1.43	-1.38	0.65	0.57	0.45	0.60	0.58	0.41
济源	0.23	-0.59	0.44	0.19	0.31	0.41	0.15	0.16
合计	0.32	-0.70	0.38	0.41	0.49	0.66	0.62	0.31
全省	0.66	-0.75	0.47	0.34	0.61	0.65	0.61	0.37

中原城市群各城市中客运量平均弹性系数最高的开封市为 0.8,最低的许昌市为 -0.04。从整体上看,除少数年份,中原城市群区域客运量弹性系数一直略低于全省平均水平,中原城市群区域 2002~2008 年客运量弹性系数平均值仅为 0.31,低于全省平均值 0.37。

综合来看,中原城市群区域客运量弹性系数从 2002 年的 0.32 增长到 2008 年的 0.62,增长幅度明显。2002~2008 年中原城市群区域客运量弹性系数变化趋势如图 8-12 所示。

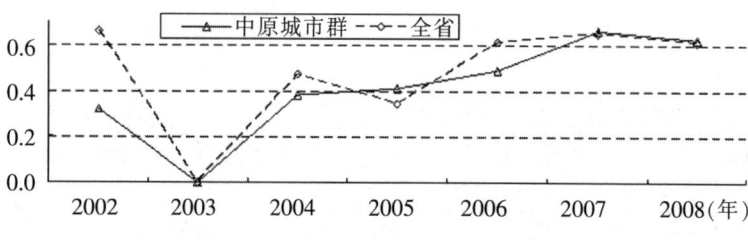

图 8-12　2002~2008 年中原城市群客运量弹性系数变化趋势

2. 中原城市群公路客运周转量弹性系数分析

2002~2008 年中原城市群区域各城市公路客运周转量弹性系数如表 8-21 所示。

表 8-21　2002~2008 年中原城市群公路旅客周转量弹性系数

基期:2001 年

年份	2002	2003	2004	2005	2006	2007	2008	平均
郑州	1.27	-0.45	0.52	0.23	0.71	1.20	1.46	0.71
开封	5.81	-3.53	0.16	1.33	1.17	1.33	1.27	1.08
洛阳	-0.73	-0.36	0.43	0.31	0.51	0.60	1.10	0.27
平顶山	0.38	-0.22	1.06	0.90	0.47	0.96	0.71	0.61
新乡	0.24	-1.36	1.52	1.12	1.07	1.15	0.84	0.65
焦作	0.71	-0.21	0.39	0.49	0.46	0.62	0.89	0.48
许昌	0.01	-2.80	0.63	0.36	0.52	0.53	0.48	-0.04
漯河	0.04	-0.52	0.61	0.50	0.62	0.86	0.62	0.39
济源	0.35	-0.69	0.52	0.15	0.35	0.48	0.25	0.20
合计	0.55	-0.73	0.58	0.54	0.68	0.95	1.04	0.52
全省	0.61	-0.74	0.53	0.45	0.75	1.03	0.98	0.52

中原城市群各城市中旅客周转量平均弹性系数最高的开封市为

1.08,最低的许昌市为-0.04。中原城市群区域公路客运周转量弹性系数从2002年的0.55增长到2008年的1.04,几乎翻了一番,增长幅度明显。从整体上看,与全省公路旅客周转量弹性系数差别不大,平均弹性系数相同。2002~2008年中原城市群区域公路旅客周转量弹性系数变化趋势如图8-13所示。

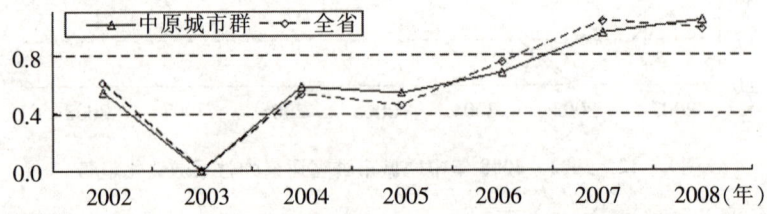

图8-13 2002~2008年中原城市群公路旅客周转量弹性系数变化趋势

(三)中原城市群公路客运联系的增长特征

1. 中原城市群公路客运联系增长整体特征

2002~2008年中原城市群各城市客运量、旅客周转量的增长率及弹性系数与GDP增长率平均值如表8-22所示。

表8-22 2002~2008年中原城市群各城市客运增长率与弹性系数

基期:2001年

	客运量		旅客周转量		GDP
	增长率(%)	弹性系数	增长率(%)	弹性系数	增长率(%)
郑州	6.7	0.32	14.1	0.71	20.27
开封	13.4	0.80	17.8	1.08	15.64
洛阳	3.5	0.16	6.3	0.27	22.56
平顶山	6.4	0.24	14.3	0.61	20.35
新乡	13.7	0.90	14.6	0.65	17.50
焦作	13.1	0.62	10.4	0.48	22.15
许昌	1.3	-0.04	2.3	-0.04	18.46
漯河	8.3	0.41	8.4	0.39	17.25
济源	4.6	0.16	5.7	0.20	23.45

续表

	客运量		旅客周转量		GDP
	增长率(%)	弹性系数	增长率(%)	弹性系数	增长率(%)
城市群	6.9	0.31	11.1	0.52	19.89
全省	7.6	0.37	10.8	0.52	18.86

2002~2008年中原城市群区域GDP平均增长率为19.89%,客运量平均增长率为6.9%,旅客周转量平均增长率为11.1%,除客运量外均高于同期全省平均增长率。这其中旅客周转量的平均增长率超过了客运量的平均增长率,说明了中原城市群区域在出行频率增加的同时,出行范围也在逐渐扩大,并且超过了出行频率的增长幅度。

从增长速度来看,开封与新乡两城市的客运量与旅客周转量增长速度均远远高于城市群平均水平,在进行客运规划与建设时要重点倾斜。

2. 中原城市群各城市公路客运增长地域类型分析

运输弹性系数能够反映出运输业发展与国民经济发展之间的比例关系,根据弹性系数与城市群平均水平的比较,将中原城市群各城市进行分类,分析其客运联系与经济增长的协调性。

根据客运量弹性系数、旅客周转量弹性系数与城市群平均弹性系数的比较,可以将中原城市群各城市分为三种类型,如表8-23所示。

表8-23 中原城市群各城市公路客运增长类型划分

类型	特征	城市
双高型	客运量、旅客周转量均高	郑州、开封、新乡
双低型	客运量、旅客周转量均低	洛阳、许昌、济源
一高一低型	客运量高、旅客周转量低	焦作、漯河
	客运量低、旅客周转量高	平顶山

(1)双高型。

客运量弹性系数与旅客周转量弹性系数均高于城市群平均值,有郑州、开封、新乡等3个城市。

说明这些城市的客运量与旅客周转量的增长速度基本上与经济发展水平协调,客运增长基本上能够满足经济增长的需求。

(2)双低型。

即客运量弹性系数与旅客周转量弹性系数均低于城市群平均值,有洛阳、许昌、济源等3个城市。

这些城市的客运量与旅客周转量增长速度与经济发展水平不相协调,客运增长远远落后于经济增长,需要采取措施解决这一问题。

(3)一高一低型。

客运量弹性系数高、旅客周转量弹性系数低的城市有焦作、漯河;

客运量弹性系数低、旅客周转量弹性系数高的城市有平顶山。

这些城市的客运量与旅客周转量增长速度与经济发展水平不完全协调,需要根据各城市具体情况采取措施。

三、中原城市群公路货运联系增长分析

(一)中原城市群公路货运联系增长分析

1. 中原城市群公路货运量增长率分析

2002~2008年中原城市群区域各城市公路货运量增长情况如表8-24所示。

表8-24 2002~2008年中原城市群公路货运量增长情况

基期:2001年

年份	2002	2003	2004	2005	2006	2007	2008	平均
郑州	7.5%	-3.4%	10.4%	2.2%	11.3%	22.1%	17.3%	9.6%
开封	4.8%	-1.5%	-2.3%	12.3%	18.9%	21.4%	29.2%	11.8%
洛阳	3.0%	1.0%	2.2%	6.6%	8.2%	9.2%	27.7%	8.3%
平顶山	7.9%	6.2%	8.2%	7.3%	15.2%	20.3%	68.9%	19.2%
新乡	2.6%	12.4%	10.0%	14.9%	8.0%	12.1%	14.8%	10.7%
焦作	5.2%	2.0%	2.3%	4.8%	8.1%	14.9%	16.9%	7.7%
许昌	6.6%	-5.5%	2.4%	3.3%	18.8%	18.9%	19.2%	9.1%

续表

年份	2002	2003	2004	2005	2006	2007	2008	平均
漯河	8.8%	7.6%	-3.2%	2.5%	8.1%	9.0%	11.2%	6.3%
济源	3.9%	13.5%	5.0%	7.2%	11.8%	17.3%	26.9%	12.2%
城市群	5.3%	2.4%	4.7%	7.1%	11.3%	16.2%	24.9%	10.3%
全省	4.0%	0.6%	3.6%	7.8%	11.5%	19.5%	17.8%	9.3%

中原城市群各城市中货运量平均增长速度最高的平顶山市为19.2%,最低的漯河市为6.3%。

从整体上看,除少数年份,中原城市群区域货运量增长率一直略高于全省平均水平,除2003年因受非典因素影响外,货运量增长率整体呈上升态势。年增长率从2002年的5.3%增长到2008年的24.9%,增长幅度明显。2002～2008年中原城市群区域公路货运量增长趋势如图8-14所示。

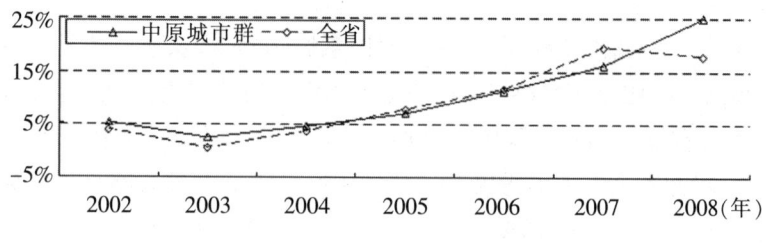

图 8-14 2002～2008 年中原城市群区域公路货运量增长趋势

2. 中原城市群公路货物周转量增长率分析

2002～2008 年中原城市群区域各城市公路货物周转量增长情况如表 8-25 所示。

表 8-25 2002～2008 年中原城市群区域各城市公路货物周转量增长情况

基期:2001 年

年份	2002	2003	2004	2005	2006	2007	2008	平均
郑州	7.2%	-1.3%	6.7%	7.4%	9.2%	21.0%	16.4%	9.5%

续表

年份	2002	2003	2004	2005	2006	2007	2008	平均
开封	4.6%	-0.1%	-7.7%	27.3%	19.6%	26.2%	39.3%	15.6%
洛阳	-0.5%	13.3%	6.3%	7.1%	9.7%	17.6%	30.4%	12.0%
平顶山	17.2%	6.0%	13.0%	16.6%	16.1%	25.8%	25.7%	17.2%
新乡	6.7%	12.6%	12.0%	15.0%	18.0%	25.0%	23.3%	16.1%
焦作	7.9%	2.0%	2.7%	4.9%	11.0%	18.0%	21.1%	9.7%
许昌	0.1%	-7.3%	4.5%	2.9%	19.1%	18.5%	19.5%	8.2%
漯河	8.7%	-4.4%	17.2%	2.0%	9.7%	10.0%	14.4%	8.2%
济源	11.0%	13.5%	5.0%	11.0%	23.1%	26.8%	29.1%	17.1%
城市群	5.9%	4.1%	6.2%	10.4%	14.0%	21.3%	24.7%	12.4%
全省	6.1%	1.6%	4.2%	10.7%	15.4%	26.6%	24.4%	12.7%

中原城市群各城市中货物周转量平均增长速度最高的平顶山市为17.2%,济源市达17.1%,新乡市为16.1%;最低的是许昌市和漯河市,均为8.2%。

从整体上看,除2003年因受非典因素影响外,增长率整体呈上升态势。与全省相比,除少数年份外,中原城市群区域公路货物周转量增长率略低于全省平均水平,2002～2008年城市公路货物周转量平均为12.4%,略低于全省平均增幅12.7%。中原城市群区域公路货物周转量增长率从2002年的5.9%增长到2008年的24.7%,增长幅度明显。2002～2008年中原城市群区域公路货物周转量增长趋势如图8-15所示。

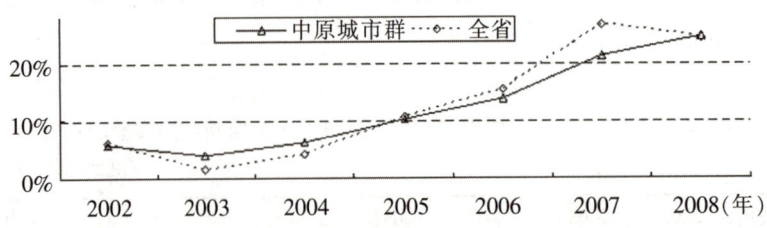

图8-15　2002～2008年中原城市群公路货物周转量增长趋势

(二)中原城市群公路货物运输弹性系数分析

1. 中原城市群公路货运量弹性系数分析

2002~2008 年中原城市群区域各城市公路货运量弹性系数如表 8-26 所示。

表 8-26 2002~2008 年中原城市群区域各城市公路货运量弹性系数

基期:2001 年

年份	2002	2003	2004	2005	2006	2007	2008	平均
郑州	0.62	-0.18	0.41	0.11	0.53	0.94	0.83	0.47
开封	0.69	-0.33	-0.10	0.68	1.14	1.27	1.21	0.65
洛阳	0.20	0.03	0.07	0.29	0.41	0.47	1.36	0.41
平顶山	0.89	0.45	0.29	0.38	0.75	0.94	2.30	0.86
新乡	0.25	1.09	0.46	0.83	0.45	0.56	0.68	0.62
焦作	0.43	0.11	0.07	0.17	0.41	0.66	0.82	0.38
许昌	0.59	-0.41	0.10	0.19	1.01	0.99	0.79	0.47
漯河	0.87	0.74	-0.12	0.16	0.45	0.60	0.43	0.45
济源	0.19	0.74	0.18	0.36	0.46	0.73	0.93	0.51
合计	0.46	0.14	0.18	0.34	0.57	0.77	1.10	0.51
全省	0.44	0.05	0.15	0.33	0.69	0.91	0.79	0.48

中原城市群各城市中货运量平均弹性系数最高的平顶山市为 0.86,最低的焦作市为 0.38。从整体上看,除少数年份,中原城市群区域公路货运量弹性系数一直略高于全省平均水平,中原城市群区域 2002~2008 年公路货运量弹性系数平均值为 0.51,略高于全省平均值 0.48。

综合来看,中原城市群区域货运量弹性系数从 2002 年的 0.46 增长到 2008 年的 1.10,增长幅度明显。2002~2008 年中原城市群区域货运量弹性系数变化趋势如图 8-16 所示。

2. 中原城市群公路货物周转量弹性系数分析

2002~2008 年中原城市群区域各城市公路货物周转量弹性系数如表 8-27 所示。

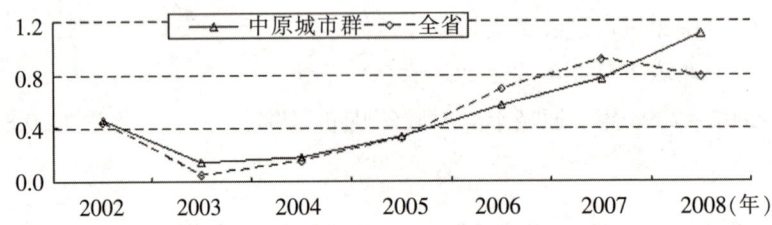

图 8-16　2002~2008 年中原城市群货运量弹性系数变化趋势

表 8-27　2002~2008 年中原城市群公路货物周转量弹性系数

基期:2001 年

年份	2002	2003	2004	2005	2006	2007	2008	平均
郑州	0.60	-0.07	0.27	0.36	0.43	0.89	0.79	0.47
开封	0.67	-0.02	-0.34	1.52	1.19	1.55	1.63	0.89
洛阳	-0.04	0.47	0.20	0.31	0.49	0.90	1.49	0.55
平顶山	1.94	0.44	0.46	0.86	0.79	1.20	0.86	0.93
新乡	0.65	1.11	0.55	0.84	1.02	1.14	1.07	0.91
焦作	0.65	0.11	0.08	0.17	0.56	0.80	1.03	0.49
许昌	0.01	-0.55	0.18	0.17	1.03	0.97	0.81	0.37
漯河	0.86	-0.43	0.66	0.13	0.54	0.67	0.55	0.43
济源	0.54	0.74	0.18	0.56	0.91	1.14	1.01	0.72
合计	0.51	0.25	0.23	0.51	0.71	1.01	1.09	0.61
全省	0.68	0.12	0.17	0.45	0.92	1.24	1.08	0.66

中原城市群各城市中货运周转量平均弹性系数最高的平顶山市为 0.93,最低的许昌市为 0.37。

中原城市群区域公路货物周转量弹性系数从 2002 年的 0.51 增长到 2008 年的 1.09,增长幅度明显。从整体上看,略低于全省公路货物周转量弹性系数。2002~2008 年中原城市群区域公路旅客周转量弹性系数变化趋势如图 8-17 所示。

(三)中原城市群公路货运联系的增长特征

1. 中原城市群公路货运联系增长整体特征

2002~2008 年中原城市群各城市货运量、货物周转量的增长率及弹

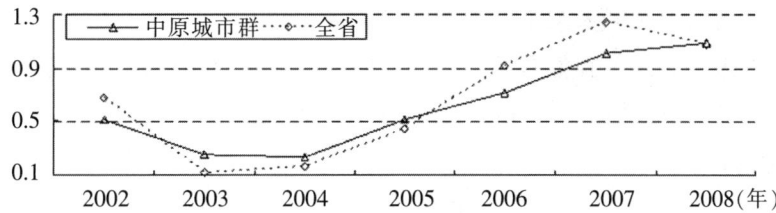

图 8-17 2002~2008 年中原城市群公路货物周转量弹性系数变化趋势

性系数与 GDP 增长率平均值如表 8-28 所示。

表 8-28 2002~2008 年中原城市群各城市货运量、货物周转量增长率及弹性系数与 GDP 增长率平均值

基期：2001 年

	货运量		货物周转量		GDP
	增长率(%)	弹性系数	增长率(%)	弹性系数	增长率(%)
郑州	9.6	0.47	9.5	0.47	20.27
开封	11.8	0.65	15.6	0.89	15.64
洛阳	8.3	0.41	12.0	0.55	22.56
平顶山	19.2	0.86	17.2	0.93	20.35
新乡	10.7	0.62	16.1	0.91	17.50
焦作	7.7	0.38	9.7	0.49	22.15
许昌	9.1	0.47	8.2	0.37	18.46
漯河	6.3	0.45	8.2	0.43	17.25
济源	12.2	0.51	17.1	0.72	23.45
城市群	10.3	0.51	12.4	0.61	19.89
全省	9.3	0.48	12.7	0.66	18.86

2002~2008 年中原城市群区域 GDP 平均增长率为 19.89%，货运量平均增长率为 10.3%，货物周转量平均增长率为 12.4%，除货物周转量外均高于同期全省平均增长率。这其中货物周转量的平均增长率超过了货运量的平均增长率，说明了中原城市群区域在货物生成量增加的同时，货物交流的范围也在逐渐扩大，并且超过了货物生成量的增长幅度。

2. 中原城市群公路货运联系增长地域类型

通过将货运量弹性系数与货物周转量弹性系数相结合,对比城市群平均弹性系数进行分析,可将中原城市群 9 个城市划分为两种类型,如表 8-29 所示。

表 8-29 中原城市群各城市公路货运增长类型划分

类型	特征	城市
双高型	货运量、货物周转量均高	开封、平顶山、新乡、济源
双低型	货运量、货物周转量均低	郑州、洛阳、焦作、许昌、漯河

(1)双高型。

货运量弹性系数与货物周转量弹性系数均高于城市群平均值,有开封、平顶山、新乡、济源等 4 个城市。

说明这些城市的货运量与货物周转量的增长速度基本上与经济发展水平相协调,货运增长基本上能够满足经济增长的需求。

(2)双低型。

货运量弹性系数与货物周转量弹性系数均低于城市群平均值,有郑州、洛阳、焦作、许昌、漯河等 5 个城市。

这些城市的货运量与货物周转量增长速度与经济发展水平不相协调,货运增长远远落后于经济增长,需要采取措施解决这一问题。

四、中原城市群公路运输联系的增长特征

(一)旅客出行范围与货物交流范围扩大,货物运输需求增长幅度大

2002~2008 年中原城市群区域 GDP 平均增长率为 19.89%,客运量平均增长率为 4.29%,而相对应的货运量平均增长率为 10.3%;旅客周转量平均增长率为 11.1%,相对应的货物周转量平均增长率为 12.4%。

这其中旅客周转量的平均增长率超过了客运量的平均增长率,说明中原城市群区域在出行频率增加的同时,出行范围也在逐渐扩大,并且超过了出行频率的增长幅度。

货物周转量的平均增长率超过了货运量的平均增长率,说明中原城市群区域在货物生成量增加的同时,货物交流的范围也在逐渐扩大,并且超过了货物生成量的增长幅度。

货运量与货物周转量的增长率均超过了相对应的客运量与旅客周转量的增长率,这说明随着经济的发展,中原城市群区域对于货物运输的需求增长幅度要高于旅客运输需求的增长幅度。这说明中原城市群区域产业层次较低,经济发展仍然以低端和高消耗型产业为主。

(二)中原城市群运输增长地域类型分析

综合中原城市群各城市客运增长弹性系数特征与货运增长弹性系数特征,将中原城市群各城市分为如下几种类型:

第Ⅰ种类型:客货协调型,货运平均弹性系数与客运平均弹性系数均超过城市群平均增长水平;

第Ⅱ种类型:货运协调型,货运平均弹性系数超过城市群平均增长水平;

第Ⅲ种类型:客货滞后型,货运平均弹性系数与客运平均弹性系数均落后于城市群平均增长水平;

第Ⅳ种类型:客运协调型,客运平均弹性系数超过城市群平均增长水平。

四种运输联系增长地域类型如图 8-18 所示。

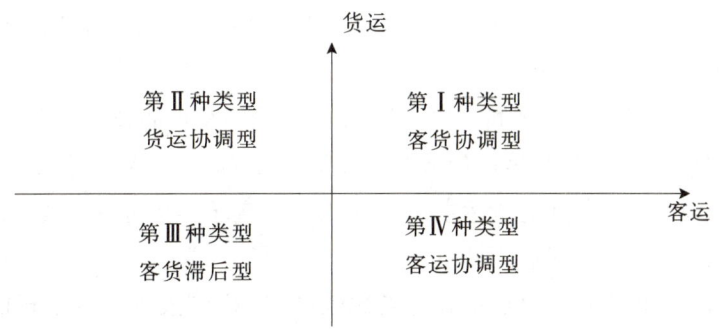

图 8-18 四种运输联系增长地域类型

根据表 8-23 和表 8-29 的研究结论,中原城市群各城市运输增长地域类型如表 8-30 所示。

表 8-30　中原城市群各城市运输增长地域类型划分

类型		城市
第Ⅰ种	客货协调型	开封、新乡
第Ⅱ种	货运协调型	平顶山、济源
第Ⅲ种	客货滞后型	洛阳、焦作、许昌、漯河
第Ⅳ种	客运协调型	郑州

第Ⅰ种客货协调型的城市：开封、新乡。

开封和新乡的客运量、旅客周转量、货运量和货物周转量的弹性系数均高于城市群平均水平，客运与货运增长速度比较快，与 GDP 发展速度比较协调，基本上能够满足经济发展所带来的人流与物流需求。

第Ⅱ种货运协调型的城市：平顶山、济源。

济源的客运量与旅客周转量弹性系数均低于城市群平均水平，但是货运量和货物周转量的弹性系数均高于城市群平均水平，平顶山除旅客周转量弹性系数高于城市群平均水平以外，其他与济源一样，考虑到从运输生成地域类型上平顶山是货运主导型城市，因此也将其划入货运协调型城市。

第Ⅲ种客货滞后型的城市：洛阳、焦作、许昌、漯河。

洛阳和许昌的客运量、旅客周转量、货运量和货物周转量的弹性系数均低于城市群平均水平。

焦作与漯河的旅客周转量、货运量和货物周转量的弹性系数均低于城市群平均水平，但是客运量弹性系数高于城市群平均水平，其中在运输生成地域类型上焦作是货运主导型城市，漯河属于客货落后型城市，因此将它们均划入客货滞后型城市。

这些城市客运与货运增长速度比较慢，与 GDP 发展速度不相协调，难以完全满足经济发展所带来的人流与物流需求。

第Ⅳ种客运协调型的城市：郑州。

郑州的客运量、旅客周转量弹性系数均大于城市群平均水平，但货运量和货物周转量的弹性系数均小于城市群平均水平。在运输生成地域类型上郑州属于客运主导型城市,其客运增长速度比较快,与 GDP 发展速度比较协调,基本上能够满足经济发展所带来的人流需求。

第四节　中原城市群公路运输联系的分布分析

一、空间运输联系分布评价指标

空间运输联系的分布规律旨在研究特定地域系统中特定经济社会结构下的客货生成、演变的空间差异,空间运输联系分布的评价指标如下:

(一)分布比

分布比是指地域系统中一个要素在各亚区域上的百分比,其值越大表明分布在该亚区域上的份额越多。

本文主要采用各要素在中原城市群区域的百分比与各要素在中原城市群内部各城市的分布比两种。

(二)位势商

指两个相关指标分布比的商,分析运输联系时,一般以人口、产值分布比等为分母,运输生成量分布比为分子,求其比值。它表示"一个区域产生客运量或货运量之势能"。

$$客运量位势商 = 客运量分布比/人口分布比 \quad (8-7)$$
$$旅客周转量位势商 = 旅客周转量分布比/人口分布比 \quad (8-8)$$
$$货运量位势商 = 货运量分布比/GDP 分布比 \quad (8-9)$$
$$货物周转量位势商 = 货物周转量分布比/GDP 分布比 \quad (8-10)$$

(三)地域分布非均衡系数(δ)

地域分布非均衡系数(δ)是根据亚区域分布比求得的标准差,δ值越大,分布越不均衡。计算公式如下所示:

$$\delta = \sqrt{\sum_{i=1}^{n}(P_i - \overline{P})^2/n} \quad (8-11)$$

式中：P_i 为亚地区的分布比，$\overline{P}$ 为分布比的平均值，n 为亚区域数。①

二、中原城市群公路客运的分布分析

（一）中原城市群公路客运分布比分析

2001~2008年中原城市群区域公路客运量、旅客周转量与人口分布比如表8-31所示。

表8-31　2001~2008年中原城市群公路客运量、旅客周转量与人口分布比

年份	2001	2002	2003	2004	2005	2006	2007	2008	平均
客运量	50.5%	49.4%	48.6%	48.1%	48.2%	48.0%	48.0%	48.1%	48.6%
旅客周转量	45.6%	46.0%	45.0%	46.0%	46.2%	46.6%	45.7%	46.2%	45.9%
人口	40.1%	40.3%	40.3%	40.2%	40.2%	40.2%	40.2%	40.2%	40.2%

从分布比情况看，2001~2008年中原城市群区域公路客运量平均分布比为48.6%，旅客周转量平均分布比为45.9%，人口平均分布比为40.2%，前两者均高于人口平均分布比。但从整体趋势看，中原城市群区域公路客运量、旅客周转量分布比有缓慢下降趋势，如图8-19所示。

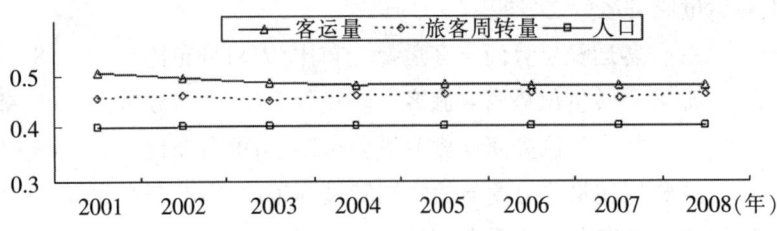

图8-19　2001~2008年中原城市群公路客运分布比变化趋势

这说明河南省其他地区的公路客运发展速度逐渐加快，中原城市群区域的公路客运与全省平均水平的差距有日渐缩小的趋势。这主要是河

---

① 张文尝、金凤君、荣朝和：《空间运输联系——理论研究·实证分析·预测方法》，中国铁道出版社1992年版，第109~110页。

南省加大了公路投资力度,各地的交通条件改善很快。从表8-1可以看出,在2006年以前,中原城市群的人均等级公路里程要超过全省平均水平;自2007年开始,中原城市群的人均等级公路里程已经低于全省平均水平。这说明今后中原城市群区域要继续加大公路建设的力度,为区域公路运输联系打造一个良好的基础条件。

(二)中原城市群公路客运位势商分析

1. 城市群客运量与客运周转量位势商

2001~2008年中原城市群区域公路客运量、旅客周转量位势商如表8-32所示。

表8-32 2001~2008年中原城市群公路客运量、旅客周转量位势商

年份	2001	2002	2003	2004	2005	2006	2007	2008	平均
客运量	1.26	1.23	1.21	1.20	1.20	1.19	1.19	1.20	1.21
旅客周转量	1.14	1.14	1.12	1.14	1.15	1.16	1.14	1.15	1.143

从位势商情况看,2001~2008年中原城市群区域公路客运量平均位势商为1.21,旅客周转量平均位势商为1.143。从整体趋势看,中原城市群区域公路客运量位势商有所下降,旅客周转量位势商变化不大,如图8-20所示。

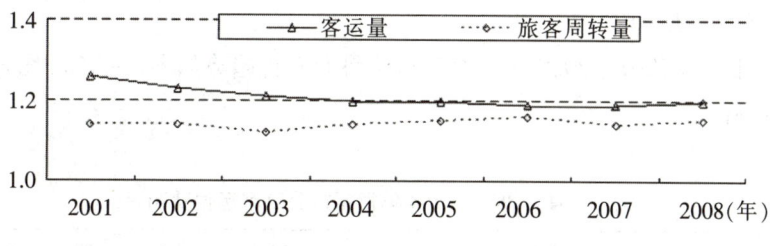

图8-20 2001~2008年中原城市群公路客运位势商变化趋势

2. 2008年各城市公路客运位势商分析

2008年各城市公路客运联系位势商如表8-33所示。

表8-33　2008年中原城市群各城市客运位势商

城市	郑州	开封	洛阳	平顶山	新乡	焦作	许昌	漯河	济源
客运量	1.43	0.90	1.16	0.82	0.71	0.98	0.54	1.12	2.38
客运周转量	1.70	1.21	1.06	0.77	0.84	0.69	0.41	0.87	1.18

位势商反映了各个城市客运量分布的区域位势。各城市客运量位势商高低相差比较悬殊。以2008年为例,客运量位势商最高的济源市达2.38,最低的许昌仅为0.54,前者为后者的4.41倍,表明对于济源市其客运地位要远远高于其经济地位,而许昌市则刚好相反。中原城市群区域各城市旅客周转量的位势商差别也较大。2008年旅客周转量位势商最高的郑州市为1.70,最低的许昌市为0.41,前者为后者的4.15倍。其中许昌市的客运量和旅客周转量位势商都是城市群内最低的,这说明许昌市的客运地位比较低。

综合来看,客运主导型城市郑州和洛阳,其客运量与旅客周转量的位势商均大于1;客运与货运并重型城市济源、开封,除开封的客运量位势商为0.9外,其他均大于1;而货运主导型城市新乡、焦作,其客运量与旅客周转量的位势商均小于1;在客货落后型城市平顶山、许昌、漯河中,除漯河的客运量位势商为1.12大于1外,其他均小于1。这说明客运联系位势商的大小,基本上反映了各城市的客运地位。

3. 2001~2008年各城市公路客运位势商演化分析

(1)郑州。

郑州市2001~2008年公路客运位势商变化趋势如表8-34和图8-21所示。

表8-34　2001~2008年郑州市公路客运位势商

年份	2001	2002	2003	2004	2005	2006	2007	2008
客运量	1.49	1.54	1.47	1.50	1.39	1.38	1.45	1.43
客运周转量	1.44	1.54	1.61	1.57	1.48	1.51	1.61	1.70

从表8-34和图8-21中可以看出,郑州市的公路客运位势商一直

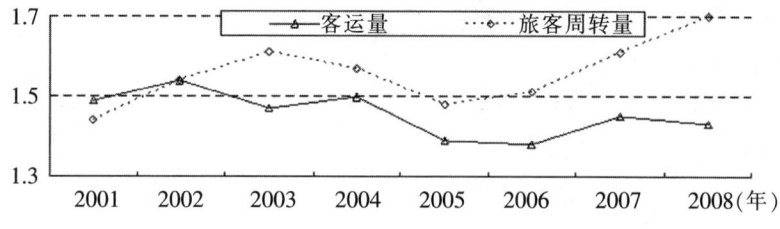

图 8-21 2001~2008 年郑州市公路客运位势商变化趋势

比较高,从 2001 年到 2008 年客运量与旅客周转量位势商均一直稳定在 1.3 以上,且旅客周转量位势商有进一步增加的趋势,说明郑州作为客运主导型地区的地位一直比较稳固,其作为旅客集散中心的地位进一步强化。

(2)开封。

开封市 2001~2008 年公路客运位势商变化趋势如表 8-35 和图 8-22 所示。

表 8-35 2001~2008 年开封市公路客运位势商

年份	2001	2002	2003	2004	2005	2006	2007	2008
客运量	0.59	0.70	0.73	0.71	0.77	0.85	0.85	0.90
客运周转量	0.84	1.11	1.06	0.95	1.06	1.12	1.14	1.21

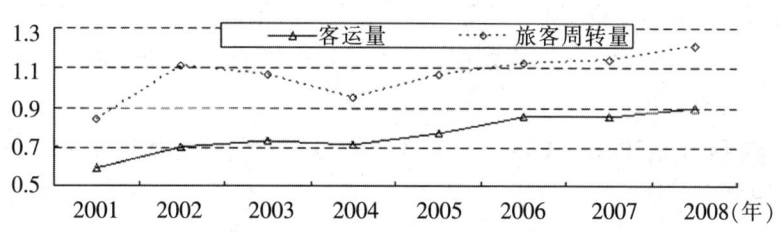

图 8-22 2001~2008 年开封市公路客运位势商变化趋势

从表 8-35 和图 8-22 中可以看出,开封市的公路客运位势商一直呈稳步增长态,从 2002 年开始,其旅客周转量位势商基本上稳定在 1 以上,客运量位势商从 2001 年的 0.59 增长到 2008 年的 0.9,增长了

52.5%,这说明开封市的客运地位将不断上升。

(3)洛阳。

洛阳市2001~2008年公路客运位势商变化趋势如表8-36和图8-23所示。

表8-36 2001~2008年洛阳市公路客运位势商

年份	2001	2002	2003	2004	2005	2006	2007	2008
客运量	1.51	1.30	1.19	1.13	1.15	1.13	1.08	1.16
客运周转量	1.46	1.22	1.25	1.23	1.18	1.15	1.07	1.06

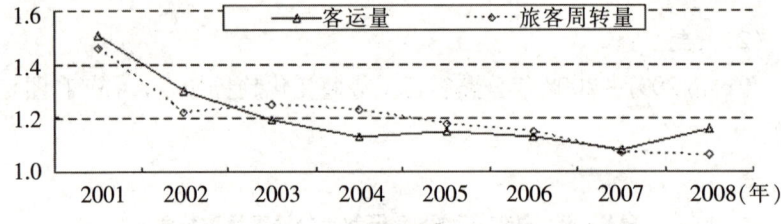

图8-23 2001~2008年洛阳市公路客运位势商变化趋势

从表8-36和图8-23中可以看出,洛阳市的公路客运量与旅客周转量位势商一直呈下降态势,其客运量位势商从2001年的1.51降低到2008年的1.16,降低了23.2%,旅客周转量位势商从2001年的1.46降低到2008年的1.06,降低了27.4%,这说明洛阳市的客运地位在不断下降,这也从一个侧面说明洛阳在整个中原城市群的中心地位在不断降低。

(4)平顶山。

平顶山市2001~2008年公路客运位势商变化趋势如表8-37和图8-24所示。

表8-37 2001~2008年平顶山市公路客运位势商

年份	2001	2002	2003	2004	2005	2006	2007	2008
客运量	0.86	0.84	0.84	0.91	0.90	0.90	0.93	0.82
客运周转量	0.63	0.62	0.68	0.77	0.81	0.78	0.79	0.77

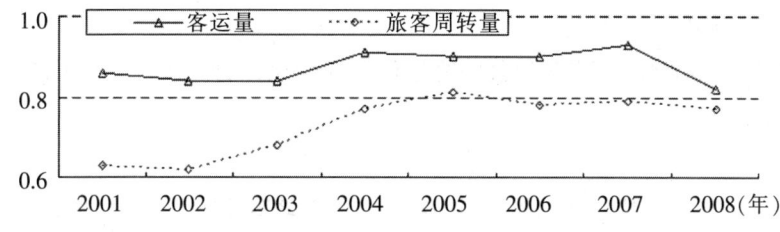

图8-24　2001~2008年平顶山市公路客运位势商变化趋势

从表8-37和图8-24中可以看出,平顶山市的公路客运量与旅客周转量位势商在2004年之后一直相对稳定,变化幅度不大。其客运地位在短时期不会有较大程度的改善。

(5)新乡。

新乡市2001~2008年公路客运位势商变化趋势如表8-38和图8-25所示。

表8-38　2001~2008年新乡市公路客运位势商

年份	2001	2002	2003	2004	2005	2006	2007	2008
客运量	0.45	0.50	0.69	0.64	0.72	0.71	0.71	0.71
客运周转量	0.69	0.67	0.64	0.74	0.80	0.84	0.88	0.84

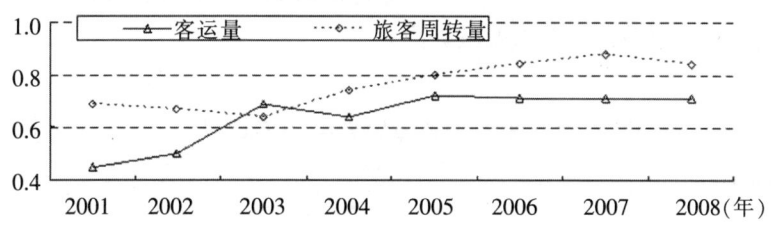

图8-25　2001~2008年新乡市公路客运位势商变化趋势

从表8-38和图8-25中可以看出,新乡市的公路客运量与旅客周转量位势商在2005年之后一直相对稳定,变化幅度不大,作为一个货运主导型城市,新乡市在短时期客运地位仍将不会有大幅度提升。

(6)焦作。

焦作市 2001~2008 年公路客运位势商变化趋势如表 8-39 和图 8-26 所示。

表 8-39　2001~2008 年焦作市公路客运位势商

年份	2001	2002	2003	2004	2005	2006	2007	2008
客运量	0.65	0.67	0.89	0.91	0.96	0.95	0.94	0.98
客运周转量	0.71	0.72	0.78	0.77	0.79	0.76	0.72	0.69

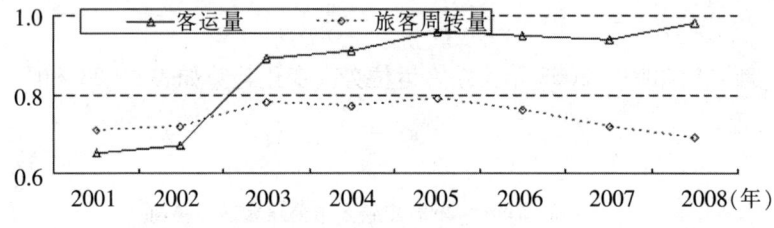

图 8-26　2001~2008 年焦作市公路客运位势商变化趋势

从表 8-39 和图 8-26 中可以看出,焦作市的公路客运量 2005 年之后一直相对稳定,变化幅度不大,都在 1 以下,旅客周转量位势商在 2005 年之后呈下降趋势。与新乡市一样,作为货运主导型城市的焦作在短时期客运地位仍将不会有大幅度提高。

(7)许昌。

许昌市 2001~2008 年公路客运位势商变化趋势如表 8-40 和图 8-27 所示。

表 8-40　2001~2008 年许昌市公路客运位势商

年份	2001	2002	2003	2004	2005	2006	2007	2008
客运量	0.81	0.79	0.64	0.62	0.59	0.58	0.56	0.54
客运周转量	0.78	0.74	0.53	0.53	0.50	0.49	0.45	0.41

从表 8-40 和图 8-27 中可以看出,许昌市的公路客运量和旅客周

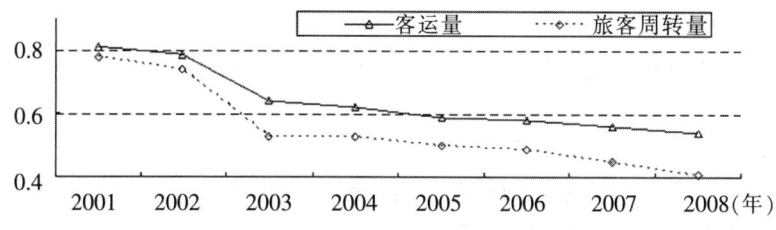

图 8-27　2001~2008 年许昌市公路客运位势商变化趋势

转量位势商一直呈下降趋势,作为客货运均比较落后的许昌市,在未来一段时间内其在中原城市群内的客运地位仍将会继续下降。

(8)漯河。

漯河市 2001~2008 年公路客运位势商变化趋势如表 8-41 和图 8-28 所示。

表 8-41　2001~2008 年漯河市公路客运位势商

年份	2001	2002	2003	2004	2005	2006	2007	2008
客运量	1.04	1.15	1.11	1.18	1.18	1.17	1.11	1.12
客运周转量	1.02	0.96	1.03	1.03	1.00	0.99	0.93	0.87

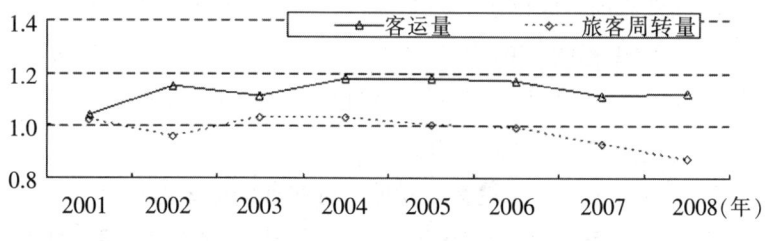

图 8-28　2001~2008 年漯河市公路客运位势商变化趋势

从表 8-41 和图 8-28 中可以看出,漯河市的公路客运量位势商基本上在 1 以上,保持相对稳定,而旅客周转量位势商则一直呈下降趋势,因此作为客货运均比较落后的漯河在中原城市群内的客运地位仍将不会有太大提高。

(9)济源。

济源市 2001~2008 年公路客运位势商变化趋势如表 8-42 和图 8-29 所示。

表 8-42 2001~2008 年济源市公路客运位势商

年份	2001	2002	2003	2004	2005	2006	2007	2008
客运量	2.82	2.83	2.88	2.90	2.75	2.72	2.59	2.38
客运周转量	1.69	1.69	1.69	1.66	1.52	1.47	1.35	1.18

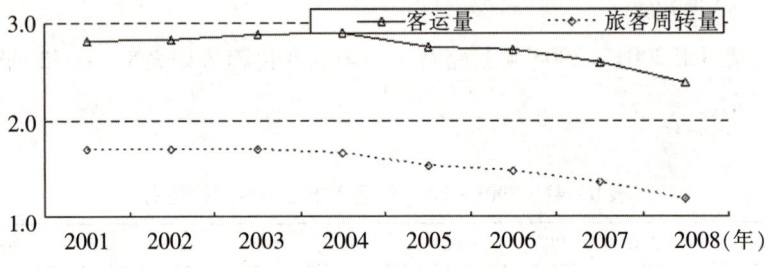

图 8-29 2001~2008 年济源市公路客运位势商变化趋势

从表 8-42 和图 8-29 中可以看出,虽然济源市的公路客运量和旅客周转量位势商仍然保持在 1 以上,但是一直呈下降趋势,旅客周转量位势商已经从 2001 年的 1.69 降至 2008 年的 1.18,下降了 30.2%,因此作为客货并重型城市的济源在中原城市群内的客运地位将会有所下降,将来有可能成为货运主导型的城市。

(三)中原城市群公路旅客运输地域分布非均衡系数分析

2001~2008 年中原城市群区域公路客运非均衡系数如表 8-43 所示。

表 8-43 2001~2008 年中原城市群公路客运非均衡系数

年份	2001	2002	2003	2004	2005	2006	2007	2008	平均
客运量	0.074	0.069	0.061	0.061	0.056	0.056	0.058	0.060	0.062
客运周转量	0.071	0.069	0.073	0.070	0.066	0.067	0.071	0.077	0.071
人口	0.045	0.046	0.046	0.045	0.045	0.046	0.045	0.045	0.045

从整体上看,除少数年份,中原城市群区域公路客运非均衡系数一直高于人口的非均衡系数。中原城市群区域 2001~2008 年公路客运量非均衡系数平均值为 0.062,公路旅客周转量的非均衡系数平均值为 0.071,均高于人口的非均衡系数 0.045。

综合来看,中原城市群区域客运量的非均衡系数有所下降,客运周转量的非均衡系数有所上升,而人口的非均衡系数则保持稳定。2001~2008 年中原城市群区域公路客运量、旅客周转量非均衡系数变化趋势如图 8-30 所示。

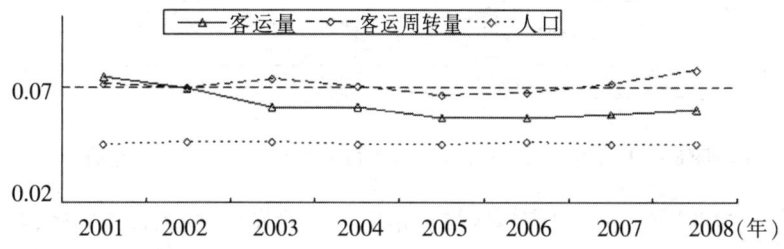

图 8-30 2001~2008 年中原城市群客运非均衡系数变化趋势

从非均衡系数的变化可以看出,随着中原城市群区域交通基础设施条件的改善,各地区的客运联系逐渐向均衡方向发展。

三、中原城市群公路货运联系的分布分析

(一)中原城市群公路货运联系分布比分析

2001~2008 年中原城市群区域各城市货运量、货物周转量与 GDP 分布比情况如表 8-44 所示。

表 8-44 2001~2008 年中原城市群公路货运量、货物周转量与 GDP 的分布比

年份	2001	2002	2003	2004	2005	2006	2007	2008	平均
货运量	51.1%	51.7%	52.6%	53.2%	52.8%	52.7%	51.2%	54.3%	52.5%
货物周转量	54.2%	54.1%	55.5%	56.5%	56.4%	55.7%	53.4%	53.5%	54.9%
GDP	53.9%	55.1%	56.6%	57.7%	56.1%	57.6%	57.4%	57.4%	56.5%

从分布比情况看,2001~2008年中原城市群区域公路货运量平均分布比为52.5%,货物周转量平均分布比为54.9%,GDP平均分布比为56.5%,前两者均低于GDP平均分布比。但从整体趋势看,中原城市群区域公路货运量分布比有缓慢上升趋势,而货物周转量分布比有缓慢下降趋势,GDP分布比也有缓慢上升的趋势,如图8-31所示。

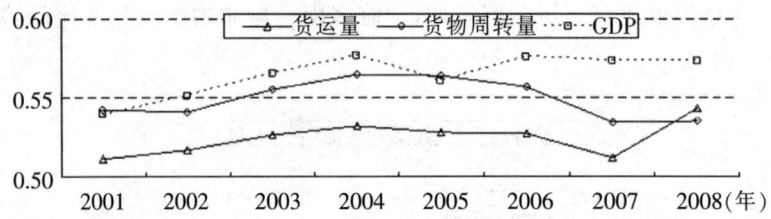

图8-31 2001~2008年中原城市群公路货运分布比变化趋势

这说明随着中原城市群区域城市间经济的发展,联系日趋紧密,对货物运输量的绝对需求不断增加,要快于河南省其他地区对公路货运的需求增长。因此,今后必须重视中原城市群区域物流的发展,为中原城市群区域内货物运输提供通畅的渠道。

(二)中原城市群公路货运联系位势商分析

2001~2008年中原城市群区域各城市货运量、货物周转量位势商情况如表8-45所示。

表8-45 2001~2008年中原城市群公路货运量、货物周转量位势商

年份	2001	2002	2003	2004	2005	2006	2007	2008	平均
货运量	0.95	0.94	0.93	0.92	0.94	0.92	0.92	0.95	0.934
货物周转量	1.01	0.98	0.98	0.98	1.00	0.97	0.97	0.93	0.978

从位势商情况看,2001~2008年中原城市群区域公路货运量平均位势商为0.934,货物周转量平均位势商为0.978。从整体趋势看,中原城市群区域公路货运量位势商变化不大,货物周转量位势商有所下降,如图8-32所示。

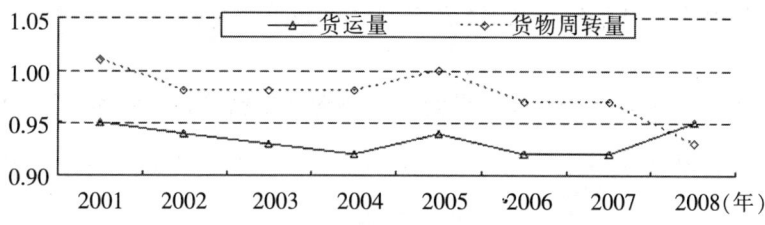

图 8-32 2001~2008 年中原城市群公路货运位势商变化趋势

1. 2008 年各城市公路货运位势商分析

2008 年各城市公路货运联系位势商如表 8-46 所示。

表 8-46 2008 年中原城市群各城市货运位势商

	郑州	开封	洛阳	平顶山	新乡	焦作	许昌	漯河	济源
货运量	0.65	1.95	0.85	1.20	1.60	1.19	0.60	0.77	1.84
货物周转量	0.56	1.99	0.92	0.89	2.00	1.21	0.64	0.79	1.82

各城市货运量位势商高低相差比较悬殊。以 2008 年为例,货运量位势商最高的开封市达 1.95,最低的许昌仅为 0.60,前者为后者的 3.25 倍,表明对于开封市其货运地位要远远高于其经济地位,而许昌市则刚好相反。中原城市群区域各城市货物周转量的位势商差别也比较大。2008 年货物周转量位势商最高的开封市为 1.99,最低的郑州市为 0.56,前者为后者的 3.55 倍。这其中开封的货运量和货物周转量位势商都是最高的,充分说明开封市的货运地位不断上升,这也表明生产力在开封呈不断集聚状态。

综合来看,客运主导型城市郑州和洛阳,其货运量与货物周转量的位势商均小于 1;客运与货运并重型城市济源、开封,货运主导型城市新乡、焦作,其货运量与货物周转量的位势商均大于 1;在客货落后型城市平顶山、许昌、漯河中,除平顶山的货运量位势商为 1.2 大于 1 外,其他均小于 1。这说明货运联系位势商的大小,基本上反映了各城市的货运地位。

2. 2001~2008 年各城市公路货运位势商演化分析

(1) 郑州。

郑州市 2001~2008 年公路货运位势商变化趋势如表 8-47 和图 8-33 所示。

表 8-47　2001~2008 年郑州市公路货运位势商

年份	2001	2002	2003	2004	2005	2006	2007	2008
货运量	0.70	0.71	0.66	0.70	0.67	0.66	0.68	0.65
货物周转量	0.68	0.69	0.64	0.65	0.64	0.60	0.59	0.56

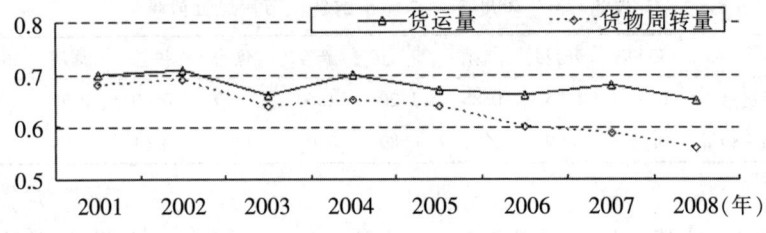

图 8-33　2001~2008 年郑州市公路货运位势商变化趋势

从表 8-47 和图 8-33 中可以看出,郑州市的公路货运位势商一直呈下降趋势,这说明随着郑州市经济的发展与产业结构的升级,经济发展对货运的依赖性将不断降低。

(2) 开封。

开封市 2001~2008 年公路货运位势商变化趋势如表 8-48 和图 8-34 所示。

表 8-48　2001~2008 年开封市公路货运位势商

年份	2001	2002	2003	2004	2005	2006	2007	2008
货运量	1.39	1.44	1.55	1.50	1.60	1.76	1.90	1.95
货物周转量	1.32	1.36	1.46	1.32	1.55	1.67	1.80	1.99

从表 8-48 和图 8-34 中可以看出,开封市的公路货运位势商一直

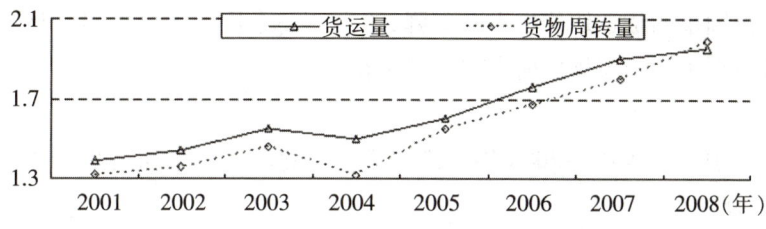

图 8-34　2001~2008 年开封市公路货运位势商变化趋势

呈稳步增长态势，货运量位势商从 2001 年的 1.39 增长到 2008 年的 1.95，增长了 40.3%，货物周转量位势商从 2001 年的 1.32 增长到 2008 年的 1.99，增长了 50.8%，这说明开封市的货运地位在不断上升，经济要素不断在开封市集聚，从而导致运输需求呈迅速增长趋势。

（3）洛阳。

洛阳市 2001~2008 年公路货运位势商变化趋势如表 8-49 和图 8-35 所示。

表 8-49　2001~2008 年洛阳市公路货运位势商

年份	2001	2002	2003	2004	2005	2006	2007	2008
货运量	1.14	1.08	0.97	0.91	0.89	0.86	0.82	0.85
货物周转量	1.11	1.01	1.00	0.96	0.92	0.88	0.86	0.92

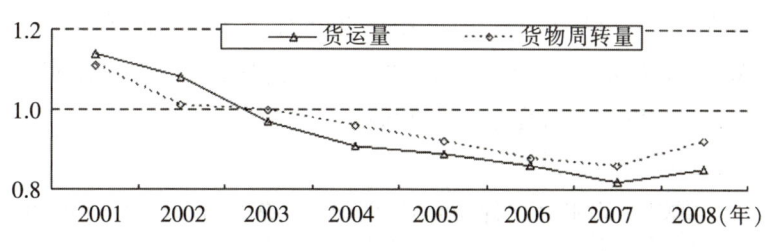

图 8-35　2001~2008 年洛阳市公路货运位势商变化趋势

从表 8-49 和图 8-35 中可以看出，洛阳市的公路货运量与货物周转量位势商一直呈下降态势，从 2003 年开始都下降到 1 以下。其货运量位势商从 2001 年的 1.14 降低到 2008 年的 0.85，降低了 25.4%，货物周转量位势商从 2001 年的 1.11 降低到 2008 年的 0.92，降低了 17.1%，这说明洛阳市的货运地位在不断下降,这也从一个侧面说明洛阳在整个中原城市群生产力布局中所占的比重正在不断降低。

(4)平顶山。

平顶山市 2001~2008 年公路货运位势商变化趋势如表 8-50 和图 8-36 所示。

表 8-50　2001~2008 年平顶山市公路货运位势商

年份	2001	2002	2003	2004	2005	2006	2007	2008
货运量	0.77	0.81	0.86	0.88	0.89	0.92	0.94	1.20
货物周转量	0.67	0.76	0.80	0.84	0.90	0.91	0.94	0.89

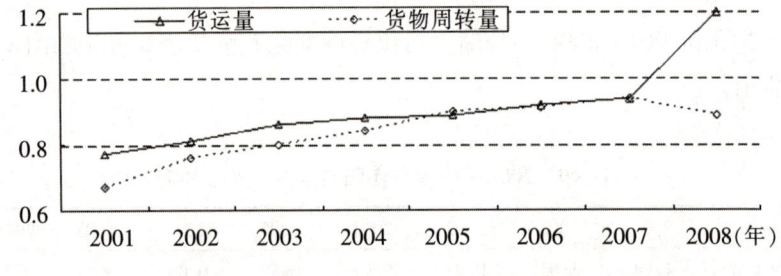

图 8-36　2001~2008 年平顶山市公路货运位势商变化趋势

从表 8-50 和图 8-36 中可以看出,平顶山市的公路货运量与货物周转量位势商一直呈上升趋势,其中在 2008 年货运量位势商的上升幅度比较大,随着能源需求的不断旺盛,平顶山市的货运地位将越来越重要,将来很有可能发展成为货运主导型城市。

(5)新乡。

新乡 2001~2008 年公路货运位势商变化趋势如表 8-51 和图 8-37 所示。

表 8-51　2001~2008 年新乡市公路货运位势商

年份	2001	2002	2003	2004	2005	2006	2007	2008
货运量	1.34	1.32	1.52	1.67	1.83	1.81	1.73	1.60
货物周转量	1.37	1.40	1.59	1.75	1.86	1.96	2.00	2.00

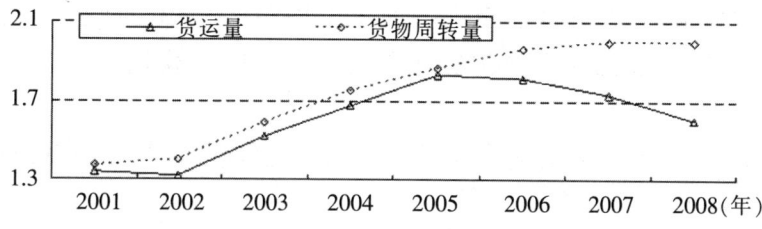

图 8-37 2001~2008 年新乡市公路货运位势商变化趋势

从表 8-51 和图 8-37 中可以看出,新乡市的公路货运量与货物周转量一直保持在 1.3 以上,其中货运量位势商在 2005 年达到最高后有所回落,但货物周转量位势商一直呈上升趋势,作为一个货运主导型城市,新乡市的货运地位仍将不断上升。

(6) 焦作。

焦作市 2001~2008 年公路货运位势商变化趋势如表 8-52 和图 8-38 所示。

表 8-52 2001~2008 年焦作市公路货运位势商

年份	2001	2002	2003	2004	2005	2006	2007	2008
货运量	1.57	1.56	1.53	1.43	1.31	1.27	1.25	1.19
货物周转量	1.63	1.65	1.59	1.47	1.31	1.28	1.23	1.21

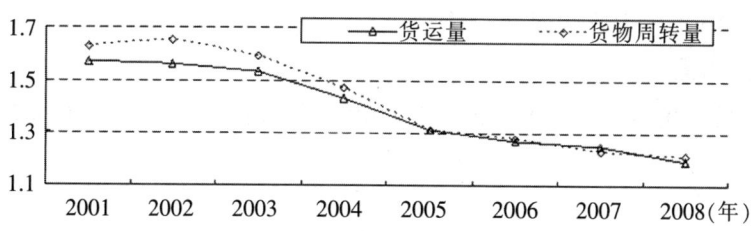

图 8-38 2001~2008 年焦作市公路货运位势商变化趋势

从表 8-52 和图 8-38 中可以看出,焦作市的公路货运量与货物周转量位势商虽然一直保持在 1 以上,但是呈不断下降趋势。其货运量位势商从 2001 年的 1.57 降低到 2008 年的 1.19,降低了 24.2%,旅客周转量位势商从2001年的1.63降低到2008年的1.21,降低了25.8%。随着产业结构的调整,作为货运主导型城市的焦作其货运地位将会继续下降。

(7) 许昌。

许昌市2001~2008年公路货运位势商变化趋势如表8-53和图8-39所示。

表8-53 2001~2008年许昌市公路货运位势商

年份	2001	2002	2003	2004	2005	2006	2007	2008
货运量	0.60	0.61	0.58	0.58	0.57	0.61	0.64	0.60
货物周转量	0.78	0.74	0.68	0.68	0.65	0.69	0.68	0.64

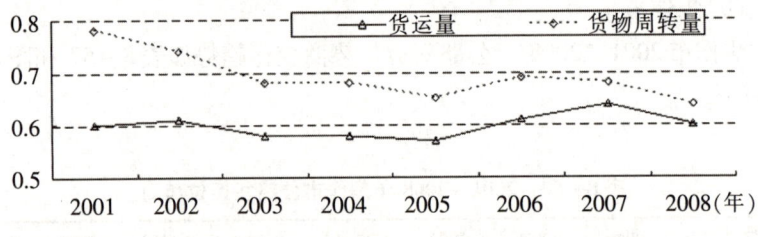

图8-39 2001~2008年许昌市公路货运位势商变化趋势

从表8-53和图8-39中可以看出,许昌市的公路货运量和货物周转量位势商一直呈低位徘徊状态,作为客货运均比较落后的许昌市,在未来一段时间内其在中原城市群内的货运地位仍将不会有较大改善。

(8) 漯河。

漯河市2001~2008年公路货运位势商变化趋势如表8-54和图8-40所示。

表8-54 2001~2008年漯河市公路货运位势商

年份	2001	2002	2003	2004	2005	2006	2007	2008
货运量	0.84	0.88	0.98	0.91	0.91	0.90	0.89	0.77
货物周转量	0.88	0.92	0.89	0.99	0.95	0.93	0.89	0.79

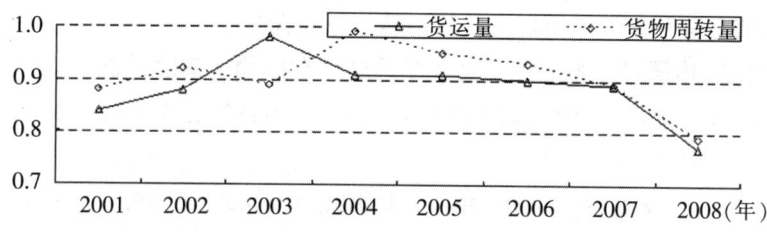

图 8-40 2001~2008 年漯河市公路货运位势商变化趋势

从表 8-54 和图 8-40 中可以看出,漯河市货运量和货物周转量位势商一直都在 1 以下,其公路货运量和货物周转量位势商在经过一段时期震荡之后开始呈下降趋势,因此作为客货运均比较落后的漯河在中原城市群内的货运地位仍将会继续下降。

(9)济源。

济源市 2001~2008 年公路货运位势商变化趋势如表 8-55 和图 8-41 所示。

表 8-55 2001~2008 年济源市公路货运位势商

年份	2001	2002	2003	2004	2005	2006	2007	2008
货运量	1.99	1.83	2.00	1.99	2.00	1.92	1.90	1.84
货物周转量	1.69	1.64	1.77	1.73	1.75	1.81	1.85	1.82

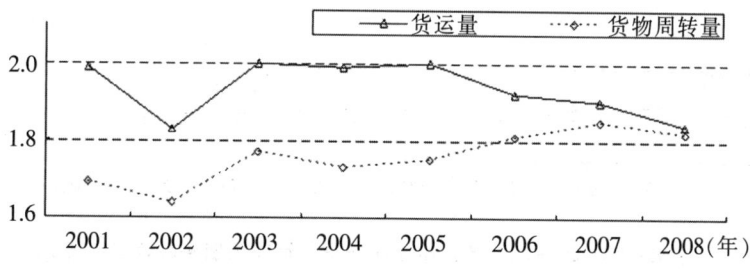

图 8-41 2001~2008 年济源市公路货运位势商变化趋势

从表 8-55 和图 8-41 中可以看出,济源市的公路货运量和货物周转量位势商虽然有所震荡,但一直保持在 1.6 以上,因此作为客货并重型城市的济源在中原城市群内的货运地位将会保持稳定。

(三) 中原城市群公路货物运输地域分布非均衡系数分析

2001～2008 年中原城市群区域货运非均衡系数如表 8-56 所示。

表 8-56 2001～2008 年中原城市群货运非均衡系数

基期:2001 年

年份	2001	2002	2003	2004	2005	2006	2007	2008	平均
货运量	0.052	0.051	0.049	0.051	0.051	0.050	0.050	0.047	0.050
货物周转量	0.051	0.049	0.051	0.051	0.050	0.049	0.049	0.049	0.050
GDP	0.068	0.069	0.072	0.072	0.073	0.074	0.075	0.073	0.072

从整体上看,除少数年份,中原城市群区域货运量与货物周转量的非均衡系数差别不大,两者一直远低于全省平均水平,中原城市群区域 2001～2008 年货运量与货物周转量的非均衡系数平均值都为 0.050,均远低于全省 GDP 非均衡系数的平均值 0.072。

综合来看,中原城市群区域货运量与货物周转量的非均衡系数都有下降趋势,2001～2008 年中原城市群区域货运非均衡系数变化如图 8-42 所示。

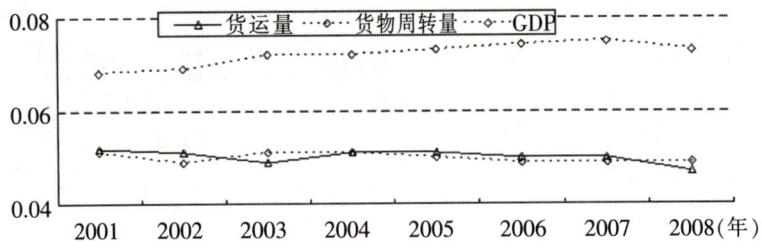

图 8-42 2001～2008 年中原城市群货运非均衡系数变化趋势

中原城市群货运量的非均衡系数总体一直较低,这说明货运量分布比较分散。货运量的分散则体现了中原城市群地区生产力布局的分散,从变化趋势上看,货运非均衡系数一直处于下降趋势,这说明生产力布局分散的问题并没有得到解决,反而有不断加剧的趋势。

四、中原城市群公路运输联系的分布特征

(一)中原城市群区域客运地位有所下降

2001~2008年中原城市群区域公路客运量平均分布比为48.6%,旅客周转量平均分布比为45.9%,人口平均分布比为40.2%,两者均高于人口平均分布比;相对应的2001~2008年中原城市群区域公路货运量平均分布比为52.5%,货物周转量平均分布比为54.9%,GDP平均分布比为56.5%,两者虽然均低于GDP平均分布比,但高于相对应的客运分布比,这说明中原城市群区域货物交流要比人员交流更为活跃。

从整体趋势看中原城市群区域公路客运量、旅客周转量分布比有缓慢下降趋势,其中一个重要原因在于公路交通基础设施建设不足,自2007年开始,中原城市群的人均等级公路里程已经低于全省平均水平。中原城市群区域要继续加大公路建设的力度,为区域公路运输联系打造一个良好的基础条件。

(二)中原城市群区域对于货运的需求开始相对下降,客运需求相对上升

2001~2008年中原城市群区域公路客运量平均位势商为1.21,旅客周转量平均位势商为1.143;相对应的2001~2008年中原城市群区域公路货运量平均位势商为0.934,货物周转量平均位势商为0.93,均小于客运联系的位势商。这其中一个重要原因在于中原城市群区域的经济相对全省而言,属于比较发达的地区,而随着经济结构与产业的升级,单位产值对运输的需求相对开始下降,而单位人口对运输的需求则相对而言开始上升。

(三)客运与货运正在向部分城市加速集聚

客运与货运位势商的变化,表示客运与货运在不同城市的集聚,同时也代表着区域生产力布局的变化,各城市客运与货运位势商变化趋势情况如表8-57所示。

表 8-57 中原城市群各城市未来地域生成类型分析

	郑州	开封	洛阳	平顶山	新乡	焦作	许昌	漯河	济源
客运位势商变化趋势	上升	上升	下降	稳定	稳定	稳定	下降	稳定	下降
货运位势商变化趋势	下降	上升	下降	上升	上升	下降	稳定	下降	稳定

从表 8-57 可以看出,客运正在向郑州和开封这两个城市快速集聚,而货运正在向开封、平顶山和新乡等三个城市快速集聚。

(四)客运联系的非均衡系数大于货运联系的非均衡系数

中原城市群区域 2001~2008 年公路客运量非均衡系数平均值为 0.062,公路旅客周转量的非均衡系数平均值为 0.071,均高于人口的非均衡系数 0.045;而中原城市群区域 2001~2008 年货运量与货物周转量的非均衡系数平均值都为 0.050,均远低于全省 GDP 非均衡系数的平均值 0.072。货运非均衡系数较低说明了生产的相对不集中,这说明中原城市群区域人口的集聚并没有带来生产力的集聚,中原城市群区域生产力布局分散的问题仍然比较突出。

第五节　中原城市群公路运输联系特征

一、公路网络需要完善,各市公路网络水平差异较大

中原城市群等级公路密度比全省平均水平高 11.3%,高速公路密度比全省平均水平高 29.3%,高速公路人均里程比全省平均水平高 13.1%,但是自 2007 年开始,中原城市群的人均等级公路里程已经低于全省平均水平,中原城市群区域公路客运量、旅客周转量分布比有缓慢下降趋势,因此要继续加大公路建设的力度,为区域公路运输联系打造一个良好的基础条件。

中原城市群各城市等级公路密度最高的平顶山市,达 150.8km/百

km², 最低的是洛阳市, 仅为 79.7km/百 km², 后者仅为前者的 52.85%; 高速公路密度最高的为郑州市, 达 5.49km/百 km², 最低的为洛阳市, 仅为 1.63km/百 km², 后者仅为前者的 29.7%。从人均里程来看, 等级公路人均里程最高的为济源市, 达 25.15km/万人, 最低的是许昌市, 仅为 12.49km/万人, 后者仅为前者的 49.7%; 高速公路人均里程最高的济源市, 达 1.31km/万人, 最低的洛阳市, 仅为 0.38km/万人, 后者仅为前者的 29%。

二、各城市分属不同的运输生成地域类型

由于中原城市群各城市经济发展水平与产业结构各不相同, 因此对于客运与货运需求就有所差异, 各个城市分属于不同的运输生成地域类型。其中经济发展水平比较高的郑州与洛阳对于客运的要求比较高, 而受产业结构影响, 新乡和焦作对于货运的要求比较高, 济源和开封则对于货运与客运均有较高要求。而平顶山、许昌、漯河等城市客运与货运的需求水平都相对较低。

三、旅客出行范围扩大, 货物运输需求增长幅度大

2001~2008 年中原城市群区域客运周转量的平均增长率超过了客运量的平均增长率, 说明了中原城市群区域在出行频率增加的同时, 出行范围也在逐渐扩大, 并且超过了出行频率的增长幅度。

货物周转量的平均增长率超过了货运量的平均增长率, 说明了中原城市群区域在货物生成量增加的同时, 货物交流的范围也在逐渐扩大, 并且超过了货物生成量的增长幅度。

货运量与货物周转量的增长率均超过了相对应的客运量与旅客周转量的增长率, 这说明随着经济的发展, 中原城市群区域对于货物运输的需求增长幅度要高于旅客运输需求的增长幅度。这说明中原城市群区域产业层次较低, 经济发展仍然以低端和高消耗型产业为主。

四、各城市运输需求的满足程度存在差异

各个城市对于运输需求的满足程度存在差异。开封与新乡的客运与货运都得到了较快发展,较好地满足了经济发展的需求;平顶山、济源市的货运发展速度较快,由经济增长带来的货运需求得到了较好的满足;郑州的客运发展速度较快,较好地满足了由经济增长带来的旅客运输需求;而洛阳、焦作、许昌、漯河这几个城市由于客运与货运的发展速度均比较慢,不能满足经济发展的需求。

五、货运需求相对下降,客运需求相对上升

2001~2008年中原城市群区域公路客运量平均位势商为1.21,旅客周转量平均位势商为1.143;相对应的2001~2008年中原城市群区域公路货运量平均位势商为0.934,货物周转量平均位势商为0.93,均小于客运联系的位势商。这其中一个重要原因在于中原城市群区域的经济相对全省而言,属于比较发达的地区,而随着经济结构与产业的升级,单位产值对运输的需求相对开始下降,而单位人口对运输的需求则相对而言开始上升。

六、生产力加速集聚,布局分散问题突出

客运与货运位势商的变化,表示客运与货运在不同城市的集聚,也代表着区域生产力布局的变化。从各城市客运与货运位势商变化趋势情况来看,区域生产力正在向郑州、开封、平顶山和新乡等城市快速集聚。

但是生产力布局分散的问题仍然比较突出。客运非均衡系数说明了人口的集中与分散,货运非均衡系数说明了生产的集中与分散。中原城市群区域公路客运量与旅客周转量的非均衡系数均高于人口的非均衡系数,但是货运量与货物周转量的非均衡系数均远低于全省GDP非均衡系数的平均值。这说明中原城市群区域人口的集聚并没有带来生产力的集聚,中原城市群区域生产力布局分散的问题仍然比较突出。

第九章　中原城市群空间集聚扩散联系

第一节　基于城市流强度的空间集聚扩散分析

一、中原城市群空间活动频繁

随着中原城市群区域经济的发展,中原城市群区域内以及与其他区域间资金、技术、人流、物流等各方面的交流日益频繁,中原城市群区域空间的集聚与扩散正在各个不同层次上加速进行。在制定中原城市群的区域规划时,迫切需要深入了解促使经济与人口集聚与扩散的内在动力机制、外部条件和空间演化规律,以利于遵循客观规律,对中原城市群区域国土开发与城乡建设的空间进行合理布局,进行科学规划和调控。

包括人流、物流、资金流、技术流、信息流等在城市群区域内的空间流动是城市群区域内城市的集聚与辐射功能作用的产物,因而对城市群区域内的城市流进行分析是城市群集聚与扩散联系分析与研究的重要内容。

空间集聚、扩散度的量化,一直是学术界探讨的重点与难点,美国早在 20 世纪 70 年代发展了都市碎化指标,用于定量测度大都市扩散程度。我国学者在此基础上提出了均匀度指数,用于对城镇群体空间集聚和扩散程度进行衡量。

本章主要采用城市流强度与均匀度指数等方法分别进行定量研究,以期研究中原城市群区域内集聚与扩散的演化规律。

二、城市流强度理论内涵

(一)城市流理论内涵

城市流是指城市群城市间人流、物流、信息流、资金流、技术流等空间流在城市群区域所发生的频繁、双向或多向的流动现象。

城市群区域内发达而完善的综合交通运输网的通达性与便捷性,是城市流得以实现的基础设施与前提条件。作为交通区位比较重要的地区,中原城市群区域目前已经初步形成了以国家铁路干线、国道、省道、高速公路为主的综合交通运输网。中原城市群区域内各城市的集聚与辐射功能是城市流得以进行的推动力。中原城市群区域的城市集聚是指社会经济要素由非城市地域或者由城市地域向城市地域的流动。随着中原城市群的发展,城市集聚的数量和强度进一步加大,中原城市群区域的城市集聚由非城市地域向城市地域的要素流动,转化为由城市地域向城市地域的要素流动为主,这些要素流动主要以人流、物流、信息流、资金流、技术流等构成。

生产要素不断向城市进行集聚,是工业化与城市化进程加速的宏观背景下城市和产业追求集聚经济和规模经济的必然结果。伴随着工业化与城市化的发展,不同部门或者行业的各类企业向城市不断集聚,生产要素在城市的密集配置能够大幅度地降低生产成本,从而取得更大的规模经济效益和集聚经济效益,吸引着城市外(包括农村或其他城镇)的生产要素向城市所在的地区集中,从而取得高于其他地区的收益。城市规模经济(集聚经济和规模经济的复合形式之一)是城市集聚的根本动力,也是城市群区域各城市迅速发展的基本动力。

城市群区域的城市辐射是指生产要素由城市地域向其他城市地域或农村地域的流动。在工业化与城市化进程之中,城市在集聚过程中得到了发展,与此同时城市的发展过程也促进了城市的集聚。但是由于城市资源有限性和稀缺性的制约,生产要素的集聚过程具有一定的约束条件,当城市集聚超越这一约束条件之后,就会出现城市规模不经济现象,城市集聚因此将会受到较大的"阻力"。新技术、新产业的勃兴,改变了城市经济活动的空间区位,导致城市集聚作用赖以产生的动力丧失,或者产生集聚的动力逐渐失去原有的作用,有些部门或行业的某类企业在相对较为分散的区位也可以获得比较可观的效益。另外由于城市群区域的规划与建设,尤其是基础设施的规划与建设,交通与通信等基础设施状况大为改观,城市与农村间的联系更加密切,城市要素开始扩散,从而进一步扩大了城市群的经济空间,相应地促进了城市群的发展。

城市集聚与城市辐射是城市流相互联系、相互制约的两个方面,二者具有不同的方向,同时存在于城市的功能运动中。城市发展与辐射需要以城市的集聚作为保证,城市集聚也需要以城市辐射为前提,城市集聚与城市辐射两者之间具有互为因果累积循环的关系,城市流是在城市辐射—城市集聚—城市再辐射—城市再集聚的无穷循环中不断进行并逐步完善的。城市流在形态上表现为人流、物流、信息流、资金流、技术流等在城市群区域的空间流动。[①]

(二)城市流强度理论内涵

城市流强度是城市外向功能(集聚与辐射)所产生的集聚与辐射能量及城市之间与城乡之间影响的数量关系(中国规划城市设计研究院1994),是说明城市与外界联系的数量指标[②],其公式如下所示:

$$F = N \cdot E \quad (9-1)$$

式中:F 为城市流强度;N 为城市功能效益,即各城市间单位外向功能量所产生的实际影响;E 为城市外向功能量。

城市功能是城市流产生与发展的内在机制,城市功能是城市中进行的所有生产、服务活动的总称,它是由城市的各种结构(地域结构、产业结构、产品结构、技术结构等)所共同决定的机能,这种机能在城市与其外界的联系中就表现为城市流,通过城市集聚与城市辐射对城市群区域的发展产生重要影响。

根据城市联系范围的不同,城市功能可以划分为城市外向功能与城市内向功能。外向功能是反映城市在与外界联系的过程中所产生的经济

---

① 朱英明:《城市群经济空间分析》,科学出版社 2004 年版,第 77~78 页。
② 朱英明、于念文:《沪宁杭城市密集区城市流研究》,载《城市规划汇刊》2002 年第 1 期。

活动,而内向功能则是城市内部的经济联系过程中所产生的经济活动。由于城市流是城市与外界的联系中所产生的那些经济活动,因而这些活动也就构成了城市的外向功能。

城市流强度说明了城市与外界联系的数量指标。对城市间城市流影响因素、城市流结构、城市流变化趋势等问题进行研究,将会有助于对城市群经济空间联系进行定量分析,从而为城市群区域的规划与发展提供科学依据。[①]

三、城市流强度模型构建

(一)从业人员区位商

考虑到指标的代表性与指标的可获取性,一般在研究中采用城市从业人员数作为度量指标,则城市外向功能量 E 就主要取决于该城市某一部门从业人员的区位商。i 城市 j 部门从业人员区位商 Lq_{ij} 为:

$$Lq_{ij} = \frac{G_{ij}/G_i}{G_j/G} \quad (9-2)$$

其中:$i = 1,2,\cdots,n;j = 1,2,\cdots,m$。

式中 G_{ij},G_i,G_j,G 分别表示 i 城市 j 部门的从业人员数量、i 市从业人员数量、全国 j 部门从业人员数量以及全国从业人员数量。

(二)外向功能量

若 $Lq_{ij} < 1$,则表明 i 城市 j 部门不存在外向功能,亦即 $E_{ij} = 0$。

若 $Lq_{ij} > 1$,则表明 i 城市总从业人员中分配给 j 部门的比例已经超过了全国的分配比例,j 部门在 i 城市中相对于全国属于专业化部门,从而可以为城市外界区域提供服务,则 i 城市 j 部门存在外向功能。

因此,i 城市 j 部门的外向功能 E_{ij} 可以定义为:

$$E_{ij} = G_{ij} - G_i(G_j/G) = G_{ij} - G_{ij}/Lq_{ij} = G_{ij}(1 - 1/Lq_{ij}) \quad (9-3)$$

i 城市 m 个部门总的外向功能量 E_i 为:

[①] 姚士谋、陈振光、朱英明:《中国城市群》,中国科学技术大学出版社2006年版,第110~111页。

$$E_i = \sum_{j=1}^{m} E_{ij}, i = 1, 2, \cdots, n; j = 1, 2, \cdots, m \qquad (9-4)$$

(三)城市功能效率

i 城市的功能效率 N_i 用人均从业人员的 GDP 来表示,即:

$$N_i = GDP_i / G_i \qquad (9-5)$$

GDP_i 为 i 城市的 GDP。

(四)城市流强度与城市流倾向度

i 城市的城市流强度 F_i 为:

$$F_i = N_i \cdot E_i = GDP_i \cdot (E_i / G_i) = GDP_i \cdot K_i \qquad (9-6)$$

式中 K_i 为 i 城市外向总功能量占总功能量的比例,反映了 i 城市总功能量的外向程度,称之为城市流倾向度。①

四、中原城市群区域城市流强度计算

(一)中原城市群各城市主要外向服务部门区位商

在中原崛起的政策背景和经济形势下,中原城市群同外界以及城市群内部城市之间的交流日益广泛,由城市聚集和辐射功能推动的人流、物流、资金流、信息流在城市间的流动日趋频繁,其主要表现为各城市的主要外向服务部门从业人员数量的增加。

表 9-1 2008 年全国和中原城市群各市主要外向服务部门从业人员数

单位:万人

	全国	郑州	开封	洛阳	平顶山	新乡	焦作	许昌	漯河	济源
交通运输、仓储及邮政业	627.3	2.88	0.26	1.57	1.14	0.97	0.60	0.60	0.39	0.17
信息传输、计算机服务和软件业	159.5	0.76	0.03	0.18	0.16	0.21	0.19	0.23	0.11	0.03
批发和零售业	514.4	5.23	1.92	1.95	2.01	2.81	1.12	1.01	0.76	0.25
住宿、餐饮业	193.2	2.24	0.41	0.72	0.52	0.39	0.30	0.33	0.07	0.11

---

① 朱英明:《城市群经济空间分析》,科学出版社 2004 年版,第 79 页。

续表

	全国	郑州	开封	洛阳	平顶山	新乡	焦作	许昌	漯河	济源
金融业	417.6	3.18	0.41	1.31	0.93	0.86	0.80	0.69	0.48	0.12
房地产业	172.7	2.11	0.27	0.37	0.29	0.39	0.10	0.21	0.21	0.04
租赁、商业服务业	274.7	1.79	0.35	0.79	1.22	0.33	0.23	0.14	0.44	0.07
科研、技术服务和地质勘查业	257.0	3.20	0.24	2.17	0.36	0.75	0.27	0.32	0.13	0.08
水利、环境和公共设施管理业	197.3	1.42	0.39	0.93	0.79	0.63	0.65	0.56	0.36	0.22
居民和其他服务业	56.5	0.16	0.16	0.20	0.06	0.20	0.03	0.03	0.02	0.01
教育业	1534	11.14	4.67	6.82	5.23	6.43	4.00	4.75	2.84	0.79
卫生、社会保障和社会福利业	563.6	4.34	1.81	2.58	1.65	2.43	1.56	1.49	1.09	0.28
文化、体育、娱乐业	126.0	2.31	0.20	0.43	0.28	0.34	0.25	0.22	0.17	0.04
公共管理和社会组织	1335	11.08	4.79	6.50	5.68	5.81	4.18	4.85	2.75	0.57
总单位就业人数	12192.5	97.06	25.65	49.92	46.38	41.45	30.94	27.39	20.76	6.17

数据来源:《河南统计年鉴2009》,《中国统计年鉴2009》。

选择中原城市群9城市的14个主要外向服务部门的从业人员数据进行城市流强度分析,根据相关数据,利用公式(9-2),计算出中原城市群各城市的主要外向部门的区位商,如表9-2所示。

表9-2 中原城市群各城市主要外向服务部门区位商

	郑州	开封	洛阳	平顶山	新乡	焦作	许昌	漯河	济源
交通运输、仓储及邮政业	0.58	0.20	0.61	0.48	0.45	0.38	0.43	0.37	0.54
信息传输、计算机服务和软件业	0.60	0.09	0.28	0.26	0.39	0.47	0.64	0.41	0.37
批发和零售业	1.28	1.77	0.93	1.03	1.61	0.86	0.87	0.87	0.96
住宿、餐饮业	1.46	1.01	0.91	0.71	0.59	0.61	0.76	0.21	1.13
金融业	0.96	0.47	0.77	0.59	0.61	0.75	0.74	0.68	0.57
房地产业	1.53	0.74	0.52	0.44	0.66	0.23	0.54	0.71	0.46

续表

	郑州	开封	洛阳	平顶山	新乡	焦作	许昌	漯河	济源
租赁、商业服务业	0.82	0.61	0.70	1.17	0.35	0.33	0.23	0.94	0.50
科研、技术服务和地质勘查业	1.56	0.44	2.06	0.37	0.86	0.41	0.55	0.30	0.62
水利、环境和公共设施管理业	0.90	0.94	1.15	1.05	0.94	1.30	1.26	1.07	2.20
居民和其他服务业	0.36	1.35	0.86	0.28	1.04	0.21	0.24	0.21	0.35
教育业	0.91	1.45	1.09	0.90	1.23	1.03	1.38	1.09	1.02
卫生、社会保障和福利业	0.97	1.53	1.12	0.77	1.27	1.09	1.18	1.14	0.98
文化、体育、娱乐业	2.30	0.75	0.83	0.58	0.79	0.78	0.78	0.79	0.63
公共管理和社会组织	1.04	1.71	1.19	1.12	1.28	1.23	1.62	1.21	0.84

中原城市群各城市区位商大于1的主要外向服务部门如表9-3所示。

表9-3 中原城市群各城市区位商大于1的主要外向服务部门

	郑州	开封	洛阳	平顶山	新乡	焦作	许昌	漯河	济源
交通运输、仓储及邮政业									
信息传输、计算机服务和软件业									
批发和零售业	1.28	1.77		1.03	1.61				
住宿、餐饮业	1.46	1.01							1.13
金融业									
房地产业	1.53								
租赁、商业服务业				1.17					
科研、技术服务和地质勘查业	1.56		2.06						
水利、环境和公共设施管理业			1.15	1.05		1.30	1.26	1.07	2.20
居民和其他服务业		1.35			1.04				
教育业		1.45	1.09		1.23	1.03	1.38	1.09	1.02
卫生、社会保障和福利业		1.53	1.12		1.27	1.09	1.18	1.14	
文化、体育和娱乐业	2.30								
公共管理和社会组织	1.04	1.71	1.19	1.12	1.28	1.23	1.62	1.21	

中原城市群各城市区位商大于1的这些行业,相对于全国来说专业化程度较高,发展态势良好;而交通运输、仓储及邮政业,信息传输、计算机服务和软件业,金融业等三个行业,中原城市群区域内没有一个城市的区位商大于1,是中原城市群各城市第三产业中的薄弱环节,也是今后应该重点发展的产业。

从区位商数值上看,区位商大于2的仅有郑州的文化、体育和娱乐业,洛阳的科研、技术服务和地质勘查业,济源的水利、环境和公共设施管理业,这3个城市的部门具有一定的相对优势,其他一些城市的部门区位商数值虽然大于1,但是数值均不大。

从区位商大于1的服务部门数量上来看,最多的郑州市为6个部门,最少的济源市为3个部门,部门数量均比较少,而根据相关研究,早在1998年,长三角城市群的中心城市上海、南京、杭州等城市的主要外向服务部门就已经全部大于1。

(二) 中原城市群各城市外向功能量与城市流强度

对区位商进一步计算,得到中原城市群的城市外向功能量和城市流强度,如表9-4所示。

表9-4 中原城市群城市外向功能量与城市流强度

城市	G_i/万人	E_i/万人	GDP/万元	N_i(万元/人)	K_i	$F_i = N_i \cdot E_i$(亿元)
郑州	97.06	5.49	3003.99	30.95	5.65%	169.79
开封	25.65	4.93	689.37	26.88	19.22%	132.53
洛阳	49.92	3.09	1919.64	38.45	6.18%	118.66
平顶山	46.38	0.87	1067.70	23.02	1.87%	20.02
新乡	41.45	4.07	949.49	22.91	9.82%	93.22
焦作	30.94	1.18	1031.59	33.34	3.81%	39.30
许昌	27.39	3.50	1062.05	38.78	12.76%	135.54
漯河	20.76	0.86	550.26	26.51	4.14%	22.78
济源	6.17	0.15	288.35	46.73	2.37%	6.83

一般来说,城市流强度数值越大,则城市与外界的联系就越密切;而

城市流强度数值越小,则城市与外界联系相对松散。

郑州的城市流强度最高,为 169.79 亿元,但是与其他城市的差距不大,这说明作为中原城市群中心城市的郑州,其集聚与扩散能力并不突出;而作为中原城市群副中心的洛阳,虽然综合实力雄厚,但由于产业的重型化以及第三产业发展滞后等原因,城市流强度值仅为 118.66 亿元,排名第 4,落后于开封与许昌市,与其较高的经济发展水平相比,显得不相对应。

五、中原城市群城市流强度分析

(一)中原城市群城市流强度分类

根据城市流强度计算结果,中原城市群区域 9 城市可以分为三类:高等、中等、低等三个级别。如表 9-5 和图 9-1 所示。

表 9-5　中原城市群城市流强度分类

高城市流强度 $F_i > 100$	中城市流强度 $30 < F_i < 100$	低城市流强度 $F_i < 30$
郑州、开封、洛阳、许昌	新乡、焦作	漯河、平顶山、济源

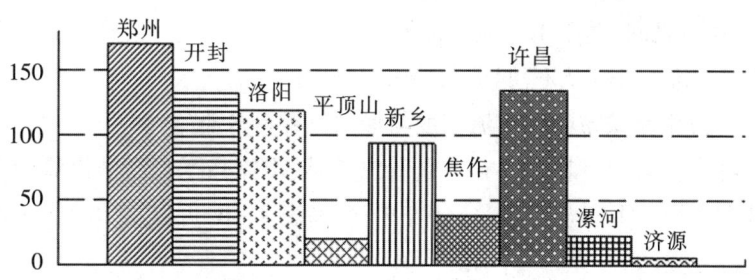

图 9-1　中原城市群各市城市流强度

由表 9-5 可以看出,郑州、洛阳、许昌和开封等四个城市的城市流大于 100 亿元,属于高等城市流强度;新乡和焦作的城市流强度均大于 30 亿元,属于中等城市流强度;平顶山和济源的城市流强度均小于 30 亿元,属于低城市流强度。

(二) 中原城市群城市流倾向度分类

根据2008年中原城市群各市城市流倾向度大小,中原城市群9城市可以分为高等、中等、低等三类,如表9-6和图9-2所示。

表9-6 中原城市群城市流倾向度分类

高城市流倾向度	中城市流倾向度	低城市流倾向度
$K_i > 10\%$	$5\% < K_i < 10\%$	$K_i < 5\%$
开封、许昌	郑州、洛阳、新乡	平顶山、焦作、漯河、济源

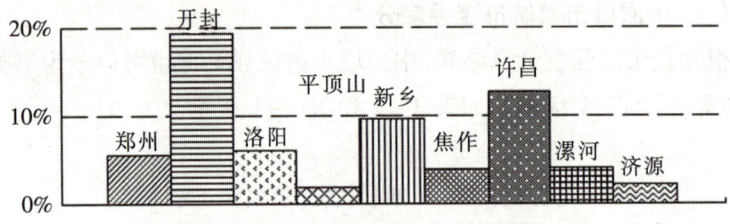

图9-2 中原城市群各市城市流倾向度

由表9-6可以看出,开封、许昌两个城市的城市流倾向度均大于10%,属于高城市流倾向度;郑州、洛阳、新乡的城市流倾向度均介于5%~10%之间,属于中等城市流倾向度;平顶山、焦作、漯河和济源的城市流倾向度均小于5%,属于低城市流倾向度。

(三) 中原城市群城市流强度与倾向度综合分类

对比表9-5和表9-6可以看出,高城市流强度与高城市流倾向度的城市分类并不完全吻合,结合表9-5和表9-6,可以将中原城市群城市进行分类,如表9-7所示。

表9-7 中原城市群各市城市流强度与城市流倾向度综合分类

	高城市流倾向度	中城市流倾向度	低城市流倾向度
高城市流强度	开封、许昌	郑州、洛阳	

续表

	高城市流倾向度	中城市流倾向度	低城市流倾向度
中城市流强度		新乡	焦作
低城市流强度			平顶山、漯河、济源

从表9-7中可以看出,结合城市流强度高低与城市流倾向度高低,可以将中原城市群9城市分为以下5种类型:

(1)高强度高倾向度:开封、许昌。

(2)高强度中倾向度:郑州、洛阳。

(3)中强度中倾向度:新乡。

(4)中强度低倾向度:焦作。

(5)低强度低倾向度:平顶山、漯河、济源。

(四)中原城市群城市流强度结构

根据构成城市流强度的影响因素之间的相对数量与相对比例关系,可以对中原城市群的城市流强度结构进行分析。

根据 $F_i = N_i \cdot E_i = GDP_i \cdot K_i$(公式9-6)可以看出,影响城市流强度的因素可以分为城市总体经济实力和城市流倾向度两个因素,这两者的相对比例与相对数量影响着城市流强度的大小。

现分别对中原城市群各城市 GDP 与城市流倾向度数值进行标准化处理,公式如下:

$$GDP_i' = GDP_i / \max GDP_i \quad (9-7)$$

$$K_i' = K_i / \max K_i \quad (9-8)$$

利用公式(9-7)与公式(9-8)分别对中原城市群2008年各城市的 GDP 与城市流倾向度进行归一化处理,结果如表9-8和图9-3所示。

表9-8　中原城市群城市流强度结构

	郑州	开封	洛阳	平顶山	新乡	焦作	许昌	漯河	济源
GDP_i'	1	0.229	0.639	0.355	0.316	0.343	0.354	0.183	0.096
K_i'	0.294	1	0.321	0.097	0.511	0.198	0.664	0.215	0.123

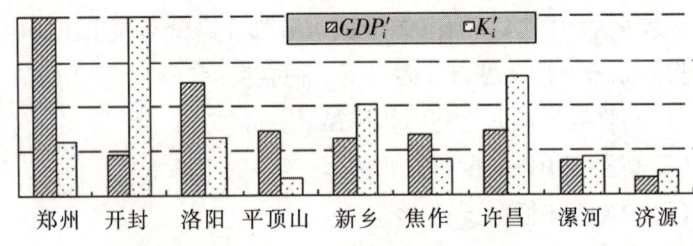

图9-3　中原城市群城市流结构示意图

如图9-3所示,根据 GDP_i' 与 K_i' 的大小比较,中原城市群的城市可以分为如下两类:

第一,$GDP_i' > K_i'$,包括郑州、洛阳、平顶山和焦作。

这些城市的城市流结构特点是城市总体实力均高于城市流倾向度,尤其是郑州、洛阳与平顶山,这三个城市的GDP分别排城市群前三位,焦作市的GDP排城市群第5位,这些城市较低的城市流倾向度与其自身较强的经济实力很不相称。

第二,$GDP_i' < K_i'$,包括开封、新乡、许昌、漯河和济源。

这些城市的城市流结构的特点是城市总体实力均小于城市流倾向度,尤其是开封与许昌,其城市流倾向度远高于其自身经济实力。开封的城市流倾向度排名第1,但其GDP仅排名第7;许昌的城市流倾向度排名第2,但其GDP仅排名4;新乡的城市流倾向度排名第3,但其GDP仅排名第6。这几个城市今后一方面要保持其对外服务能力,另一方面要加强其综合实力,使其更好地发挥其功能。

漯河的城市流倾向度排名第6,高于其GDP的排名第8位,绝对数值比较低,今后一方面要提高其综合经济实力,另一方面也要增强其对外服务能力。

六、中原城市群城市流强度变化趋势

(一)2003~2008年中原城市群各市城市流强度

根据《河南统计年鉴》2004~2009年相关数据计算,得到中原城市群各城市2003~2008年的城市流强度如表9-9所示。

表9-9 2003~2008年中原城市群各市城市流强度

单位:亿元

年份	郑州	开封	洛阳	平顶山	新乡	焦作	许昌	漯河	济源	合计
2003	52.9	46.7	21.8	4.3	41.1	6.8	54.9	18.2	1.3	248.0
2004	66.0	61.9	42.4	6.0	55.3	13.1	63.7	33.4	1.5	343.1
2005	70.7	77.0	72.2	7.9	65.2	13.3	84.4	15.7	2.0	408.4
2006	124.6	85.7	81.2	12.7	66.3	17.3	85.5	18.9	3.5	495.8
2007	146.6	126.6	103.6	17.4	76.0	26.3	94.3	27.7	4.8	623.4
2008	169.8	132.5	118.7	20.0	93.2	39.3	135.5	22.8	6.8	738.7

从2003年到2008年,中原城市群总城市流强度从248亿元增长到738.7亿元,增长了1.98倍,年均增长幅度约为14.6%,如图9-4所示。

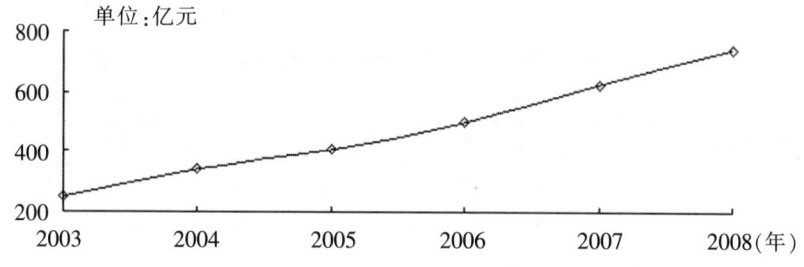

图9-4 2003~2008年中原城市群总城市流强度增长趋势

(二)中原城市群城市流集聚能力分析

为了更好地分析各个城市的集聚与扩散能力,现对各城市城市流强度占整个城市群的比例进行分析,如表9-10所示。

表9-10　2003~2008年中原城市群各市城市流强度占城市群比例

年份	郑州	开封	洛阳	平顶山	新乡	焦作	许昌	漯河	济源
2003	21.3%	18.8%	8.8%	1.7%	16.6%	2.8%	22.1%	7.3%	0.5%
2004	19.2%	18.0%	12.4%	1.7%	16.1%	3.8%	18.6%	9.7%	0.4%
2005	17.3%	18.9%	17.7%	1.9%	16.0%	3.3%	20.7%	3.8%	0.5%
2006	25.1%	17.3%	16.4%	2.6%	13.4%	3.5%	17.3%	3.8%	0.7%
2007	23.5%	20.3%	16.6%	2.8%	12.2%	4.2%	15.1%	4.4%	0.8%
2008	23.0%	17.9%	16.1%	2.7%	12.6%	5.3%	18.3%	3.1%	0.9%

2003年城市流强度占比前三名依次是许昌、郑州和开封,合计占城市群比例为62.2%;2008年城市流强度占比前三名依次是郑州、许昌和开封,郑州与许昌互换位置,合计占城市群比例为59.2%,下降了3%。

2003年城市流强度占比最后三名依次是济源、平顶山和焦作,合计占城市群比例为5.0%;2008年城市流强度占比最后三名依次是济源、平顶山和漯河,合计占城市群比例为6.7%,上升了1.7%。

由此可以看出,中原城市群内城市流向中心城市集聚的速度要小于扩散的速度。

(三)中原城市群各城市城市流强度变化趋势

2003~2008年中原城市群各城市城市流强度增长速度如表9-11所示。

表9-11　2003~2008年中原城市群各市城市流强度增长速度

基期:2003年

年份	郑州	开封	洛阳	平顶山	新乡	焦作	许昌	漯河	济源
2004	24.79%	32.37%	94.14%	39.57%	34.48%	90.82%	16.11%	83.75%	9.28%
2005	7.23%	24.49%	70.26%	32.76%	17.86%	1.94%	32.50%	-52.88%	32.90%
2006	76.19%	11.30%	12.52%	60.06%	1.81%	30.14%	1.32%	19.93%	78.93%
2007	17.68%	47.71%	27.56%	37.34%	14.55%	51.74%	10.24%	47.14%	36.87%
2008	15.78%	4.65%	14.53%	14.96%	22.67%	49.42%	43.74%	-17.88%	42.57%
平均	28.33%	24.11%	43.80%	36.94%	18.27%	44.81%	20.78%	16.01%	40.11%

根据中原城市群各市城市流强度平均增长速度,将中原城市群9城市分成三类:

一是高速增长,平均增长速度超过30%,包括洛阳、平顶山、焦作和济源等4个城市;

二是中速增长,平均增长速度介于20%到30%之间,包括郑州、开封、新乡和许昌等4个城市;

三是低速增长,平均增长速度低于20%,包括漯河。

结合中原城市群各市城市流强度高低与增长速度,可以将中原城市群各市分为如下类型,如表9-12所示。

表9-12 中原城市群各市城市流强度大小与速度综合分类

	高城市流强度	中城市流强度	低城市流强度
高速增长	洛阳	焦作	平顶山、济源
中速增长	郑州、开封、许昌	新乡	
低速增长			漯河

从表9-12可以看出,结合城市流强度高低与增长速度快慢,可以将中原城市群9城市分为以下6种类型:

第一,高强度高增长:洛阳市。洛阳市工业基础雄厚,经济实力较强。随着中原城市群区域经济一体化的加强,洛阳市将在较高城市流强度的基础上保持快速增长态势,将迅速崛起为区域性中心城市,起到中原城市群副中心的作用,使得中原城市群形成双核驱动的经济区,更有利于区域经济的发展。

第二,高强度中增长:郑州、开封、许昌。这其中郑州市由于基数较大,中心城市郑州市的城市流强度将呈现出中速增长,其城市群核心的地位将进一步巩固;开封与许昌距离郑州比较近,与其经济交流比较便捷,而随着郑汴(郑州与开封)一体化与郑许(郑州与许昌)一体化的加速,未来将在更大程度上融入省会郑州的经济圈。

第三,中强度高增长:焦作。作为豫北的经济重镇,由于传统上经济以煤炭、有色金属、轮胎等重工业为主,其城市流强度较低,但是随着近年来经济结构的转型,以旅游业为龙头的第三产业快速发展,焦作市的城市流强度将快速增长,将发展成为区域内有影响的重要城市。

第四,中强度中增长:新乡。作为豫北传统的经济中心,新乡市的城市流强度基数较高,但是发展速度呈中速增长趋势,其在区域内的影响力将会弱化,中心城市地位将有所降低。

第五,低强度高增长:平顶山、济源。作为传统的重工业城市,平顶山与济源市的城市流强度基数较低,但是随着第三产业的发展,城市流强度的快速增长,这两个城市在区域内的影响将会有所加强。

第六,低强度低增长:漯河市。作为中原城市群区域内经济基础较差的城市,经济基础薄弱,城市流强度较低,且呈现出低速增长趋势,由于地处中原城市群区域的边缘,在未来的发展中,将会有被进一步边缘化的危险。[①]

第二节 基于均匀度指数的空间集聚扩散联系分析

一、均匀度指数的理论内涵

(一)均匀度指数的理论基础

随着二战以后美国经济的高速发展,私人汽车拥有量开始不断上升,便捷的高速交通网络已经覆盖全美各地,从上个世纪70年代开始,美国开始出现了比较明显的逆城市化趋势,大都市人口开始迁往高速公路沿线的中小城市和乡村地区。伴随着这一人口迁移的大趋势,工作与服务活动中心也开始出现郊区化的发展趋势,大都市外围的独立城镇开始逐渐成为主要的绿色制造业、大型购物中心和中上阶层人士居住的所在地,大都市中心开始出现了"空心化"倾向,而整个区域随着政府单元的不断增加,发展更加趋于均匀化,分散化的倾向也更加明显,从而出现了所谓的"碎化"现象。

---

① 本节部分内容发表于《商业时代》2010年第12期,题名:《中原城市群城市流强度测度分析》。

对都市碎化程度进行分析与研究主要采用以下两种方法：

第一种是基于政治的方法，主要通过对城镇单元绝对个数指标或者人均数指标进行衡量与比较。例如，杜兰（Dolan,1990）通过一个大都市区域内政府单元的增长来对地方政府碎化进行定义；希尔（Hill,1974）用政府数量和人均市政府数量来对都市碎化进行测算；波能（Bollen,1986）则用每10万非中心城区人口中人口过万的非中心区市政府的数量来进行测算分析；帕克斯和欧科森（Parks,Oakerson,1992）则主要采用每万居民中政府数来进行测算分析。这些方法的主要好处是相对比较直观，政府个数越多，则表明都市区域相对越碎化。但是这一方法明显带有一定的地缘政治因素，并且不能够对随时间推移而变化的碎化程度状况进行预测。

第二种是基于经济的方法，主要通过对不同政府单元某一个或若干个指标在区域中所占份额（百分比）的平方和进行相加，从而得到碎化程度指标。也即如果假设区域中每一个政府单元的某一项指标为 x_i（$i=1,2,3,\cdots,n$），则有：

$$y_i = x_i / \sum_{i=1}^{n} x_i \qquad (9-9)$$

$$D = \sum_{i=1}^{n} y_i^2 \qquad (9-10)$$

式中：y_i 为每个政府单元某一项指标占区域总指标的比重；D 为碎化程度指标。

D 的取值范围从 $1/n$ 到 1，其中 D 值越接近于 1，则表明区域空间越集聚，D 值越小则表明区域空间越分散。采用这一方法进行分析，对于碎化程度的变化显得比较敏感，但是却无法对政府单元个数的变化引起的集聚-碎化程度进行比较直观的反映。[1]

（二）均匀度指数的提出

我国学者罗震东与张京祥在都市碎化指数的基础上进行改进，提出了大都市碎化指数，利用这一指数既能够对大都市区域中政府单元个数

---

[1] 罗震东、张京祥：《大都市区域空间集聚-碎化的测度及实证研究——以江苏沿江地区为例》，载《城市规划》2002年第4期。

的变化进行反映,也能够对不同政府单元在区域中比重的变化进行反映,优越性比较突出。

他们所提出的大都市碎化指数是将第二种方法中的平方和更改为平方根的和,即采用如下的计算方法:

假设区域中每一政府单元的某一指标为 $x_i (i=1,2,3,\cdots,n)$,则有:

$$y_i = x_i / \sum_{i=1}^{n} x_i \qquad (9-11)$$

$$I = \sum_{i=1}^{n} x_i \sqrt{y_i} \qquad (9-12)$$

式中:I 为碎化指数,y_i 为每个政府单元某一项指标占区域总指标的比重。

其中 I 的取值范围从 1 到 $\sqrt{n}$,当 y_i 等于 1 时,I 值最小,表明区域呈现高度集中状况;当所有 y_i 都相等时 I 值最大,则表明此时区域空间呈现出绝对均匀状况。

由于碎化指数包含了政府单元个数的因素,因而相比以前的方法能够更加直观地对区域碎化程度进行比较与分析,但是这一指数却无法直观体现区域内部各个单元分布的均衡程度。因此,罗震东与张京祥在碎化指数的基础上,进一步提出了均匀度指数,主要从单元个数这一角度对碎化指数进行改进:

$$I' = \sum_{i=1}^{n} \sqrt{y_i} / \sqrt{n} \qquad (9-13)$$

式中:I' 为均匀度指数,y_i 为每个政府单元指标占区域总指标的比重。

其中 I' 的取值范围从到 $1/\sqrt{n}$ 到 1,其中 I' 越接近 1,则表明区域空间越均匀,值越小则表明区域空间越集聚。由于均匀度指数消除了碎化指数中单元个数的影响,纯粹从区域单元分布的均衡性角度来进行考虑,因此对于衡量城市群空间集聚和扩散程度具有比较大的参考意义。他们选取了国内生产总值、全社会固定资产投资总额、社会消费品零售总额、财政收入、第二产业总产值、第三产业总产值等五项比较常用的经济指标,对南京、无锡、苏州、常州、扬州、镇江、南通、泰州 8 个设区市及其所辖行政区所构成江苏沿江地区空间的集聚-碎化进行了测度与研究。①

(三)均匀度指数的发展与完善

罗震东与张京祥所提出的大都市均匀度指数是对大都市碎化指数的一次具有非常重大意义的改进,但是仍然存在有以下不足之处:

第一,选取指标不够完善。由于仅仅选取了若干经济指标,并不能反映例如人口与城镇建设用地等其他要素的空间集聚与扩散特征。

第二,测算方法本身存在欠缺。从均匀度指数的计算公式本身来看,由于未将各政府单元的辖区面积考虑在内,因而其计算结果仅仅反映出各个指标在政府单元间是否均匀分布,而不能够考察整个区域的分布情况。在比较极端的情况下,如果各个政府单元的某项指标(如 GDP)相等,但是其面积则相差很大,那么即使通过这种算法计算出的区域均匀度指数为1,即区域为绝对均匀(高度扩散),但是实际上由于各政府单元辖区大小存在比较大的差异,因而实际上空间要素在整个区域内并非均匀分布。

为了克服上述两个缺陷,叶玉瑶与张鸿鸥对该模型进行了改进,在大都市均匀度指数中引入了辖区面积因子这一指标,选取人口、GDP 以及城镇建设用地作为反映区域空间要素集聚与扩散的三项基本指标,并采用了下面的改进算法来对大都市均匀度指数进行测算:

$$y_i' = (x_i/s_i) / \sum_{i=1}^{n}(x_i/s_i) \qquad (9-14)$$

$$I' = \sum_{i=1}^{n}\sqrt{y_i'}/\sqrt{n} \qquad (9-15)$$

式中:$x_i(i=1,2,3,\cdots,n)$为区域中某一政府单元某一项的指标;

s_i 为政府单元的辖区面积;

y_i'为每个区域单元指标占区域总指标的比重;

I'为区域空间均匀度指数,I'的取值范围从 $1/\sqrt{n}$ 到 1,其中 I' 越接近1,则表明区域空间越均匀,I'值越小则表明区域空间越集聚。②

---

① 罗震东、张京祥:《大都市区域空间集聚-碎化的测度及实证研究——以江苏沿江地区为例》,载《城市规划》2002 年第 4 期。

② 叶玉瑶、张鸿鸥:《珠江三角洲城市群空间集聚与扩散》,载《经济地理》2007 年第 5 期。

二、中原城市群空间均匀度指数计算

中原城市群区域是目前中部地区社会、经济发展最为迅速的区域之一,已经成为中部地区空间要素集聚度最高的城市群。因此有必要从集聚与扩散为视角,采用定量方法对中原城市群空间集聚的程度与动态趋向进行测度,分析中原城市群区域空间集聚、扩散的特征与规律,为准确、科学把握区域发展方向提供借鉴。

(一)均匀度指数模型的改进

叶玉瑶、张鸿鸥所提出的改进都市均匀度算法在指标选取上仍然存在很大的缺陷与不足之处,首先是城镇建设用地并不能代表城市的扩散,城市的扩散主要以城市建成区面积的不断增加为标志,其次是目前城市划分标准主要以非农业人口数量为依据,因此本文对其选取的指标进行了改进,将总人口和城镇建设用地这两个指标改为非农业人口和城市建成区面积,考虑到投资对经济的巨大拉动作用,因而增加了固定资产投资这一指标。因此选取城市非农业总人口、GDP、固定资产投资和建成区面积等四项指标,对中原城市群区域的集聚与扩散程度进行定量测定。

(二)中原城市群相关数据

根据河南省统计局所编《河南统计年鉴》2002~2009年相关数据,中原城市群各市的均匀度指数相关数据如表9-13所示。

表9-13 中原城市群空间要素分布与演化(2001~2008年)

年份		郑州	开封	洛阳	平顶山	新乡	焦作	许昌	漯河	济源
2001	辖区面积/km²	7446	6444	15200	7882	8169	4071	4996	2617	1931
	非农业总人口/万人	231	92	156	116	113	101	75	58	18
	GDP/亿元	828.2	252.4	465.2	295.3	308.7	256.7	326.2	182.3	66.2
	固定资产投资/亿元	286.1	44.0	121.7	54.8	73.3	61.9	75.6	45.9	13.9
	建成区面积/km²	142.4	67.0	107.7	47.1	60.0	56.6	25.6	26.8	21.7

续表

年份		郑州	开封	洛阳	平顶山	新乡	焦作	许昌	漯河	济源
2002	非农业总人口/万人	242	93	160	119	115	104	79	60	19
	GDP/亿元	928.3	269.9	535.0	321.5	340.5	287.6	362.8	200.8	629
	固定资产投资/亿元	332.1	48.3	145.0	58.9	98.8	72.0	74.9	49.6	828.2
	建成区面积/km²	156.4	70.0	110.8	49.0	62.0	56.6	26.2	32.1	22.0
2003	非农业总人口/万人	250	94	171	117	121	107	83	61	19
	GDP/亿元	1102	282	686	366	379	341	412	222	94
	固定资产投资/亿元	491.3	61.1	195.1	78.4	151.1	106.2	100.0	59.9	40.9
	建成区面积/km²	170	70	121	53	68	67	36	36	22
2004	非农业总人口/万人	377	126	227	164	176	131	135	76	24
	GDP/亿元	1335	325	880	455	450	449	489	259	115
	固定资产投资/亿元	613.3	83.4	330.3	113.6	218.2	183.3	162.7	71.3	59.4
	建成区面积/km²	187.7	70	131.8	55.3	73.5	71.48	36	38.84	22.97
2005	非农业总人口/万人	387	156	244	173	185	137	144	80	27
	GDP/亿元	1661	408	1112	561	544	584	605	322	144
	固定资产投资/亿元	819.3	128.9	480.1	190.4	319.6	268.7	239.4	104.2	68.9
	建成区面积/km²	262	75	133	60	77	75	46	47	24
2006	非农业总人口/万人	396	164	256	184	197	144	153	85	28
	GDP/亿元	2013	475	1334	675	640	699	719	380	181
	固定资产投资/亿元	1032	166	621	273	425	352	294	139	79
	建成区面积/km²	282	81	144.5	66.46	89.48	77.2	48	50.1	24.26

续表

年份		郑州	开封	洛阳	平顶山	新乡	焦作	许昌	漯河	济源
2007	非农业总人口/万人	404	173	267	193	208	150	163	91	31
	GDP/亿元	2487	555	1595	821	780	856	855	437	224
	固定资产投资/亿元	1367	220	842	365	582	491	397	188	115
	建成区面积/km²	321	86	145	61	91	78	63	51	27
2008	非农业总人口/万人	413	183	279	201	220	157	171	96	32
	GDP/亿元	3004	689	1920	1068	949	1032	1062	550	288
	固定资产投资/亿元	1771	304	1101	421	773	636	522	247	135
	建成区面积/km²	329	89	164	62	95	90	65	51	28

(三)中原城市群空间均匀度指数计算

根据相关公式,将相应数据代入,经计算,得到2001~2008年中原城市群区域空间均匀度指数,如表9-14所示。

表9-14 中原城市群空间均匀度(2001~2008年)

年份	2001	2002	2003	2004	2005	2006	2007	2008	平均
人口	0.9819	0.9816	0.9815	0.9796	0.9823	0.9829	0.9842	0.9846	0.9823
GDP	0.9777	0.9780	0.9771	0.9770	0.9766	0.9762	0.9753	0.9767	0.9768
固定资产投资	0.9549	0.9591	0.9549	0.9623	0.9675	0.9688	0.9696	0.9685	0.9632
建成区面积	0.9800	0.9784	0.9800	0.9780	0.9689	0.9696	0.9661	0.9670	0.9735
综合	0.9736	0.9743	0.9734	0.9742	0.9738	0.9744	0.9738	0.9742	0.9740

根据相关计算结果,绘制出中原城市群区域空间均匀度指数变化趋势如图9-5所示。

中原城市群区域空间均匀度总体来说变化不大,区域空间发展趋向于分散,并非意味着中原城市群的空间发展已经处于高级阶段,开始向外扩散,而是由于中原城市群发展水平比较低,区域各城市尚处于各自集聚

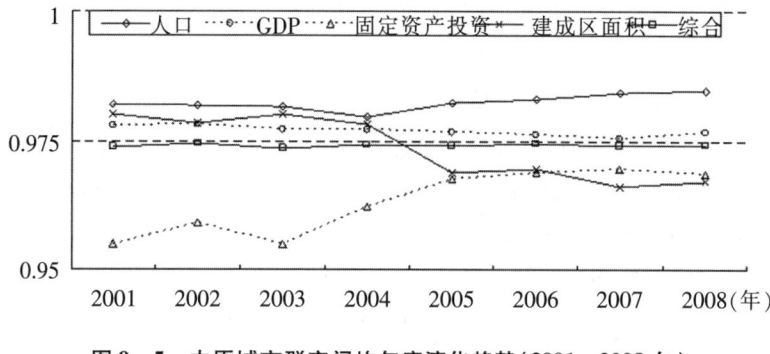

图 9-5　中原城市群空间均匀度演化趋势（2001～2008 年）

发展过程中,但是各城市之间的差距正在缩小,区域发展趋于均质化。

分指标来看,中原城市群区域 GDP、人口这两个指标的均匀度指数变化幅度不大。2001 年人口的空间均匀度为 0.9819,2008 年为 0.9846;2001 年 GDP 的空间均匀度为 0.9777,2008 年为 0.9767;这两个指标变化均相对比较平稳,说明中原城市群区域各城市的经济发展速度与人口集聚速度基本上差距不大,从经济与人口上并未体现出集聚效应。

城市建成区这一指标的均匀度指数呈急剧下降趋势。这说明中原城市群区域的城市化水平发展呈现出比较明显的马太效应与集聚效应。原来城市化水平比较低的城市城市化速度较慢,而原来城市化水平比较高的地区城市化进程开始加速,导致了城市建成区均匀度指数的下降。其中在 2001 年郑州市城市建成区面积占整个城市群的 25.67%,到 2008 年这一比例高达 33.81%,增加了约 8 个百分点。然而在这一过程中出现很多问题,郑州盲目扩大城市建成区,造成资源的极大浪费与环境的破坏。

在 4 个指标中,城市固定资产投资是唯一均匀度指数呈现较大增长的指标,这是区域均衡发展的主要原因。在 2001 年郑州市固定资产投资占整个城市群的 36.81%,到了 2008 年这一比例下降到 29.97%,降低了约 7 个百分点。

（四）中原城市群各城镇密集带空间均匀度指数计算

1. 济焦新、郑汴洛、许平漯城镇密集带空间均匀度指数计算

根据相关公式,将相应数据代入,经计算,分别得到 2001～2008 年三

条城镇密集带空间均匀度指数,如表9-15、表9-16和表9-17所示。

表9-15 济焦新空间均匀度(2001~2008年)

年份	2001	2002	2003	2004	2005	2006	2007	2008	平均
人口	0.9798	0.9804	0.9798	0.9824	0.9848	0.9844	0.9863	0.9860	0.9830
GDP	0.9905	0.9916	0.9904	0.9870	0.9847	0.9851	0.9851	0.9864	0.9876
固定资产投资	0.9872	0.9963	0.9975	0.9937	0.9903	0.9874	0.9881	0.9860	0.9908
建成区面积	0.9918	0.9926	0.9904	0.9906	0.9905	0.9929	0.9938	0.9909	0.9917
综合	0.9873	0.9902	0.9895	0.9884	0.9876	0.9874	0.9883	0.9873	0.9883

表9-16 郑汴洛空间均匀度(2001~2008年)

年份	2001	2002	2003	2004	2005	2006	2007	2008	平均
人口	0.9722	0.9707	0.9713	0.9638	0.9700	0.9715	0.9729	0.9743	0.9708
GDP	0.9586	0.9581	0.9565	0.9566	0.9575	0.9556	0.9525	0.9534	0.9561
固定资产投资	0.9210	0.9196	0.9084	0.9251	0.9347	0.9367	0.9375	0.9406	0.9279
建成区面积	0.9790	0.9761	0.9747	0.9720	0.9527	0.9532	0.9458	0.9501	0.9629
综合	0.9577	0.9561	0.9527	0.9544	0.9537	0.9542	0.9522	0.9546	0.9545

表9-17 许平漯空间均匀度(2001~2008年)

年份	2001	2002	2003	2004	2005	2006	2007	2008	平均
人口	0.9953	0.9954	0.9952	0.9976	0.9975	0.9975	0.9972	0.9971	0.9966
GDP	0.9914	0.9910	0.9915	0.9929	0.9927	0.9932	0.9941	0.9950	0.9927
固定资产投资	0.9827	0.9831	0.9857	0.9866	0.9905	0.9940	0.9937	0.9904	0.9883
建成区面积	0.9884	0.9821	0.9860	0.9837	0.9821	0.9827	0.9831	0.9838	0.9840
综合	0.9894	0.9879	0.9896	0.9902	0.9907	0.9918	0.9920	0.9916	0.9904

根据相关计算结果,对三条城镇密集带的均匀度指数进行比较,并绘制它们的空间均匀度指数变化趋势,如表9-18、图9-6所示。

表9-18 三条横向城镇密集带空间均匀度比较(2001~2008年)

年份	2001	2002	2003	2004	2005	2006	2007	2008	平均
济焦新	0.9873	0.9902	0.9895	0.9884	0.9876	0.9874	0.9883	0.9873	0.9883
郑汴洛	0.9577	0.9561	0.9527	0.9544	0.9537	0.9542	0.9522	0.9546	0.9545
许平漯	0.9894	0.9879	0.9896	0.9902	0.9907	0.9918	0.9920	0.9916	0.9904

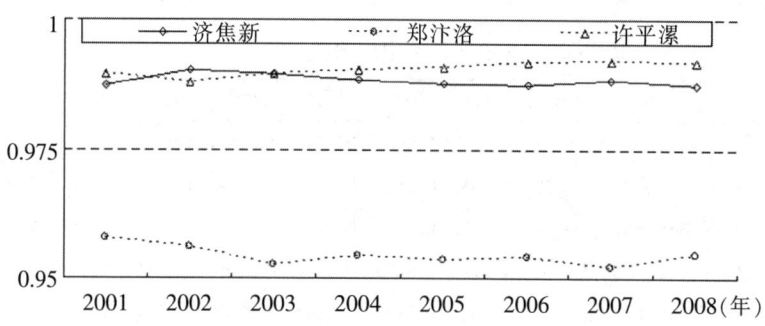

图9-6 中原城市群空间均匀度演化趋势(2001~2008年)

从这三条横向城镇密集带均匀度来看，位于中部的郑汴洛空间均匀度最低，说明在这一城镇密集带上中心城市集聚作用比较明显，内部发展不均衡，中心城市与乡村地域差距还比较大。

许平漯城镇密集带的空间均匀度最高，说明这一区域存在外部不经济，需要加强整合发展，强化空间集聚发展。

而济焦新城镇密集带均匀度略低于许平漯城镇密集带，说明其集聚能力略高于许平漯，但是与郑汴洛城镇密集带还存在有较大差距。

2. 焦济洛平、新郑许漯城镇密集带空间均匀度指数计算

根据相关公式代入相应数据，经计算得到2001~2008年新郑许漯、焦济洛平两条城镇密集带空间均匀度指数，如表9-19和表9-20所示。

表9-19 新郑许漯空间均匀度(2001~2008年)

年份	2001	2002	2003	2004	2005	2006	2007	2008	平均
人口	0.9866	0.9861	0.9868	0.9866	0.9876	0.9889	0.9902	0.9911	0.9880

续表

年份	2001	2002	2003	2004	2005	2006	2007	2008	平均
GDP	0.9827	0.9822	0.9798	0.9789	0.9781	0.9768	0.9755	0.9763	0.9788
固定资产投资	0.9651	0.9654	0.9605	0.9684	0.9738	0.9757	0.9770	0.9779	0.9705
建成区面积	0.9699	0.9669	0.9736	0.9705	0.9604	0.9616	0.9615	0.9619	0.9658
综合	0.9761	0.9751	0.9752	0.9761	0.9750	0.9758	0.9760	0.9768	0.9758

表9-20 焦济洛平空间均匀度(2001~2008年)

年份	2001	2002	2003	2004	2005	2006	2007	2008	平均
人口	0.9797	0.9802	0.9801	0.9826	0.9846	0.9843	0.9855	0.9852	0.9828
GDP	0.9889	0.9898	0.9904	0.9887	0.9872	0.9878	0.9875	0.9891	0.9887
固定资产投资	0.9850	0.9866	0.9821	0.9785	0.9810	0.9812	0.9805	0.9768	0.9815
建成区面积	0.9855	0.9867	0.9844	0.9843	0.9844	0.9867	0.9844	0.9814	0.9847
综合	0.9848	0.9858	0.9842	0.9835	0.9843	0.9850	0.9845	0.9831	0.9844

根据相关计算结果,绘制出中原城市群区域空间均匀度指数变化趋势如图9-7所示。

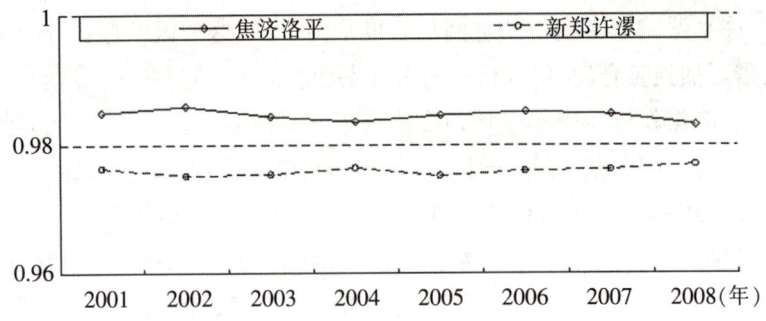

图9-7 中原城市群空间均匀度演化趋势(2001~2008年)

从这两条纵向城镇密集带均匀度来看,位于中部的新郑许漯空间均匀度较低,说明在这一城镇密集带上中心城市集聚程度比较明显;相对而言焦济洛平集聚程度则较小。

三、中原城市群区域空间均匀度分析

(一)城市群处于独立城镇膨胀阶段,空间集聚水平较低

区域空间结构发展演变过程一般分为独立城镇膨胀、城镇空间定向蔓生、城镇间向心发展与城镇连绵带形成四个发展阶段,只有当城镇沿交通轴线定向空间扩展到一定程度时,其边缘受到其他城镇的吸引,从而形成多个城镇之间向心发展的机制时,即区域空间发展进入城镇间向心发展阶段,城市群、都市圈才开始出现雏形,该区域才进入城市群、都市圈发展阶段。[①]

从中原城市群空间均匀度指数的演化可以看出中原城市群区域内城市化呈现出均衡化发展趋势,尚处于独立城镇膨胀阶段,部分城市之间如郑州与开封进入城镇空间蔓生阶段,距离城镇连绵带的形成还有很大距离。

与我国其他城镇密集区相比,中原城市群的集聚程度比较低。例如以珠三角城市群为例,其1990年、2000年与2004年的综合均匀度指数分别为0.653、0.795和0.813,中原城市群的空间均匀度指数要远大于珠江三角洲城市群,然而这并非说明中原城市群发育比珠江三角洲城市群成熟,只能说明中原城市群各个城市间实力差距不大,城市群的核心城市实力不够强大,缺乏像珠江三角洲城市群的广州与深圳那样的核心城市,有雄厚实力能够带动整个城市群,空间集聚水平低下。

(二)郑汴洛和新郑许漯城镇密集带集聚程度较高

横向的郑汴洛城镇密集带,聚集了中原城市群49.9%的城镇人口,53.14%的GDP,53.74%的固定资产投资和59.82%的建成区面积。纵向的新郑许漯城镇密集带,聚集了中原城市群51.37%的城镇人口,52.69%的GDP,56.05%的固定资产投资和55.50%的建成区面积。这两条城镇密集带的集聚程度比较高,是中原城市群区域经济发展的主轴和支撑。

---

① 欧阳慧:《谨防当前我国城市群、都市圈发展误区》,载《北方经济》2007年第3期。

(三)城镇实体空间呈现无序连绵的整体特征

由于我国在改革中实行自上而下的对各级政府的"放权让利",由此各级地方政府发展经济、大办工业的积极性被极大地激发,促进了全国乡镇企业和以此为基础而繁荣起来的小城镇的蓬勃发展,中原城市群地区也不例外。在这一发展过程中,农村人口与外来人口一方面转移到大城市,也有相当一部分选择附近的城镇就近转移,因此中原城市群地区的人口集聚既在整个区域层面显示出高度集聚的特征,同时也在以各县市为研究对象的微观层面表现出不同程度非完全集聚的特征,如郑州市辖区内的新密市、巩义市;新乡市辖区内的辉县市;平顶山市辖区内的禹州市、汝州市;洛阳市辖区内的偃师市等总人口均超过 80 万人,其中最多的禹州市达到 124 万人。从整个中原城市群地区来看人口集聚度很高,但由于城镇发展相当分散,并未形成强有力的集聚中心。

人口的非完全集聚一方面使得中原城市群区域内的一些小城镇呈现出蓬勃旺盛的发展势头,另外一方面也给区域内基础设施的协调以及城市管理造成一定的困难,各地区在工业用地分布上呈现出"小集聚、大分散"的格局,对于土地的集约利用极为不利。目前中原城市群的空间拓展基本上主要以大中城市以自我为中心的"自上而下"的蔓延扩展模式和一些经济发达的小城镇缺乏协调的"自下而上"的产业空间拓展模式这两种模式为主,从而导致中原城市群地区部分城镇呈现出无序连绵的特征。由于这种城镇空间连绵并非是出于加强区域内部空间联系的自觉意识,而是在发展过程中自发形成,因此在中原城市群今后的规划与发展过程中要着力进行调整与完善。

第三节 中原城市群空间集聚与扩散特征

一、空间要素集聚与扩散能力较弱

中原城市群各城市的集聚与扩散能力比较弱。从城市流强度上看,2008 年中原城市群城市流强度值仅为珠三角城市群城市流强度值的

23.22%,整体差距巨大。从核心城市来看,作为中原城市群核心城市的郑州,其城市流强度仅为169.79亿元,而作为珠三角城市群核心城市的广州,其城市流强度高达1103.39亿元,前者仅为后者的15.39%;作为中原城市群副中心的洛阳,其城市流强度仅为118.66亿元,而作为珠三角城市群副中心的深圳,其城市流强度高达1017.569亿元,前者仅为后者的11.66%。由此可见,中原城市群的核心城市与珠三角城市群等发达城市群的核心城市相比,其经济外向程度差别巨大。

二、城市群仍处于低级发展阶段,沿交通轴线呈现出一定的聚集现象

从空间均匀度指数上看,中原城市群区域空间均匀度总体来说变化不大,区域空间发展趋向于分散,主要原因在于城市群发展水平比较低,缺乏向中心城市的集聚能力,区域发展趋于均质化。按照区域空间结构发展演变的过程,目前中原城市群尚处于独立城镇膨胀阶段,部分城市之间如郑州与开封进入城镇空间蔓生阶段,距离城镇连绵带的形成还有很大距离。城市群仍处于比较低级的发展阶段,距离发达城市群那种比较成熟的城镇间向心发展阶段与城镇连绵带形成阶段还有较大的差距。但是在沿交通轴线的横向郑汴洛城镇密集带和纵向的新郑许漯城镇密集带已经出现了一定的聚集现象,这两条城镇密集带的集聚程度比较高,是中原城市群区域经济发展的主轴和支撑。

三、城镇实体空间呈现出无序连绵的整体特征

中原城市群地区在发展过程中,农村人口与外来人口一方面转移到大城市,也有相当一部分选择附近的城镇就近转移,因此中原城市群地区的人口集聚既在整个区域层面显示出高度集聚的特征,同时也在以各县市为研究对象的微观层面表现出不同程度非完全集聚的特征。从整个中原城市群地区来看人口集聚度很高,但由于城镇发展相当分散,并未形成强有力的集聚中心。

人口的非完全集聚一方面使得区域内的小城镇呈现出蓬勃向上、欣欣向荣的发展势头,另外一方面也给区域基础设施的协调以及城市管理带来困难。进而由此导致工业用地分布的"小集聚、大分散",不利于土地的集约利用以及城镇实体空间的有序连绵。

第十章　中原城市群区域空间联系调控

第一节　中原城市群城市体系调控

一、中原城市群职能结构调控

根据《中原城市群总体规划纲要》,中原城市群九个城市的定位如表 10-1 所示。

表 10-1　中原城市群规划中各城市定位

城市	定位
郑州	省会,中国历史文化名城,国际文化旅游城市,全国区域性中心城市,全国重要的现代化物流中心,区域性金融中心,先进制造业基地和科技创新基地
洛阳	中国历史文化名城,国际文化旅游城市,中原城市群副中心,全国重要的新型工业城市,先进制造业基地,科研开发中心和职业培训基地,中西部区域物流枢纽
开封	中国历史文化名城,国际文化旅游城市,纺织、食品、化工和医药工业基地,郑州都市圈重要功能区
新乡	高新技术产业、汽车零部件、轻纺、医药工业、职业培训、现代农业示范基地,北部区域物流中心
许昌	高新技术产业、轻工、食品、电子装备制造业、特色高效农业示范基地和生态观光区
焦作	国际山水旅游城市,能源、原材料、重化工、汽车零部件制造基地
平顶山	中国中部重化工城,重化工、能源、原材料、电力装备制造业基地
漯河	中国食品城,轻工业、生态农业示范基地,南部区域物流中心
济源	中国北方生态旅游城市,能源和原材料基地

从规划上看,各城市职能结构趋同现象并未改善,部分产业甚至有加剧现象,现将规划中涉及多个城市的主导产业进行总结,如表10-2所示。

表10-2 中原城市群主导产业规划涉及城市及数量

主导产业	涉及城市	数量
旅游业	郑州、洛阳、开封、焦作、许昌、济源	6
物流业	郑州、洛阳、新乡、漯河	4
食品业	开封、许昌、漯河	3
原材料	焦作、平顶山、济源	3
现代农业	新乡、许昌、漯河	3
汽车零部件	新乡、焦作	2
重化工	平顶山、焦作	2
能源	平顶山、焦作	2
医药	开封、新乡	2
科研开发	郑州、洛阳	2
高新技术产业	新乡、许昌	2
先进制造业	郑州、洛阳	2
职业培训	洛阳、新乡	2

从规划上看,涉及城市最多的是旅游业,中原城市群9个城市中有6个定位于旅游城市。虽然中原城市群区域有着比较丰富的旅游资源,但是如果以旅游业收入占GDP比重来看,只有郑州、开封、洛阳、焦作4个城市达到10%以上,高于西安,但远低于北京的20.6%;而许昌和济源这两个城市旅游业收入占GDP的比重分别为2.0%和3.9%,远称不上是旅游城市,各城市2009年旅游业收入占GDP比重情况如表10-3所示。

表 10-3 2009 年各城市旅游业收入占 GDP 比重

	郑州	开封	洛阳	焦作	许昌	济源	西安	北京
旅游业收入/亿元	399	108.10	260	128.1	23	12.2	297.4	2442.1
GDP/亿元	3300.4	777.05	2075	1115.9	1176.2	311	2719.1	11865.9
占比	12.1%	13.9%	12.5%	11.5%	2.0%	3.9%	10.9%	20.6%

其他产业也存在类似问题,如有 4 个城市定位于物流中心,食品业、原材料和现代农业各有 3 个城市,其他如重化工、能源、医药、科研开发、高新技术产业、先进制造业和职业培训各有两个城市。在规划方面并没有改善中原城市群目前现存的职能结构趋同现象,在某些方面还进一步强化了职能结构的趋势。

城市的职能规划与定位要与城市现有的优势职能和突出职能相互匹配,既能够充分发挥其优势,又能够使其规划的职能得以实现,以免造成资源的浪费。

中原城市群各城市规划的定位与其目前职能匹配情况如表 10-4 所示。

表 10-4 中原城市群各城市定位与职能匹配情况

城市	优势与突出职能	城市定位
郑州市	制造业,建筑业,交通运输、仓储及邮政业,信息传输、计算机服务和软件业,住宿、餐饮业,金融业,房地产业,科研、技术服务和地质勘查业,文化、体育和娱乐业	旅游城市,物流中心,区域性金融中心,先进制造业基地和科技创新基地
开封市	制造业,批发和零售业,居民服务和其他服务业,教育业,卫生、社会保障和社会福利业	旅游城市,纺织、食品、化工和医药工业基地
洛阳市	制造业,电力、燃气及水的生产和供应,交通运输、仓储及邮政业,科研、技术服务和地质勘查业	旅游城市,先进制造业基地,科研开发中心和职业培训基地,中西部区域物流枢纽
平顶山	采矿业,租赁和商业服务业	重化工、能源、原材料、电力装备制造业基地

续表

城市	优势与突出职能	城市定位
新乡市	制造业,批发和零售业,居民服务和其他服务业	高新技术产业、汽车零部件、轻纺、医药工业、职业培训、现代农业示范基地,区域物流中心
焦作市	制造业	山水旅游城市,能源、原材料、重化工、汽车零部件制造基地
许昌市	制造业,信息传输、计算机服务和软件业,教育业	高新技术产业、轻工、食品、电子装备制造业、特色高效农业示范基地和生态观光区
漯河市	制造业,租赁和商业服务业	中国食品城,轻工业、生态农业示范基地,区域物流中心
济源市	制造业,水利、环境和公共设施管理业	生态旅游城市,能源和原材料基地

从表10-4可以看出,部分城市和定位与城市所具有的优势职能和突出职能比较相符,还有一些城市的定位与其目前的职能不太相符。如定位于发展高新技术产业的新乡市和许昌市,其科研职能并不突出;定位于发展物流中心的新乡市和漯河市,其交通运输、仓储及邮政业等职能并不突出。因此需要做好城市定位与突出职能二者之间匹配。

目前中原城市群各城市仍处于工业化进程发展阶段,具有典型的地域性和资源依赖性特点。区域内各城市间缺少以产业链为基础的产业分工合作与横向联系。例如中原城市群区域内有着比较丰富的铝矾土和煤炭资源,电解铝和氧化铝产量位居全国第一,铝加工材料产量则居全国第二,包括郑州、洛阳等城市,纷纷把发展铝工业作为一个支柱型产业。这种分散、低水平的重复投资不仅造成了资源浪费严重,而且不利于提高市场竞争力和保证整个产业链的完整性。要在发挥各个城市自身优势与产业优势的基础上,建立起各城市之间以产业链为基础的产业横向与纵向联系。各个城市要通过培育优势产业,做强做大优势企业,建立以龙头企业为核心的产业集群,产业互补,形成城市群体的综合优势。

二、中原城市群规模结构调控

(一)大力发展中心城市,扩大城市规模

作为中原城市群首位城市的郑州市2008年的人口规模为207.42万,刚刚跻身于超大城市行列,不仅远远落后于国内发展相对比较成熟的三大城市群的核心城市,与同为中部地区的武汉城市圈的核心城市武汉相比,郑州市的非农业人口仅为武汉的43.9%,差距比较明显,如表10-5所示。

表10-5 各城市群核心城市非农业人口数(2008年)

单位:万人

中原城市群		长三角城市群		珠三角城市群		京津冀城市群		武汉城市圈	
郑州	202.17	上海	1192.24	广州	645.83	北京	922.84	武汉	460.18

除此之外,2008年中原城市群地区城市首位度为1.82,不仅低于理论上的合理值2,而且在国内主要的十大城市群中,中原城市群的城市首位度指数处于第6位,排名比较靠后,不仅落后于国内比较发达的长三角、珠三角等城市群,与同在中部地区的武汉与长沙相比,也有很大差距。作为中原城市群的首位城市的郑州,其偏小的规模和并不突出的中心地位,致使中原城市群的规模结构较不利于中心城市的辐射,也难以带动城市群的发展。

根据城市经济相关理论,规模较大的中心城市将会产生比较明显的集聚效应,并且会带来比较高的规模效益,产生比较多的就业机会以及较大的经济扩散效应。如果中心城市规模比较小,则会使城市的功能性产业尤其是第三产业的发展受到诸多限制,难以强化其城市功能,有效发挥中心城市的集聚、辐射与带动作用。在今后的一段时间内要加快郑州的发展步伐,与此同时也要通过调控机制带动其他城市的发展,促使中原城市群的城市体系规模分布由相对比较低级的平衡型过渡到相对高级的首位型,最终达到优化中原城市群规模结构的目的。

（二）形成完善的城市体系，大中小城市相协调

目前中原城市群区域内中等城市数量偏少，而小城市数量从1998年后就没有增加，城市分层结构畸形，尚未形成比较理想的"金字塔"状的规模分布格局。从2008年中原城市群位序－规模法则回归线的斜率来看，中原城市群的规模分布趋势比较集中，中小城市发育不够成熟。在进行多年数据分析时发现，最近几年，人口向大城市集聚的趋势比较明显。从1998年到2008年，小城市非农业人口占城市体系比例从19.48%降低到17.0%，下降了2.48%。

区域城市体系的规模分布既与区域发展历史，又与人口数量、经济发展水平、交通网络密度等因素相关。中原城市群区域要形成完善的城市体系，构建以郑州为中心、洛阳为副中心，其余省辖市为支撑，大中小城市相互协调发展的城市体系。

在采取区划调整等行政手段的同时，也要采取加强交通基础设施建设等多种措施，将发展基础较好并且对外辐射能力较强的开封、新乡、许昌等建设成区域中心城市，使城市体系二级中心城市的布局更为合理；将经济基础较好，发展速度比较快的济源、巩义、禹州和偃师等小城市发展成为区域次中心城市，形成城市体系的三级中心城市层；主要通过强化小城市特色优势产业的形成与发展，完善城市第三产业等服务功能，着力加强与区域性中心城市以及周边城市的经济社会联系等措施，吸引人口在小城市聚集，扩大小城市的规模，将一些经济发展实力较强的县有望升级为县级市，与现有的县级市共同组成城市体系的四级中心城市层，使得整个城市体系的布局趋于相对合理。在发展过程中，中原城市群区域将形成以郑州为主核心、洛阳为副核心的"双核牵引"新格局，城市体系对全省经济的带动能力将得到大大加强。

预期到2020年，郑州市中心城区人口规模将突破500万，成为全国性的区域中心城市；洛阳市中心城区人口规模将达到300万以上，跻身超大城市行列；许昌、漯河两市也将进入特大城市行列；济源、巩义、偃师等城市将进入大城市行列；整个城市群体规模将会进一步发展壮大，实现与中原城市群区域周边城市的融合、协调发展。

三、中原城市群空间结构调控

(一) 圈层式发展模式与城市群空间结构存在矛盾

目前关于中原城市群的发展规划中提出了圈层式发展模式,即以郑州都市圈为主的核心圈层,以洛阳、开封、新乡、焦作、许昌、平顶山、漯河、济源等城市为节点构成紧密联系圈层,除中原城市群城市之外的省内其他中心城市和附近相邻省份部分城市所构成的外围辐射圈层。

虽然中原城市群具有很强的向心分布特征,城市群空间分布集中程度较高,对周边城市具有较强的辐射作用,但是其吸引力向四周逐渐衰减的速度比较快,能否辐射到如此广大的地区还值得探讨。此外,中原城市群的城市空间结构从分形上看呈明显的带状特征,通过对中原城市群区域网格维数的分析,发现中原城市群区域的城镇集中沿交通线呈线状分布,从纵向可以将中原城市群划分为新郑许漯和焦济洛平两大城镇密集带,从横向可以分为济焦新、郑汴洛和许平漯这三条城镇密集带。因此,按照圈层式对中原城市群区域进行规划存在不合理之处。

(二) 按照城市群空间结构特征,实施点轴式发展模式

带状的空间分布特征有利于建立交通经济带,实施点轴式发展模式;但在另一方面,城市集聚在各交通干线上造成了主要城市之间的疏离,8个省辖城市间的空间直线距离平均为125.4km,这一数字远远高于长江三角洲、珠江三角洲和京津唐地区,也高于周边的关中和武汉地区。这种布局构型既反映了中原城市群经济社会发展的空间特征及资源开发、经济发展的空间特征,具有较强的城市成长机制,符合城市发展的普遍规律,是中原城市群成长的"自然行为"。这种状况也造成主要城市间的空间联系比较松散,城市整体功能难以较好地发挥,给中原城市群的整合发展带来一定难度。①

按照中原城市群空间结构特征,沿交通轴线发展,实现经济的梯度推

---

① 刘晓丽、方创琳、王发曾等:《中原城市群空间组合特征与整合模式研究》,载《和谐城市规划——2007中国城市规划年会论文集》2007年版,第55~65页。

进,优化城市体系空间布局、合理配置城市资源,不断提升城市功能,壮大优势产业,整合城市群整体优势,逐步形成以各中心城市为依托,以铁路、公路构成的综合运输通道为工业发展轴,促进各种生产要素合理流动。

中原城市群目前最主要的工业发展轴有两条,一条主要由徐州—郑州—兰州客运专线(部分建成)、陇海铁路、连霍高速公路、310 国道等交通线路所构成的东西向复合发展轴,另一条是由北京—武汉—广州客运专线(部分建成)、京广铁路、京珠高速、107 国道组成的南北向复合发展轴这两条轴线。其他的工业发展轴线包括由连接新乡、焦作、济源、洛阳的铁路和公路所构成的复合轴线,以及由连接漯河、平顶山等市的漯阜铁路和沿洛阳、平顶山、漯河、周口、阜阳至上海高速公路组成的复合轴线。沿这些交通轴线建设相应的工业走廊,构成整个中原城市群发展的主要产业带。依托这些工业走廊和产业发展带,推动中原城市群区域内城市之间的空间发展和功能对接,加强重要节点的城市建设,进而向整个地区扩散,形成点轴式的经济发展格局。[①]

第二节 中原城市群经济联系调控

一、强化各城市之间的经济联系,发挥城市群体优势

郑州作为河南省省会和中原城市群龙头,是带动中原城市群区域经济发展的核心区和增长极,其他城市以郑州市为中心,形成了紧密的经济圈。但从具体经济联系强度数值上看,中原城市群经济与国内发达城市群相比,差距非常悬殊。按照 2008 年的相关数据计算,珠三角城市群经济作用总强度为 12298.2 亿元·万人/km^2,中原城市群经济作用总强度为 152.84 亿元·万人/km^2,仅为前者的 1.24%,相比之下显得微不足道。中原城市群与珠三角城市群经济联系对比分析如表 10-6 所示。

[①] 刘晓丽、方创琳、王发曾等:《中原城市群的空间组合特征与整合模式》,载《地理研究》2008 年第 2 期。

表 10-6　中原城市群与珠三角城市群经济联系对比(2008)

单位:亿元·万人/km^2

	中原城市群	珠三角城市群	两者之比
经济作用总强度	152.84	12298.2	1.24%
经济联系强度最高的城市对强度值	14.21	4107.3	0.35%
核心城市对外联系强度总和	46.36	4975.81	0.93%

虽然在规划中提出郑州作为中原城市群的核心,洛阳作为副中心,采取双核形式进行发展,但是在今后相当长一段时期内,郑州的经济实力都难以与广州、上海等发达城市群的核心城市相比。洛阳虽然具有较强的综合实力,在规划中洛阳被定位为中原城市群的副中心,但在测算中仅有一个城市将其作为第一联系城市,对外经济联系总量在中原城市群中排名第三,落后于新乡市,其核心作用并不突出。郑州与洛阳这两个城市显然难以起到如珠三角城市群的广州与深圳、长三角城市群的上海与南京这样的双核作用。因此,必须发挥城市群体的作用,加强中原城市群交通基础设施建设,增强区域内中小城市和小城镇的吸引力,促进人口向中小城市聚集,形成与中原城市群各城市之间的互动发展。以重要的交通干线为纽带,以城市为载体,整合区域资源,加强分工和协作,形成中原城市群各城市之间密切的经济联系与相互协作。

二、完善高速公路网络,增强高等级城市中心可达性

中原城市群区域高速公路网络发育程度较好,整体上通达性比较完善。但网络存在空白,横向联系有待于进一步加强,北部的辉县市、孟州市,南部的舞钢市,没有高速公路通过。高速公路网络通达性呈现明显的"核心－外围"特点,位于核心圈的郑州、登封等五个城市通达指数平均值为45.6,路网结合程度较高;处于外围圈层城市的高速公路网络发育程度较低,路网扩展潜力巨大。不同方向城际路网连接水平有一定差异。东西向最远两城市最短路径数为4,南北向最远两城市的最短路径数为6,说明整个城市群区域高速公路网络建设存在一定的不均衡。

郑州在整个城市群交通网络中通达性最好,其趋中率为1,位于整个交通网络的中心,非常有利于强化其核心地位。而在其他等级城市中,可达性排序与城市中心性等级并不完全吻合,二级城市洛阳市的可达性综合排名第3,三级中心平顶山市的可达性则排名第8,仅比四级中心漯河市的可达性稍好。为更好地发挥各级中心城市的核心作用,在进行高速公路网络规划与建设时,需要向高等级中心倾斜,提高其可达性水平。

完善公路运输网络。以建设全国公路交通网络枢纽为目标,加快高速公路建设,增强互通能力,进一步完善干线和农村公路,形成中原城市群快速便捷的公路运输网络体系,促进产业发展和城镇合理布局。实现郑州与区域内各中心城市1.5小时内到达,各中心城市之间2个小时内到达,县城和主要旅游区半小时内上高速公路。"十一五"末区域内县到乡、乡与乡之间的连接线达到三级及以上公路标准,重要县乡(镇)之间的连接线基本上达到二级公路标准,所有行政村和较大自然村通油路。

三、加强新乡等市地位,发挥增长轴线作用

新乡市对外联系总强度占城市群的14.68%,排名第2;在对外联系城市方面,新乡也超过了洛阳。有1个城市将新乡作为第一联系城市,2个将其作为第二联系城市;而洛阳则仅有1个城市将其作为第一联系城市,没有城市将其作为第二联系城市。因此,在城市群经济联系方面,新乡具有一定的优势,随着今后经济的发展,新乡的地位将显得越来越重要。

从各个城镇密集带经济联系总量与比例看,中原城市群各城市之间以陇海线上的"洛阳－郑州－开封"和京广线上的"新乡－郑州－许昌－漯河"为主轴,构成了中原城市群区域"黄金十字",这些在京广、陇海轴线上各中心城市的经济联系强度分别占到了城市群全部经济联系量的49.85%和58.01%,在中原城市群乃至河南省全省中经济地位极为重要,这是中原城市群发展的核心区域与增长轴线。在实际规划中,要充分认识到这一客观经济规律,沿主要交通轴线建立起产业带,形成符合中原城市群自身特点的点轴式发展模式。

第三节　中原城市群运输联系调控

一、完善区域公路网络,提高公路网络密度

公路是中原城市群区域经济发展的重要基础设施,但是自 2007 年开始,中原城市群的人均等级公路里程已经低于全省平均水平。中原城市群各城市等级公路密度最高的平顶山市,达 150.8km/百 km^2,最低的是洛阳市仅为 79.7km/百 km^2;高速公路密度最高的为郑州市,达 5.49km/百 km^2,最低的为洛阳市,仅为 1.63km/百 km^2。等级公路人均里程最高的为济源市,达 25.15km/万人,最低的是许昌市,仅为 12.49km/万人;高速公路人均里程最高的济源市,达 1.31km/万人,最低的洛阳市,仅为 0.38km/万人。

世界主要发达国家公路运输都比较发达,在某种程度上,一个国家和地区的公路运输是否发达是评价国家和地区经济发展水平的重要标志之一。据资料显示,在客运方面,美国公路运输所完成的旅客周转量占旅客总周转量的 90.9%,日本占 59.3%,德国占 52.7%;在货运方面,美国公路运输所完成的货物周转量占货物总周转量的 25%,日本占 72%,德国占 62%。由上可见公路运输在发达国家中占有非常重要的地位。随着中原城市群地区经济的发展,根据发达国家和地区的经验,公路运输必将在各种运输方式中占有更大的比例,因此就要求中原城市群进一步加大基础设施建设,增加公路的营运里程,为区域公路运输打造一个良好的基础条件。尤其是要加大落后城市和地区公路建设力度,提高公路网络密度。

二、结合各城市运输生成地域类型发展客运与货运

中原城市群区域客运与货运发展比较迅速,在出行频率与货运生成量增加的同时,出行范围与货物交流的范围也在逐渐扩大。2001~2008

年中原城市群区域客运量弹性系数平均值仅为0.31,旅客周转量弹性系数平均值为0.52;货运量弹性系数平均值为0.51,货物周转量弹性系数平均值为0.61。客运与货运的弹性系数平均值均远远小于1,这说明中原城市群区域公路运输的增长速度远远落后于经济增长速度,公路运输总体上还不能够适应区域经济发展的要求。

以客运为例,目前中原城市群区域客运基础设施水平较低,随着旅客需求层次的不断提高,已经显得日益落后。以具有代表性的客运车辆为例,根据2007年相关数据,中原城市群各城市客运运力结构情况如表10-7所示。

表10-7 中原城市群各城市客运运力结构基本情况(2007年)

城市	总数/辆	高级/辆	占比	中级/辆	占比	普通/辆	占比
郑州	3884	1170	30.1%	1530	39.4%	1184	30.5%
开封	1751	825	47.1%	394	22.5%	532	30.4%
洛阳	3134	805	25.7%	1366	43.6%	963	30.7%
平顶山	1756	514	29.3%	505	28.8%	737	42.0%
新乡	1900	403	21.2%	501	26.4%	996	52.4%
焦作	1301	346	26.6%	272	20.9%	683	52.5%
许昌	1892	407	21.5%	402	21.2%	1083	57.2%
漯河	1579	142	9.0%	689	43.6%	748	47.4%
济源	370	97	26.2%	42	11.4%	231	62.4%
合计	17567	4709	26.81%	5701	32.45%	7157	40.74%

从表10-7中可以看出,目前中原城市群各城市客运车辆档次不同,运力结构中高级车辆平均仅占26.81%,其中最高的开封市占比为47.1%,最低的漯河市仅占9%;中级车辆占比平均为32.45%,其中最高的洛阳和漯河市占比为43.6%,最低的济源市仅占11.4%;普通车辆占比平均为40.74%,其中最高的济源市占比为62.4%,最低的开封市占30.4%。从运力结构上看仍然以中级以下车辆为主,运力结构急需升级。与此同时,各地也要注重客运场站的建设,提高客运设施运营水平。

由于中原城市群各城市经济发展水平与产业结构各不相同,因此对于客运与货运需求就有所差异,各个城市分属于不同的运输生成地域类型。经济发展水平比较高的郑州与洛阳对于客运的要求比较高,而受产业结构影响,新乡和焦作对于货运的要求比较高,济源和开封则对于货运与客运均有较高要求。而平顶山、许昌、漯河等城市客运与货运的需求水平都相对较低。根据这些特点,结合各城市运输地域类型来发展客运与货运。

第四节 中原城市群集聚与扩散联系调控

一、加快发展第三产业,提高经济外向度

与发达城市群相比,中原城市群各城市的集聚与扩散能力比较弱,中原城市群与珠三角城市群集聚与扩散能力比较如表10-8所示。

表10-8 中原城市群与珠三角城市群集聚与扩散能力对比(2008年)

	中原城市群	珠三角城市群	两者之比
总城市流强度值(亿元)	738.66	3180.91	23.22%
核心城市城市流强度值(亿元)	169.79	1103.39	15.39%
副中心城市城市流强度值(亿元)	118.66	1017.569	11.66%
第三产业比重	30.92%	47.3%	
进出口总额(亿元)	123.87	6567.4	
进出口总额占全国比重	0.48%	25.64%	

从城市流强度上看,2008年中原城市群总城市流强度值为738.66亿元,珠三角城市群城市流强度高达3180.91亿元,前者仅为后者的23.22%;从核心城市来看,中原城市群核心城市郑州城市流强度为169.79亿元,而珠三角城市群核心城市的广州城市流强度高达1103.39亿元,前者仅为后者的15.39%;中原城市群副中心的洛阳城市流强度仅为118.66亿元,珠三角城市群副中心的深圳城市流强度高达1017.569

亿元,前者仅为后者的 11.66%。

总体上来看,中原城市群仍然处于工业化中期阶段,产业发展以资源类与制造业为重点,第二产业比重较高,而作为城市化动力的第三产业所占比重较低。以 2008 年相关数据为例,珠三角城市群第三产业比重为47.3%,而中原城市群第三产业比重为 30.92%,甚至落后于全国平均水平的 40.1%,相比之下,中原城市群第三产业显得比较落后。

中原城市群各城市产业结构层次偏低,区域经济外向度不高,仍以粗放型外延发展模式为主。中原城市群区域主要是依靠土地、资源、劳动力及资金等要素的大量投入来实现经济增长,不利于城市群区域经济快速、可持续发展。以 2008 年为例,珠三角城市群外贸进出口总额占到了全国的 25.64%,而中原城市群的 GDP 占全国的 3.51%,但其实现的进出口总额仅占全国的 0.48%,远低于全国平均水平,与发达城市群相比,经济外向程度差别巨大。

突出比较优势,促进交通运输、现代物流业的发展。中原城市群区域交通区位比较突出,而批发和零售贸易、餐饮业一方面就业弹性比较大,另一方面也是中原城市群具有比较优势的行业,要通过引进高新技术和高素质人才打造现代商业与现代物流业。

促进教育、文化和旅游等行业的发展。河南是人口大省,同时也是教育比较落后的省份。要把中原城市群区域丰富的人力资源转化为优质的人力资本,就必须加大对教育的投入。随着人民收入和生活水平的不断提高,旅游业的发展比较迅猛,而悠久的历史为中原城市群留下了丰富的历史、文化与旅游资源,中原城市群具有发展旅游业得天独厚的条件。

大力发展信息服务和软件业、金融业等薄弱行业。在信息社会中,信息技术已经渗透到国民经济的各个领域与行业,信息服务和软件业的发展不仅涉及一个行业,而且事关区域经济发展全局,通过促进信息产业的发展,可以为中原城市群区域经济的健康发展奠定良好的基础。作为现代经济体系核心的金融业,对于区域经济的促进作用无法替代。因此中原城市群区域在发展第三产业时,要着重注意发展信息产业与金融业这些薄弱环节。

加快培育新的出口增长点。根据国家宏观调控政策和新的出口形势,努力扩大农副产品、机电产品和高新技术产品的出口规模。重点结合中原城市群的优势产业,例如食品工业、石油化工和煤炭化工、有色工业、汽车及零部件制造业、装备工业等支柱产业以及高附加值、高技术含量的出口产品,加大政策支持力度,尽快培育中原城市群区域新的出口增长点。

促进出口产品的结构调整与升级换代。通过积极利用高新技术改造传统产业,从而提升传统产业的技术档次与科技含量,以提高出口商品的质量与附加值。利用相关政策与金融支持,促进高新技术产业发展,支持高附加值的机电产品与高新技术产品出口,限制资源性、高耗能产品出口。

积极培育出口产品品牌,建立完善的自主知识产权体系。强化实施品牌发展战略,研究制定促进具有自主知识产权和自有品牌产品出口的政策措施,建立出口产品品牌,利用品牌效应,达到扩大自有品牌出口与提高产品附加值的目的。

促进加工贸易转型升级,支持优势农产品和服务贸易出口。通过利用沿海地区产业转移这一机遇,加快引进一批高技术产业的出口加工型外商投资企业,一方面努力提升加工贸易企业的技术开发与创新能力,另一方面要提高加工贸易深加工程度,延长价值链链条。利用加工贸易发展先进制造技术和新兴制造业,努力吸引跨国公司高技术、高价值产业链环节与研发机构向本地区转移。中原城市群农业比较发达,要通过扶持出口创汇农业企业为核心,强力推进出口创汇农业的发展。鼓励服务贸易出口,在加快发展区域现代服务业的同时,要改变服务贸易远远落后于货物贸易的状况,注重服务贸易出口。①

二、根据城市群发展现状走点轴式发展道路

按照区域空间结构发展演变的过程,目前中原城市群尚处于独立城镇膨胀阶段,部分城市之间如郑州与开封进入城镇空间蔓生阶段,在沿交

---

① 李清树:《努力实现河南对外开放工作的新突破》,载《学习论坛》2007年第4期。

通轴线的横向郑汴洛城镇密集带和纵向的新郑许漯城镇密集带已经出现了一定的聚集现象,但是距离城镇连绵带的形成还有很大距离。

在中原城市群有关规划中提出以中心城市辐射式的发展道路,但是按照目前中原城市群发展现状,更适合于走点轴式发展道路。

重点开发横向郑汴洛城镇密集带和纵向的新郑许漯城镇密集带这两大轴线,使之成为整个中原城市群增长轴。积极选取和培育有较大发展优势和潜力的郑州、洛阳、新乡等城市,使之成为区域的增长极和增长中心,以此为突破口,振兴中原城市群经济。

通过重点轴线的开发和渐进扩散形式,弥补梯度推移的平面板块式的递进方式的不足,真正发挥城市群综合优势,从而更好地协调中原城市群区域的经济发展。通过"点"、"轴"两要素的结合,最大限度地实现资源在中原城市群区域的优化配置,促进城市群一体化。

三、加强区域空间规划管理,走新型城镇化道路

随着中原城市群地区城镇化的快速推进,城镇空间发展无序连绵的问题比较突出,从中原城市群空间均匀度指数可以看出,从2001年到2008年中原城市群区域空间均匀度总体来说变化不大,区域空间发展趋向于分散。这说明中原城市群地区在城市化进程中空间扩展失控的现象比较严重,进而在城镇土地扩张的背景下,导致城市人均综合占地居高不下,浪费宝贵的耕地资源。一个地区城镇化的进程需要与其产业结构和经济发展水平相适应。中原城市群地区的工业化程度与发达地区还有很大的差距,实现产业结构的根本转型更需要长期的过程,今后中原城市群地区城镇化和就业人口的增加将要越来越依赖于第三产业的发展。

随着城市化进程的加快,要求有大规模的电力、能源、供水和道路等基础设施作为支撑,中原城市群地区的资源与环境基础难以支撑目前这种无序的城镇化和空间蔓延。

为了遏制中原城市群城镇化与空间无序蔓延的问题,解决由此带来的一系列资源、环境和社会问题,需要在科学发展观指导下探索一条符合中原城市群区域的城镇化道路。

遵循循序渐进原则，合理控制城镇化速度。中原城市群区域人均资源占有量尤其是耕地资源稀缺，产业结构层次不高，难以支撑城镇化的过快发展，不能只求城镇化的速度而忽视质量。区域的城镇化发展水平应当与资源与环境承载力相互协调，与城镇产业结构转型与新增就业岗位能力相互协调。在编制国民经济与社会发展规划以及土地利用规划、城镇体系规划和城市总体规划时，应因地制宜，制定符合区域发展水平的目标。

调整干部的绩效考核指标与体系。目前这种以 GDP 增长为核心的考核体系负面效应越来越突出，应该从制度上进行调整。以单位 GDP 的资源占用与消耗和社会发展等综合指标来代替 GDP 总量增长的单项指标，从制度上与经济机制上促进土地的集约化利用。

加强区域规划的管理和审批，促进城镇土地的集约化利用。利用政府的公共投资实现对城市土地和空间开发的合理引导，发挥市场在土地资源配置中的作用。

第五节 中原城市群其他方面存在的问题及调控

一、健全协调机制，破除体制障碍

中原城市群目前存在的最大问题是城市间主要以行政命令方式组合，缺乏产业链之间的协作关系，各城市之间，甚至各城市的县区之间都存在区域壁垒，行政隶属关系复杂，行政上各自为政，经济上往往自成体系，进行跨地区之间的协调与发展存在较大的难度。这也导致各城市之间在经济发展上往往出于自身利益思考，缺乏全局统筹观念，在招商引资项目、产业结构上各城市之间存在竞争。在中原城市群九个城市中，郑州主要着力于构建大郑州，巩固其龙头地位；洛阳则将自己定位为中原城市群的重要支柱；许昌市则认为只有把自己真正做强做大之后才能够与周边城市进行良性互动；焦作认为其在工业方面有着较大优势，力求成为中原城市群的引擎之一；在招商引资中洛阳市明确提出"转变观念，主动出击,全方位招商,吸引来自香港、上海、郑州等地的投资",将郑州看成是竞争对手;在招商引资的政策吸引下,全国最大的冷藏运输企业"河南冷王"将全国最大的速冻食品基地原来设在郑州的总部迁到了许昌。

这些现象的背后是各城市为了谋求区域发展而展开的激烈竞争。各城市之间出现竞争,具有一定的客观性。与国内发达地区相比,中原城市群的各城市发展水平都还比较低。以中原城市群的龙头郑州市为例,从经济总量上看,2008年郑州市的GDP刚刚突破了3000亿元大关,达到3004亿元,但与同在中部的武汉市3960.08亿元相比较,仍存在着一定差距,与长三角、珠三角的城市相比则差距更大。在长三角各城市中,上海市经济总量达到了13698亿元,苏州达到6701亿元,杭州和无锡都超过了4000亿元,宁波、南京等都超过了3500亿元。2008年珠三角各城市中,广州市GDP为8215亿元,深圳市为7806亿元,佛山市也达到了4300亿元。如果从人均水平进行比较,中原城市群与这些城市的差距就更大,除洛阳外,中原城市群的其他城市显得实力差距更为悬殊。

健全协调机制。建议成立协调中原城市群发展的专门机构,推动展开9城市与省直有关部门共同参与的联席会议,协调中原城市群建设与发展中的有关问题,着重抓好各项规划的衔接和实施,促进区域内资源共享与产业协调发展。

加快破除体制障碍。进一步深化城镇户籍、就业和社会保障制度改革,力争在中原城市群区域内实现基本养老保险区域统筹。稳妥有序地调整行政区划,适时将经济基础较好的县(市)撤县(市)建区,撤县建市,积极推动撤乡并镇和并村联组,促进人口集聚。在城市化率高、工业实力较强的市和县,开展城乡一体化试点。

二、完善基础设施,优化投资环境

中原城市群区域内包括交通运输等各项基础设施与国内发达省份相比,还有较大的差距,需要进一步加快基础设施建设。随着目前国家不断出台各种区域发展政策,不同区域间竞争压力日益激烈。在中部地区,2007年12月14日,国家发改委正式发文批准:湖北的武汉城市圈和湖南的长株潭城市群为全国资源节约型和环境友好型社会建设综合改革配套试验区。这使得中原城市群的未来发展存在一定的压力,面临的区际竞争日趋激烈。另一方面,新兴产业的发展给仍旧以传统产业为主的中原城市群各城市带来严峻的挑战。虽然包括中原城市群在内的河南省投资环境不断改善,但是与国内其他地区相比较,还有较大差距,区域内的投资软环境需要进一步改善。在《福布斯》杂志中文版发布的2004~2010年"福布斯中国大陆最佳商业城市排行榜"上,河南省最多时仅有3个城市上榜,先后上榜的城市也不过4个,其中新乡市与南阳市均仅上榜一次;从排名来看,最好成绩是省会郑州市,2009年第25位,作为省内第二大城市洛阳市最好成绩为2010年第60位,如表10-9所示。

表10-9　2004~2009年《福布斯》中国大陆最佳商业城市河南上榜城市位次

年份		2004	2005	2006	2007	2008	2009	2010
城市群	郑州市	49	44	50	56	62	25	32
	洛阳市	80	86	89	87	81	66	60
	新乡市				98			
其他	南阳市	86						

数据来源:《福布斯》杂志中文版。

河南省不仅上榜城市数量上远远落后于广东、山东、江苏等发达省份,名次也比较靠后。2009年上榜的郑州与洛阳两市,排名分别为25位和66位,较往年有大幅上升,但是与国内其他地区相比,仍有较大差距,区域内的投资软环境还需要进一步改善。

完善区域基础设施建设,优化发展环境。加快政府职能和管理方式转变,建立廉洁高效、公正透明的政府管理体制和绩效考核体系。建立反映中原城市群发展状况的统计体系。实行产值、税收分成和环保容量调剂补偿政策,鼓励优势企业和产业集聚。实施有利于中原城市群发展的要素配置政策,新增水资源重点向城市群配置,加强全省范围内的土地利用统一协调,切实保证中原城市群工业化、城镇化用地需求。构建、保护市场公平竞争秩序,消除地方保护主义。率先建立覆盖政府、企业、个人的社会信用体系。

三、加强生态环境建设,促进可持续发展

中原城市群区域历来是农业生产的中心区域,生态环境受到人为破坏较严重。近年来,随着中原城市群区域城镇化水平快速提高、建成区面积快速扩展、交通线路快速建设,使中原城市群区域生态功能区不断碎化,生态承载能力逐步降低。在中原城市群形成发展过程中,由于核心城市没有形成,各城市定位不准,产业结构雷同,城市间无序竞争,建成区面积快速扩展,有限资源得不到充分利用,环境污染严重,中原城市群生态空间结构没有得到应有的优化,生态功能区总体上呈现出不断衰退趋势,城市群区域生态环境承载能力不断下降。[①]

大力加强生态建设,有效治理环境污染,合理开发利用资源,加快发展循环经济,促进区域可持续发展。

加强生态建设,坚持生态保育、恢复与建设并重,全面推进生态建设。加强环境治理和保护,以治理城市污染为重点,继续加强工业点源污染治理,控制农村面源污染,大力发展循环经济,促进区域环境质量的持续好转。提高水资源和土地保障能力。通过建设大型水利工程、优化水资源配置、控制开采地下水、大力推广应用节水技术、发展中水回用和推行阶梯水价等综合措施,科学开发和节约利用水资源,确保满足水资源需求。在全省耕地占补平衡的前提下,对中原城市群建设发展用地予以倾斜支持。大力开展土地整治,合理开发土地后备资源,节约集约利用土地,提高土地利用效率。

[①] 郭荣朝、苗长虹、夏保林等:《城市群生态空间结构优化组合模式及对策——以中原城市群为例》,载《地理科学进展》2010年第3期。

参考资料

1. 姚士谋、陈振光、朱英明:《中国城市群》,中国科学技术大学出版社2006年版。
2. 张东伟:《长三角珠三角环渤海三大城市群领跑中国经济》,载2009年1月5日《中国高新技术产业导报》。
3. 马凯:《2007年中国国民经济和社会发展报告》,中国计划出版社2007年3月版。
4. 周绍森、王志国、胡德龙:《中部塌陷与中部崛起》,载《南昌大学学报》(人文社会科学版)2003年第6期。
5. 何苗:《中部崛起大事记》,载2010年10月11日《中国经营报》。
6. 杜鹰:《贯彻落实中央战略决策,加快中部地区崛起步伐》,载《中国经贸导刊》2007年第10期。
7. 新华社:《温家宝主持召开国务院常务会议》,载2009年9月24日《人民日报》。
8. 倪鹏飞:《中国城市竞争力报告》,社会科学文献出版社2006年版。
9. 河南省统计局、国家统计局河南调查总队:《河南统计年鉴2012》,中国统计出版社2012年版。
10. 中华人民共和国统计局:《中国统计年鉴2012》,中国统计出版社2012年版。
11. [英]埃比尼泽·霍华德著,金经元译:《明日的田园城市》,商务印书馆2000年版。

12. 刘荣增:《城镇密集区及其相关概念研究的回顾与再思考》,载《人文地理》2003 年第 3 期。
13. 林先扬、陈忠暖、蔡国田:《国内外城市群研究的回顾与展望》,载《热带地理》2003 年第 1 期。
14. Jean Gottmann: *Megalopolis or the Urbanization of the Northeastern Seaboard*, Economic Geography, 1957, Vol. 33, No. 3: 189 – 200.
15. 唐路、薛德升、许学强:《1990 年代以来国内大都市带研究回顾与展望》,载《城市规划汇刊》2003 年第 5 期。
16. McGee T G: *The Emergence of Desakota Regions in Asia: Expanding a Hypothesis*, University of Hawaii Press, 1991.
17. 王旭:《20 世纪后半期美国大都市区空间结构趋同现象及其理论意义》,载《世界历史》2006 年第 5 期。
18. 于洪俊、宁越敏:《城市地理概论》,安徽人民出版社 1983 年版。
19. Zhou Yixing: *Definitions of Urban Places and Statistical Standards of Urban Population in China: Problems and Solutions*, Asian Geographer, Hong Kong, 1988, Vol. 7, No. 1.
20. 姚士谋:《中国城市群》,中国科学技术大学出版社 1992 年版。
21. 侯启章:《珠江三角洲城市群体研究》,中山大学 1993 年硕士学位论文。
22. 孙一飞:《城镇密集区的界定——以江苏省为例》,载《经济地理》1995 年第 3 期。
23. 代合治:《中国城市群的界定及其分布研究》,载《地域研究与开发》1998 年第 2 期。
24. 顾朝林:《中国城镇体系研究》,商务印书馆 1995 年版。
25. 顾朝林、张勤、蔡建明:《经济全球化与中国城市发展——跨世纪城市发展战略研究》,商务印书馆 1999 年版。
26. 中华人民共和国建设部:《中华人民共和国国家标准城市规划基本术语标准——城市规划基本术语标准》,1999 年 2 月 1 日颁布实施。
27. 周玲强:《长江三角洲国际性城市群发展战略研究》,载《浙江大学学报》(理学版)2000 年第 2 期。

28. 徐清梅、张思锋、牛玲:《中国城市群几个基本问题的观点述评》,载《城市问题》2002 年第 1 期。
29. 夏安桃:《长株潭城市群整合发展研究》,中山大学 2004 年博士学位论文。
30. 戴宾:《城市群及其相关概念辨析》,载《财经科学》2004 年第 6 期。
31. 赵煦:《英国早期城市化研究——从 18 世纪后期到 19 世纪中叶》,华东师范大学 2008 年博士学位论文。
32. 沈玉麟:《外国城市发展史》,中国建筑工业出版社 1991 年版。
33. 许学强、周一星、宁越敏编著:《城市地理学》,高等教育出版社 2009 年版。
34. Hoyt H:*The Structure and Growth of Residential Neighborhoods in American Cities*,1939.
35. Harris C D,Ullman E L:*The Nature of Cities*,Annals of the American Academy of Political and Social Science,1945,Vol. 242:7 – 17.
36. 顾朝林:《大城市边缘区研究》,科学出版社 1995 年版。
37. 叶玉瑶:《改革开放以来珠江三角洲建设用地扩展与经济增长的关系》,中山大学 2009 年博士学位论文。
38. [德]沃尔特·克里斯塔勒著,常正文、王兴中译:《德国南部中心地理论原理》,商务印书馆 1998 年版。
39. [德]奥古斯特·勒施著,王守礼译:《经济空间秩序》,商务印书馆 2010 年版。
40. Mark Jefferson:*The Law of the Primate City*,Geographical Review,1939,Vol. 29,No. 2:226 – 232.
41. 王兮:《西北地区城市化发展进程研究》,长安大学 2007 年硕士论文。
42. 张京祥:《西方城镇群体空间研究之评述》,载《国际城市规划》1999 年第 1 期。
43. Haggett P,Cliff A D:*Locational Models*,Edward Amold Ltd. ,1977.

44. 赵哲:《吉林省城镇体系等级规模结构的重新构筑》,东北师范大学 2005 年硕士学位论文。

45. 吴传清、李浩:《西方城市区域集合体理论及其启示》,载《经济评论》2005 年第 1 期。

46. Jean Gottmann: *Megalopolis: The Urbanized Northeastern Seaboard of the United States*, The Twentieth Century Fund, 1961.

47. Jean Gottmann, Robert Alexander Harper: *Metropolis on the Move: Geographers Look at Urban Sprawl*, John Wiley & Sons, 1966.

48. Jean Gottmann: *Megalopolis Revisited: 25 Years Later*, University of Maryland Institute for Urban Studies, 1987.

49. Ginsburg N S, Koppel B M, and McGee T G, eds: *The Extended Metropolis: Settlement Transition in Asia*, University of Hawaii Press, 1991.

50. 吴小云:《城镇密集区发展阶段中的城乡统筹度研究》,郑州大学 2007 年硕士学位论文。

51. McGee T G: *Urbanisai or Kotadesasi? Evolving Patterns of Urbanization in Asia*, the International Conference on Asia Urbanization, University of Akron, 1985.

52. McGee T G: *Urbanisasi Or Kotadesasi ? The Emergence of New Regions of Economic Interaction in Asia*, East-West Environment and Policy Institute, 1987.

53. McGee T G: *The Emergence of Megaurban Regions in Asia: A Research Proposal Institute of Asian Research*, University of British Colombia (Unpublished Manuscript), 1989.

54. McGee T G: *New Regions of Emerging Rural-Urban Mix in Asia: Implications for National and Regional Policy*, Seminar on "Emerging Urban-Regional Linkages: Challenge for Industrialization, Employment and Regional Development", Bangkok, August, 1989. .

55. McGee T G: *The Emergence of Desakota Regions in Asia: Expanding a Hypothesis*, University of Hawaii Press, 1991.

56. MacGee T G, Robinson I M, eds: *The Mega-Urban Regions of Southeast Asia*, UBC Press, 1995.

57. 史育龙、周一星:《关于大都市带(都市连绵区)研究的论争及近今进展述评》,载《国际城市规划》1997 年第 2 期。

58. 李梅影:《城市群学者名录》,载《国际金融报》2003 年 7 月 7 日。

59. Hagerstrand T: *Innovation Diffusion as a Spatial Process*, University of Chicago Press, 1967.

60. Friedmann J, Alonso W: *Regional Development and Planning: a Reader*, MIT Press, 1964.

61. 叶晓霞:《企业总部迁移与城市化关系的机理研究》,浙江工商大学 2008 年硕士学位论文。

62. Francois Perroux: *Note sur la notion de pôle decroissance*, Economie appliquée, 1955, Vol. 8, No. 1 – 2.

63. [法]弗朗索瓦·佩鲁:《略论增长极概念》,载《经济学译丛》1988 年第 9 期。

64. Ullman E L: *American Commodity Flow and Rail Traffic*, University of Washington Press, 1957.

65. Whebell C F J: *Corridors: A theory of Urban Systems*, Annals of the Association of American Geographers, 1969, Vol. 59, No. 1.

66. 谢馥荟:《山东半岛城市群空间结构演变研究》,南京航空航天大学 2006 年硕士学位论文。

67. 任声策、宣国良、刘浩然:《都市圈经济一体化中的和谐发展问题研究:一个整体框架》,载《当代经济管理》2005 年第 6 期。

68. [日]高桥伸夫、菅野峰明著,王力译:《日本大城市圈研究》,载《地理科学进展》1990 年第 2 期。

69. 叶玉瑶、张虹鸥、罗晓云、李斌:《中外城镇群体空间研究进展与评述》,载《城市规划》2005 年第 4 期。

70. 史育龙:《辽中南部都市区与都市连绵区研究》,北京大学 1996 年博士学位论文。

71. [日]富田和晓:《大都市圈的结构演变》,古今书院 1995 年版。

72. 王德:《评价富田和晓的〈大都市圈的结构演变〉一书》,载《城市规划汇刊》2002年第2期。
73. 柴彦威、史育龙:《日本东海道大都市带的形成、特征及其研究动态》,载《国外城市规划》1997年第2期。
74. 钱亦杨、谢守祥:《长三角大都市圈协同发展的战略思考》,载《华东经济管理》2004年第4期。
75. 郭文炯、白明英:《日本城市地理学的发展与近期趋势》,载《世界地理研究》第8卷第2期。
76. 沈洁、张京祥:《都市圈规划:地域空间规划的新范式》,载《城市问题》2004年第1期。
77. [英]Peter Hall 著,中国科学院地理研究所译:《世界大城市》,中国建筑工业出版社1982年版。
78. 曹红阳:《中国的世界城市发展道路研究——以北京市为例》,东北师范大学2007年博士学位论文。
79. 陆军、王栋:《世界城市的综合判别方法及指标体系研究》,载《经济社会体制比较》2011年第6期。
80. 师嫒:《聚集效应视角下的关中城市群发展研究》,陕西师范大学2007年硕士学位论文。
81. 徐聪、马莉莉:《世界城市理论研究的发展脉络与新进展》,载《西安财经学院学报》2012年第4期。
82. Friedmann J: *The World City Hypothesis*, *Development and Change*, 1986, Vol. 17, No. 1.
83. Pyrgiotis Y N: *Urban Networking in Europe*, *Ekistics*, 1991, Vol. 50, No. 2.
84. Kunzmann K R, Wegener M: *The pattern of urbanization in Western Europe*, *Ekistics: reviews on the problems and science of human settlements*, 1991, Vol. 58: 282.
85. Douglass M: *Global Interdependence and Urbanization: Planning for Bangkok Mega-UrbanRegion*, International Conference on Managing Mega-Urban Regions in ASEAN Countries: Policy Challenges and Re-

sponses, Asia Institute of Technology, Bangkok, Nov. 30-Dec. 3, 1992.

86. 景哲:《关中城市群发展模式研究》,西安理工大学 2005 年硕士学位论文。

87. Fromm E:*The Revolution of Hope*:*Toward a Humanized Technology*, Harper & Row,1968.

88. 任大伟、冯宁:《科学技术的伦理异化及其价值导向》,载《无锡商业职业技术学院学报》2009 年第 1 期。

89. [美] Lewis Mumford 著,陈允明、王克仁、李华山译:《技术与文明》,中国建筑工业出版社 2009 年版。

90. [美] Lewis Mumford 著,宋俊岭、倪文彦译:《城市发展史——起源、演变和前景》,中国建筑工业出版社 2005 年版。

91. Jean Gottmann, Robert Alexander Harper:*Since Megalopolis*:*the Urban Writings of Jean Gottmann*, Johns Hopkins University Press, 1990.

92. Lynch K:*Good City Form*,University of Harvard Press,1981.

93. Rondinelli D A:*Applied Methods of Regional Analysis*:*the Spatial Dimensions of Development Policy*,Westview Press,1985.

94. [英] J. B. 麦克劳林(Mcloughlin J. B.)著,王凤武译:《系统方法在城市和区域规划中的应用》,中国建筑工业出版社 1988 年版。

95. Doxiadis C A:*Man's Movement and his Settlements*, International Journal of Environmental Studies,1970,Vol. 1,No. 1 - 4.

96. 叶玉瑶、张虹鸥、周春山、许学强:《"生态导向"的城市空间结构研究综述》,载《城市规划》2008 年第 5 期。

97. 王瑛:《土地利用总体规划中净增建设用地指标分配研究——以柳州市为例》,华中农业大学 2008 年硕士学位论文。

98. 李艳、陈雯:《欧洲空间展望的简介与借鉴》,载《国外城市规划》2004 年第 3 期。

99. 裘丽岚:《国内外城市群研究的理论与实践》,载《城市观察》2011 年第 5 期。

100. 崔功豪、王本炎:《城市地理学》,江苏教育出版社 1992 年版。
101. 姚士谋、朱英明、陈振光:《中国城市群》,中国科学技术大学出版社 2001 年版。
102. 张京祥:《城镇群体空间组合》,东南大学出版社 2000 年版。
103. 朱英明:《我国城市群区域联系的理论与实证研究》,中科院南京地理与湖泊研究所 2000 年博士学位论文。
104. 姚士谋、朱英明、陈振光:《信息环境下城市群区的发展》,载《城市规划》2001 年第 8 期。
105. 朱英明、孙钦秋、李玉见:《我国城市群发展特征与规划发展设想》,载《规划师》2001 年第 6 期。
106. 薛东前、王传胜:《城市群演化的空间过程及土地利用优化配置》,载《地理科学进展》2002 年第 2 期。
107. 广东省建委等编著:《珠江三角洲经济区城市群规划——协调与发展》,中国建筑工业出版社 1996 年版。
108. 胡序威、周一星、顾朝林等:《中国沿海城镇密集地区空间集聚与扩散研究》,科学出版社 2000 年版。
109. 廖重斌:《环境与经济协调发展的定量评判及其分类体系》,载《热带地理》1999 年第 2 期。
110. 蒋志学:《城市群实施可持续发展战略应注意的若干问题》,载《环境保护》1999 年第 11 期。
111. 汤可可:《江苏沿江城市群可持续发展的制约因素与取向》,载《中国人口资源与环境》1999 年第 1 期。
112. 盖文启:《我国沿海地区城市群可持续发展问题探析——以山东半岛城市群为例》,载《地理科学》2000 年第 3 期。
113. 莫凤珍、潘明杰:《辽宁中部城市群水资源问题与对策》,载《辽宁经济》2001 年第 2 期。
114. 许学强、周春山:《论珠江三角洲大都会区的形成》,载《城市问题》1994 年第 3 期。
115. 许学强、程玉鸿:《珠江三角洲城市群的城市竞争力时空演变》,载《地理科学》2006 年第 3 期。

116. 刘则渊、刘玉劲：《知识经济时代与辽宁带状城市高技术产业化对策》，载《科学技术与辩证法》1998年第5期。
117. 刘新平、李恒典、孙双峰：《21世纪前期长株潭城市群农业定位及发展途径》，载《长江流域发展与环境》2000年第4期。
118. 曹扶生：《上海的崛起需要长江三角洲城市群的发展》，载《探索与争鸣》1995年第4期。
119. 黄莉萍、侯学钢：《论湘中城市群经济的融合耦动与可持续发展》，载《中国人口资源与环境》1999年第1期。
120. 周国华、朱翔、罗文章：《试论长株潭城市群开发区群体一体化发展》，载《城市规划汇刊》2001年第3期。
121. 姚士谋、[德] J. Nipper：《沪宁杭城市群区发展趋势探讨》，载《人文地理》1995年第4期。
122. 阎小培、郭建国、胡宇冰：《穗港澳都市连绵区的形成机制研究》，载《地理研究》1997年第2期。
123. 顾朝林、张敏：《长江三角洲城市连绵区发展战略研究》，载《现代城市研究》2000年第1期。
124. 叶玉瑶：《城市群空间演化动力机制初探——以珠江三角洲城市群为例》，载《城市规划》2006年第1期。
125. 章国兴：《试论重庆中心城市群网络系统的构建》，载《探索》1999年第3期。
126. 齐康、段进：《城市化进程与城市群空间分析》，载《城市规划汇刊》1997年第1期。
127. 齐康：《长江三角洲地区发展与整合》，载《现代城市研究》2000年第1期。
128. 朱英明、姚士谋：《我国城市群发展方针研究》，载《城市规划汇刊》1999年第5期。
129. 邓先瑞、徐东文、邓巍：《关于江汉平原城市群的若干问题》，载《经济地理》1997年第4期。
130. 薛东前、姚士谋、张红：《关中城市群的功能关系与结构优化》，载《经济地理》2000年第6期。

131. 朱英明:《我国城市群地域结构特征及发展趋势研究》,载《城市规划汇刊》2001 年第 4 期。
132. 陆玉麒、董平:《论长江三角洲城市群的功能定位》,载《现代经济探讨》2007 年第 1 期。
133. 曾尊固:《长江三角洲国土开发——长江三角洲与莱茵河三角洲比较研究》,南京大学出版社 1991 年版。
134. 张新华、濮存惠、肖元真:《长江三角洲城市群与长江流域开发比较研究》,载《软科学》1996 年第 2 期。
135. 陈凡、胡涓:《中外城市群与辽宁带状城市群的城市化》,载《自然辩证法》1997 年第 10 期。
136. Thomas E N: *Areal Associations between Population Growth and Selected Factors in the Chicago Urbanized Area*, Economic Geography, 1960, Vol. 36, No. 2.
137. Muller E K: *Regional Urbanization and the Selective Growth of Towns in North American Regions*, Journal of Historical Geography, 1977, Vol. 3, No. 1.
138. Meyer D R: *A Dynamic Model of the Integration of Frontier Urban Places into the United States System of Cities*, Economic Geography, 1980, Vol. 56, No. 2: 120 – 140.
139. Ohuallachain B: *Linkages and Foreign Direct Investment in the United States*, Economic Geography, 1984, Vol. 60, No. 3.
140. Harris C D: *A Functional Classification of Cities in the United States*, Geographical Review, 1943, Vol. 33, No. 1.
141. Dickinson R E: *The Metropolitan Regions of the United States*, Geographical Review, 1934, Vol. 24, No. 2.
142. Siddall W R: *Wholesale-Retail Trade Ratios as Indices of Urban Centrality*, Economic Geography, 1961, Vol. 37, No. 2.
143. Taaffe E J: *The Urban Hierarchy: An Air Passenger Definition*, Economic Geography, 1962, Vol. 38, No. 1.
144. Harold Carter, Wayne Kenneth David Davies: *Urban Essays: Studies*

in the Geography of Wales, Longmans, 1970.

145. Griffith D A: *Urban Dominance, Spatial Structure, and Spatial Dynamics: Some Theoretical Conjectures and Empirical Implications*, *Economic Geography*, 1979, Vol. 55, No. 2: 95 – 113.

146. Rykiel Z: *Intra-Metropolitan Migration in the Warsaw Agglomeration*, *Economic geography*, 1984, Vol. 60, No. 1.

147. Golledge R G: *A geographical Analysis of Newcastle's Rail Freight Traffic*, *Economic Geography*, 1963, Vol. 39, No. 1.

148. Black W R: *Toward a Factorial Ecology of Flows*, *Economic Geography*, 1973, Vol. 49, No. 1.

149. Smith D A: *Interaction within a Fragmented State: the Example of Hawaii*, *Economic Geography*, 1963, Vol. 39, No. 3.

150. Haynes K E, Poston D L, Schnirring P: *Intermetropolitan Migration in High and Low Opportunity Areas: Indirect Tests of the Distance and Intervening Opportunities Hypotheses*, *Economic Geography*, 1973, Vol. 49, No. 1.

151. Friedmann J: *The Spatial Organization of Power in the Development of Urban Systems*, *Development and Change*, 1973, Vol. 4, No. 1.

152. Pred A R: *Diffusion, Organizational Spatial Structure, and City-System Development*, *Economic Geography*, 1975, Vol. 51, No. 3.

153. Alves W R, Morrill R L: *Diffusion Theory and Planning*, *Economic Geography*, 1975, Vol. 51, No. 3.

154. 王德忠、庄仁兴:《区域经济联系定量分析初探——以上海与苏锡常地区经济联系为例》,载《地理科学》1996年第1期。

155. 牛慧恩、孟庆民、胡其昌、陈延诚:《甘肃与毗邻省区区域经济联系研究》,载《经济地理》1998年第3期。

156. 李国平、王立明、杨开忠:《深圳与珠江三角洲区域经济联系的测度及分析》,载《经济地理》2001年第1期。

157. 兰宜生:《广东与中西部经济联系的形式和实质探析》,载《中国农村经济》2002年第4期。

158. 朱英明：《我国城市群区域联系发展趋势》，载《城市问题》2001年第6期。

159. 李文静：《京冀区域经济联系的现状及发展途径》，载《北京社会科学》2004年第3期。

160. 张文尝、金凤君、唐秀芳：《空间运输联系的生成与增长规律研究》，载《地理学报》1994年第5期。

161. 张文尝、金凤君、唐秀芳：《空间运输联系的分布与交流规律研究》，载《地理学报》1994年第6期。

162. 金凤君、钱志鸿、孟斌、田文祝：《内地－香港间客运联系研究》，载《地理科学进展》1998年第2期。

163. 张莉：《我国区际经济联系探讨——以铁路客运为例》，载《中国软科学》2001年第11期。

164. 周一星、杨家文：《九十年代我国区际货流联系的变动趋势》，载《中国软科学》2001年第6期。

165. 徐刚：《地区间铁路货物运输OD分布特征分析》，载《中国铁道科学》2002年第2期。

166. 吴卫平：《西部地区对外运输联系的量化分析》，载《铁道学报》2002年第5期。

167. 朱英明：《中国城市密集区航空运输联系研究》，载《人文地理》2003年第5期。

168. 王建伟：《空间运输联系与运输通道系统合理配置研究》，长安大学2004年博士学位论文。

169. 李平华、陆玉麒：《长江三角洲空间运输联系与经济结构的时空演化特征分析》，载《中国人口资源与环境》2005年第1期。

170. 张文尝：《工业波沿交通经济带扩散模式研究》，载《地理科学进展》2000年第4期。

171. 陆军：《论京津冀城市经济区域的空间扩散运动》，载《经济地理》2002年第5期。

172. 刘妙龙、陈鹏：《城市空间扩散增长模型与模拟》，载《人文地理》2004年第2期。

173. Djankov S, Freund C: *Trade Flows in the Former Soviet Union*, 1987 to 1996, *Journal of Comparative Economics*, 2002, Vol. 30, No. 1.

174. Hidenobu Matsumoto: *International Urban Systems and Air Passenger and Cago Flows Some Calculations*, *Journal of Air Transport Management*, 2004, No. 10.

175. Glaeser E L: *Learning in Cities*, *Journal of Urban Economics*, 1999, Vol. 46, No. 2.

176. Fuellhart K: *Inter-Metropolitan Airport Substitution by Consumers in an Asymmetrical Airfare Environment: Harrisburg, Philadelphia and Baltimore*, *Journal of Transport Geography*, 2003, Vol. 11, No. 4.

177. Shen Guoqiang: *Reverse-Fitting the Gravity Model to Inter-City Airline Passenger Flows by an Algebraic Simplification*, *Journal of Transport Geography*, 2004, Vol. 12, No. 3.

178. 程大林、李侃桢、张京祥：《都市圈内部联系与圈层地域界定——南京都市圈的实证研究》，载《城市规划》2003年第11期。

179. 朱英明：《国外区域联系研究综述》，载《世界地理研究》2001年第2期。

180. 朱英明：《城市群经济空间分析》，科学出版社2004年版。

181. 姜博：《辽宁中部城市群空间联系研究》，东北师范大学2008年博士学位论文。

182. 王华昌：《中原城市群研究中的几个问题》，载《中部崛起·城市发展论坛论文集》2005年版。

183. 张文奇、赵洪才、晏群、苏迎伏：《陇海-兰新地带城镇发展研究》，载《城市规划》1995年第1期。

184. 范钦臣：《关于构建中原城市群若干问题的思考》，载1996年8月26日《河南日报》。

185. 龙同胜、邓志军、胡廷贤、荆体增：《呼唤中原城市群》，载《决策探索》2000年第10期。

186. 中共河南省委、河南省人民政府关于印发《河南省全面建设小康社会规划纲要》的通知(豫发〔2003〕17号),载《河南省人民政府公报》2003年第9期。

187. 省计委课题组:《中原城市群经济隆起带发展战略构想》,载《中原市场大观》2003年第10期。

188. 住房和城乡建设部城乡规划司、中国城市规划设计研究院编:《全国城镇体系规划(2006~2020年)》,商务印书馆2010年12月版。

189. 张玉霞:《试析中原城市群的历史文化渊源》,载《三门峡职业技术学院学报》2008年第1期。

190. 张玉霞、赵明星:《中原城市群历史文化内涵的考古学探索》,载《郑州航空工业管理学院学报》(社会科学版)2008年第2期。

191. 方孝廉、方媛媛、方莉:《二里头遗址都邑探讨》,载《洛阳师范学院学报》2010年第3期。

192. 李久昌:《论偃师商城的都城性质及其变化》,载《河南师范大学学报》(哲学社会科学版)2007年第3期。

193. 李民:《郑州商城在古代文明史上的历史地位》,载《江汉论坛》2004年第8期。

194. 杨育彬:《商代考古的扛鼎之作——读〈郑州商城〉》,载《华夏考古》2002年第4期。

195. 曲辰:《"河图""洛书"与洛邑之营建及神道设教——关于"河图""洛书"的新揣测》,载《周易研究》2006年第6期。

196. 梁云:《成周与王城考辨》,载《考古与文物》2002年第5期。

197. 李燕锋:《洛阳将拥有"六大都城遗址"》,载2010年6月8日《洛阳日报》。

198. 聂晓雨:《从考古发现看洛阳东周王城的城市布局》,载《中原文物》2010年第3期。

199. 徐团辉:《战国时期韩国三大都城比较研究》,载《中原文物》2011年第1期。

200. 杨育彬:《巍巍京华 是从是横——〈汉魏洛阳故城研究〉评介》,载《华夏考古》2001年第4期。

201. 权家玉:《试析曹魏时期许昌政治地位的变迁》,载《魏晋南北朝隋唐史资料》2009 年第 25 辑。

202. 王维坤、张小丽:《论隋唐洛阳城的设计思想与影响》,载《西北大学学报》(哲学社会科学版)2004 年第 4 期。

203. 方孝廉:《隋通济渠与东都洛阳城布局》,载《华夏考古》2009 年第 3 期。

204. 张剑、孟昭芝:《武则天与唐东都洛阳城的建设》,载《临淄与先秦古都学术研讨会暨中国古都学会 2009 年年会论文集》。

205. 张文驹:《汴京的衰落和中原城市群的兴起——探讨现代矿业开发对河南经济发展的影响》,载《中国地质矿产经济》2000 年第 8 期。

206. 李进化:《充分展示和宣传河南矿产资源特色和优势,提高公众对矿产资源的珍惜节约保护意识》,载《地质论评》2008 年第 4 期。

207. 杨海鹰、厉玉昇:《河南水资源与可持续发展》,载《西部大开发:气象科技与可持续发展学术研讨会论文集》2000 年版。

208. 郭津、陈学桦:《大工业成为中原崛起脊梁》,载 2009 年 9 月 28 日《河南日报》。

209. 刘道兴、吴海峰、陈明星:《改革开放以来河南农业的历史性巨变》,载《中州学刊》2008 年第 6 期。

210. 张玉石:《史前城址与中原地区中国古代文明中心地位的形成》,载《华夏考古》2001 年第 1 期。

211. 王圣安、刘科伟:《陕西城市发展研究》,西安地图出版社 1995 年版。

212. [美]Nicholas D. Kristof 著,小文译:《从开封到纽约》,载《世界博览》2005 年第 12 期。

213. 河南省统计局、国家统计局河南调查总队:《河南统计年鉴 2009》,中国统计出版社 2009 年版。

214. 朱杰堂:《中原城市群的突出问题与对策建议》,载《郑州大学学报》(哲学社会科学版)2009 年第 2 期。

215. Bourne L S, Simmons J W: *Systems of Cities*, Oxford University Press, 1978.
216. 刘海滨、刘振灵:《辽宁中部城市群城市职能结构及其转换研究》,载《经济地理》2009 年第 8 期。
217. 赵静、焦华富、宣国富:《安徽省城市体系等级规模结构特征及其调整》,载《长江流域资源与环境》2005 年第 5 期。
218. 陈涛、陈彦光、刘继生:《城市体系分形特征的初步研究》,载《人文地理》1994 年第 1 期。
219. 刘继生、陈涛:《东北地区城市体系空间结构的分形研究》,载《地理科学》1995 年第 2 期。
220. 王良健、周克刚、许抄军等:《基于分形理论的长株潭城市群空间结构特征研究》,载《地理与地理信息科学》2005 年第 6 期。
221. 刘继生、陈彦光:《城镇体系空间结构的分形维数及其测算方法》,载《地理研究》1999 年第 2 期。
222. 陈涛、陈彦光:《城镇体系随机聚集的分形研究》,载《科技通报》1995 年第 2 期。
223. 尚正永、白永平:《丘陵山区城镇体系的分形特征》,载《山地学报》2007 年第 2 期。
224. 郭志富:《中原城市群地区城市体系结构与功能优化研究》,河南大学 2005 年硕士学位论文。
225. 刘晓丽、方创琳、王发曾等:《中原城市群空间组合特征与整合模式研究》,载《和谐城市规划——2007 中国城市规划年会论文集》2007 年版。
226. 陈涛:《豫北地区城镇体系的分形研究》,东北师范大学 1995 年硕士学位论文。
227. 陈彦光、罗静:《城镇体系空间结构的信息维分析》,载《信阳师范学院学报》(自然科学版)1997 年第 1 期。
228. Arlinghaus S L: *Fractals Take a Central Place*, Geografiska Annaler (Series B): Human Geography, 1985, Vol. 67, No. 2:83-88.
229. 杨尚、王发曾:《中原城市群城镇体系空间结构分形特征及优化启示》,载《河南科学》2007 年第 5 期。

230. [加拿大]Kaye B. H. 著,徐新阳、康雁、陈旭等译:《分形漫步》(*A Random Walk Through Fractal Dimensions*),东北大学出版社1994 年版。

231. 凌怡莹、徐建华、岳文泽等:《长江三角洲地区城镇体系的分形研究》,载《华东师范大学学报》(自然科学版)2004 年第 3 期。

232. 刘静玉:《当代城市化背景下的中原城市群经济整合研究》,河南大学 2006 年博士学位论文。

233. 苏朝阳、苗长虹、赵俊远:《中原城市群地区城市规模结构与空间结构分析》,载《河南科学》2008 年第 4 期。

234. 杨中标、石培基、程红芳:《甘肃省城镇化地域差异研究》,载《干旱区资源与环境》2008 年第 1 期。

235. 虞蔚:《我国重要城市间信息作用的系统分析》,载《地理学报》1988 年第 2 期。

236. 陈田:《我国城市经济影响区域系统的初步分析》,载《地理学报》1987 年第 4 期。

237. 宁越敏、严重敏:《我国中心城市的不平衡发展及空间扩散的研究》,载《地理学报》1993 年第 2 期。

238. 薛东前、姚士谋、李波:《我国省会城市职能类型的分离与职能优化配置》,载《地理科学进展》2000 年第 2 期。

239. 林涛、刘君德:《我国中心城市的近今发展》,载《城市规划》2000 年第 3 期。

240. 周一星、张莉、武悦:《城市中心性与我国城市中心性的等级体系》,载《地域研究与开发》2001 年第 4 期。

241. 顾朝林、柴彦威:《中国城市地理》,商务印书馆 2002 年版。

242. 张志斌、靳美娟:《中国西部省会城市中心性分析》,载《人文地理》2005 年第 1 期。

243. 李红、张平宇:《辽宁中部城市群高等级公路网络发育程度评价》,载《城市发展研究》2009 年第 7 期。

244. 程连生:《中国新城在城市网络中的地位分析》,载《地理学报》

1998年第6期。

245. 余沛:《中原城市群高速公路网络发育程度评价》,载《西南交通大学学报》(社会科学版)2010年第1期。

246. 郑国、赵群毅:《山东半岛城市群主要经济联系方向研究》,载《地域研究与开发》2004年第5期。

247. 谢文蕙、邓卫编著:《城市经济学》,清华大学出版社2008年版。

248. Reilly W J: *The Law of Retail Gravitation*, The Knickerbocker Press, 1931.

249. Zipf G K: *The $P_1 \times P_2/D$ Hypothesis: on the Intercity Movement of Persons*, *American Sociological Review*, 1946, Vol. 11, No. 6.

250. 向清华、赵建吉:《基于区域经济联系的中原城市群整合发展研究》,载《经济论坛》2010年第1期。

251. 张文尝、金凤君、荣朝和:《空间运输联系——理论研究·实证分析·预测方法》,中国铁道出版社1992年版。

252. 徐丽华、冯宗宪:《从运输弹性系数看陕西航空运输的发展》,载《统计与决策》2006年第1期。

253. 朱英明、于念文:《沪宁杭城市密集区城市流研究》,载《城市规划汇刊》2002年第1期。

254. 余沛:《中原城市群城市流强度测度分析》,载《商业时代》2010年第12期。

255. 罗震东、张京祥:《大都市区域空间集聚-碎化的测度及实证研究——以江苏沿江地区为例》,载《城市规划》2002年第4期。

256. 叶玉瑶、张鸿鸥:《珠江三角洲城市群空间集聚与扩散》,载《经济地理》2007年第5期。

257. 欧阳慧:《谨防当前我国城市群、都市圈发展误区》,载《北方经济》2007年第3期。

258. 刘晓丽、方创琳、王发曾等:《中原城市群的空间组合特征与整合模式》,载《地理研究》2008年第2期。

259. 李清树:《努力实现河南对外开放工作的新突破》,载《学习论坛》2007年第4期。

260. 郭荣朝、苗长虹、夏保林等:《城市群生态空间结构优化组合模式及对策——以中原城市群为例》,载《地理科学进展》2010 年第 3 期。

后　记

在本书即将付印之际，回想自己曾经走过的求学与人生历程，感慨万端，在这里真诚地感谢曾经帮助与关心过的师长、朋友、亲人们。

本书是以我的博士学位论文为基础进行撰写的，在此之际，我深切地感谢尊敬的导师杜文教授和师母叶怀珍教授，在日常的生活以及学习中，杜老师和叶老师时常关心我们，使我们感受到了温暖的师生情谊。杜老师和叶老师严谨求实的治学态度，渊博的理论知识，谦虚求实、平易近人的工作作风都是我今后工作学习的榜样。

在此也要感谢在我求学路上曾经指导和帮助过我的老师，原河南省南阳市中南光电仪器厂子弟小学的陈洪贤老师，镇平一高的王丙度老师等，河南理工大学的张玉沛老师、娄平仁老师、邵强老师以及河南理工大学机械与动力工程学院、经济与管理学院的老师们，我的硕士导师——河南理工大学曾旗教授、中原工学院李雄诒教授，你们的教导和关怀，给了我极大的鼓励和帮助。

同时也要感谢河南科技大学席升阳教授、朱选功教授、高百宁教授、郭新宝教授、邓国取教授、淡华珍教授等关心爱护我的领导，以及河南科技大学管理学院全体同仁。

在西南交通大学学习和论文写作过程中，得到了西南交大交通运输学院、研究生院等相关单位其他老师的大力支持和热心帮助；在论文资料收集过程中，也得到了西南交大图书馆有关工作人员的密切配合和大力协助，对此表示衷心的感谢。

我特别要感谢我的家人，我的父亲是一个普通的民办教师，他并不高大的身躯支持着家庭的重担；我的母亲是一个文化程度并不高的农村妇女，感谢您的养育之恩。

　　同时也要感谢我的妻子郭菁，在我的学习与工作中，她给了我极大的帮助，督促我完成学业。同时本书要特别奉献给我的爱女郭雨墨，她是上帝赐予我的最珍贵礼物。

　　借此机会，向在论文中被引用资料的单位及个人表示由衷的感谢。

余　沛

初稿2011年3月完成于西南交通大学眷诚斋

修改稿2013年3月完成于九朝古都洛阳